어떻게
살 것인가
HOW TO LIVE?

인성교육의 길잡이

어떻게 살 것인가 인성교육의 길잡이

초판 1쇄 펴낸 날 | 2018년 9월 10일

지은이 | 이충호
펴낸이 | 이종근
펴낸곳 | 도서출판 하늘아래

주소 | 서울시 종로구 이화장1가길 부광빌딩 402호
전화 | (02)374-3531
팩스 | (02)372-3532
이메일 | haneulbook@naver.com

등록번호 | 제300-2006-23호

© 이충호, 2018
ISBN 979-11-5997-021-4

어떻게
살 것인가
HOW TO LIVE?

이충호 지음

인성교육의 길잡이

청소년들의 인성교육을 통해 삶의 지혜를 배우고
희망과 용기와 자존감을 심어주는 70가지 이야기

머리말 | 어떻게 살 것인가

지식을 갖춘 사람은 많지만, 지성을 갖춘 사람은 찾기 힘든 시대. 현재 우리가 살아가고 있는 21세기 대한민국의 민낯이다. 인성교육은 도외시한 채 지식교육에만 몰입한 결과다. 공교육의 울타리 안에서 인성교육을 다져줄 토양이 점점 메말라가고 있다. 이런 환경에서는 전문 지식과 함께 참된 인간성을 갖춘 지성인을 키워낼 수가 없다.

많은 사람들이 공교육이 무너졌다고 걱정한다. 언제부터인가 가정은 물론 학교에서도 인성은 교육의 우선순위에서 갈수록 밀려나고 있다.

하루가 멀다 하고 신문이나 방송에서 보도되는 비윤리적인 사회문제, 정치인이나 공직자들의 부정·부패 사건은 말할 것 없고, 성매매와 폭력, 살인 등 성인들을 뛰어넘는 청소년 범죄는 바로 인성을 갖추지 못할 경우 어떤 일들이 벌어지는지 여실하게 보여준다.

이러한 충격적인 사건은 우리 사회에 인성 교육이 얼마나 중요한지를 보여주는 것이기도 하다. 특히 개개인의 다양한 개성과 특성을 존중하고 키워나가야 하는 현대 사회에서 인성교육에 대한 시대적 요구는 점점 커져가고 있다. 하지만 현실은 지식 중심의 교육, 입시 위주의 제도에 맞춰져 있다 보니 인성교육은 도외시되어 있다.

나는 오랫동안 교직에 몸담았던 사람으로 인성교육에 보탬이 되는 일을 해야겠다는 생각을 늘 품어왔다. 1998년에 《어떻게 살아야 할 것인가》(4판 12쇄)를 집필했다. '교훈적인 예화와 함께 삶의 지혜와 용기와 자신감을 심어주는 70가지 이야기'를 담은 책이었는데, 20년이 지난 올해, 요즘 교육의 현실과 청소년들의 눈높이에 맞춰 인성을 갖추는 데 꼭 알아야 할 학생 덕목 70가지를 선정하고 내용을 새롭게 하여 이 책을 출간하게 되었다.

우리 청소년들이 어떻게 살아가는 것이 옳은 것인지를 깨닫고 당당한 자세로 세상의 어려움을 이겨나갈 수 있는 의욕과 용기를 갖게 되기를 바라는 마음이 가득하다. 현재 인성교육을 위한 시간은 물론, 마땅한 자료가 부족하다. 밝고 큰 미래를 꿈꾸는 청소년들이 세상을 바르게 살아가는 데 이 책이 도움을 줄 수 있기를 바란다. 뿐만 아니라 교육 현장의 선생님, 가정의 부모님 그리고 뜻 있는 분들에게 인성교육을 위한 유용한 자료로 활용될 수 있다면 더 바랄 것이 없다.

이충호

차례

제1부

아름다운 세상

세상은 점점 인정이 메말라 간다고 하지만, 아직 희망을 주는
아름다운 인간미 넘치는 이야기는 남아 있다.
여기 감동을 주는 소설 같은 실화가 우리의 마음을 흐뭇하게 해준다.
이 이야기는 하나같이 따뜻한 온기와 극적인 드라마로
우리의 영혼에 큰 울림과 깨달음을 선사한다.

사랑은 사람을 인간답게 만드는 힘

사랑은 인간을 변화시키는 창조적이고 역동적인 힘이다.

맥칼리스터의 기적

미국 동해안 메릴랜드에 병원을 개업한 맥칼리스터 박사는 아내와 함께 행복하게 살고 있었다. 어느 날 갑자기 그토록 사랑하던 아내가 세상을 떠나게 되었다. 의사면서 손도 써보지 못하고 아내를 잃게 된 그는 심한 자책감과 우울증에 빠졌다. 그의 병세는 더욱 악화되어 결국 중풍을 앓게 되었고 몸마저 자유롭게 쓰지 못하는 지경에 이르고 말았다.

그는 아무 말도 하지 않고 기회만 있으면 스스로 목숨을 버리려고 했다. 그래서 여러 해 동안 세 간호사가 교대로 늘 곁에서 그를 지켜보아야만 했다.

맥칼리스터는 그것이 못마땅하여 그럴수록 더욱 자살할 기회만 찾았다. 그는 늘 휠체어에 의지해야 했고, 잠자리에 들 때도 누군가 그를 들어서 침대에 뉘어줘야 했으며, 음식마저도 억지로 먹어야 했다. 그는 자기 자신이 이런 모양으로 살아가는 것이 죽기보다도 더 싫었다. 이런 상황에서 그가 가장 미워한 것은 자기를 지키는 세 간호사들이었다.

어느 해 여름, 그는 여유 있는 계획을 세웠다. "해변에 가보고 싶군요. 저 높은 벼랑 위에서 끝없이 펼쳐진 수평선을 봤으면 좋겠어요" 하며 간호사들의 경계를 풀었다. 그는 일부러 평온을 되찾은 체하면서 걱정하지 말라며 간호사들에게 수영을 하라고 권했다.

간호사들은 아무런 의심도 하지 않고 그를 휠체어에 앉혀 놓고 바다 속에 뛰어들어 수영을 즐겼다. 사실 그는 간호사의 눈길이 멀어지기만 하면 벼랑으로 뛰어내릴 참이었다.

바로 그때 밑에서 비명 소리가 들려왔다. 간호사 하나가 물속에서 근육에 경련이 일어나는 바람에 파도 속으로 휩쓸려 들어간 것이었다. 그런데 잠시 후 기적이 일어났다. 맥칼리스터는 조금도 주저함이 없이 휠체어에서 일어나 바다로 뛰어들었다. 그 모습을 본 사람들은 용감한 구조원이 시원스럽게 헤엄쳐 들어가 젊은 여성을 구조하는구나 하고 구경했을 것이다. 놀랍게도 짧은 시간 안에 그는 간호사를 구해냈다.

어쩌면 그러한 행동은 의사의 직업적인 본능이었는지도 모른다. 놀라운 일은 그뿐만이 아니었다. 그가 그토록 미워하던 간호사를 구해야겠다고 결심하고 바다에 뛰어든 순간, 맥칼리스터의 우울증과 중풍이 말끔히 사라졌다는 사실이다. 그는 간호사를 살렸다기보다 자기 자신을 살렸던 것이다. 사랑은 이렇듯 인간을 변화시키는 역동적인 힘인 것이다.

되짚어 생각하게 하는 사랑의 의미

맥칼리스터 박사에게 찾아온 기적의 이야기를 읽으면서 사랑이란 무엇인가를 새삼 되짚어 보게 된다. 흔히 사랑은 남녀 사이의 사랑처럼 아름다운 정서요, 감미로운 감정을 먼저 떠올리게 된다. 일반적인 통념으로 말한다면 우리를 흐뭇하고 따뜻하게 해주는 힘, 항상 같이 있고 싶은 심정, 보고 또 보아도 물리지 않는 것, 한없이 주고 싶은 마음, 우리에게 기쁨과 희망을 주는 것, 이런 것들을 우리는 사랑이라고 일컫는다.

그러나 사랑의 본질을 누구보다도 깊이 파헤친 미국의 탁월한 정신분석학자인 에리히 프롬Erich Fromm, 1900~1980은 사랑은 단순한 로맨틱한 감정보다 한 차원 높은 인간의 창조적이고 역동적인 활동이라고 보았다. 즉 인간의 생활과 존재에 큰 변화를 일으키는 힘은 바로 이 창조적이고 역동적인 활동에서 나온다는 것이다.

자살을 기도했던 맥칼리스터 박사가 그렇게도 미워했던 간호사가 바다에서 근육에 경련을 일으켜 파도 속으로 빨려 들어갈 때 조금도 주저하지 않고 뛰어 들어가 간호사를 구해낸 그 힘은 어디서 나왔을까? 그것은 단순한 사랑의 감정에서 나온 것이 아니라, 사랑의 창조적이고 역동적인 힘의 작용이었다. 이렇듯 사랑의 의미는 여러 관점으로 살펴볼 수 있다.

사랑은 창조적이고 역동적인 힘

사랑은 단순한 로맨틱한 감정보다 한 차원 높은 인간의 창조적이고 역동적인 힘의 작용이라고 했는데, 그 창조적이고 역동적인 힘이 무엇인지 다음의 장 발장의 이야기를 통해서 살펴보기로 하자.

아마도 여러분은 '제2의 바이블'이라고 말하는 장편소설《레 미제라블》을 기억할 것이다. 작가 빅토르 위고Victor Marie Hugo, 1802~1885는 이

작품을 통해서 병든 인간성을 구원하는 길은 오직 사랑의 힘이라는 것을 밝힌다.

다 아는 이야기지만, 품팔이 노동자였던 젊은 장 발장은 어느 날 빵한 조각을 훔친 죄로 징역 5년의 선고를 받는다. 계속된 탈옥 시도로 가중된 19년의 형기를 마치고 출옥한 그는 사회에 대한 적개심을 지닌 중년 사나이로 변해 있었다.

출옥한 날 밤, 그는 친절하게 맞아준 미리엘 신부의 은촛대를 훔쳐 달아났으나 붙잡히고 만다. 누적된 죄과로 다시 절도범으로 기소되는 날이면 그는 도저히 재생을 기약할 수 없는 운명에 처하게 될 것이 뻔했다.

그의 인생은 절망과 파멸의 구렁텅이로 떨어지기 직전의 벼랑 끝에 놓였다. 구원은 기대할 수 없는 것일까?

미리엘 신부는 잡혀온 장을 향하여 "어서 오시오. 다시 만나게 되어 기뻐요. 그런데 내가 준 은촛대는 왜 가지고 가지 않았소?" 하고 묻는다. 형사가 내미는 은촛대를 받아 쥔 미리엘 신부는 "자, 이 은촛대는 당신의 것이오." 하고 장에게 건네준다.

미리엘 신부의 참사랑에서 우러나온 이해와 용서 앞에 무릎을 꿇은 장은 비로소 과거의 어두운 인생에 종지부를 찍고 전혀 다른 새로운 인생을 펼쳐나가게 되었다.

사랑이란 신비롭고 효험 있는 약이 사회의 부랑자이자 반항아였던 장을 헌신적이고 모범적인 시민으로 승화시켜놓은 것이다.

결국 오늘의 병든 인간성을 치료하는 영약은 사랑의 힘뿐이라는 것을 작가는 부각시키려 한 것이다. 사랑이 있는 곳에 용서가 있고, 평화가 있고, 부활이 있다. 사랑은 생명을 살리는 영약이다.

　이런 의미에서 사랑을 로맨틱한 감정보다는 오히려 창조적이고 역동적인 힘으로 파악한 정신분석학자 에리히 프롬의 통찰은 매우 적절한 지적이 아닐 수 없다. 그는 인간의 생활과 존재에 큰 변화를 일으키는 힘은 바로 이 역동적인 힘에서 나온다고 했다. 앞에 나오는 사회의 반항아 장 발장이 새로운 사람으로 다시 태어난 것은 이 같은 사랑의 창조적이고 역동적인 힘의 작용이라고 보는 것이다.

　사랑은 인간을 인간답게 만드는 놀라운 힘이다. 이기적인 사람을 이타적인 사람으로 만들고, 옹졸한 사람을 너그러운 사람으로 바꿔놓는다. 또 불행한 사람을 행복하게 만들고, 낡은 인간을 새로운 인간으로 거듭나게 한다. 사랑은 이렇게 인간을 변화시키는 역동적인 힘이다.

참된 봉사는 기쁜 마음으로 남을 섬기는 것

봉사는 어떠한 대가를 바라지 않고 기쁜 마음으로 남에게 주는 것이다.

사회복지와 사회공헌을 실천하는 '사랑밭'

'사랑밭'이라는 이름에는 사람의 씨앗을 밭에 심고, 그 밭을 넓게 일구어 아름다운 열매를 맺고자 하는 의미가 담겨 있다.

인천시 부평동에 자리 잡고 있는 '사랑밭'은 특별한 공익 단체다. '사랑밭'은 정부가 법적으로 정해놓은 자격이나 요건을 갖추지 못해 국가기관으로부터 도움을 받지 못하는 이들을 찾아가 자립의지를 심어주고 새로운 삶을 찾아주는 데 도움을 준다.

이 단체는 개인이나 단체, 기업 구성원들의 힘으로 이루어지며, 우리 사회의 소외된 이들을 지원함으로써 국민 모두가 주인이 되는 복지사회를 실현하고자 한다. '사랑밭'은 기독교 이념을 바탕으로 우리 주위의 어려운 이웃을 가장 효과적이고 효율적인 방법으로 돕는다. 또한 품격 있는 기부문화를 확립하기 위해 나눔을 범국민적 사회운동으로 전개하고 있다. 이를 실천하기 위해 시설운영사업, 구제선교사업, 복지지원사업 등을 펼친다.

　현재 '사랑밭' 산하에는 무의탁 아동 공동체인 '해피홈'과 무의탁 노인 및 장애인 공동체인 '즐거운 집' 그리고 노인 전문요양 시설인 '실비홈' 등 소외계층을 돌볼 수 있는 시설이 운영되고 있다. 이 밖에도 '사랑밭'은 무료급식소 운영, 재가 가정 지원, 아동급식비 지원, 나눔은행 운영 등의 사업을 통해 우리 사회의 소외된 구석구석을 찾아가 나눔을 실천하고 있다.

　뿐만 아니라 해외에도 눈을 돌려 나눔의 영역을 넓혀가고 있다. 중국에서는 교포들을 위한 고아원, 양로원을 설립하고 장학사업을 하고 있고, 미국에서는 제3세계지원 법인인 '월드아카페 장학사업'을 설립해 개발도상국과 빈민국가를 중심으로 구호사업과 장학사업에 힘쓰고 있으며, 북한 어린이 돕기 운동까지 나서고 있다.

소외된 이웃을 섬기는 권태일 목사

　올해로 32년째 소외된 이웃을 위해 온몸을 던져 사람과 봉사정신으로 '사랑밭'을 이끌고 있는 사람은 권태일 목사다. 그는 누구도 감당해내기 힘든 소외계층의 아픔을 함께 나누는 일에 발 벗고 나서고 있다.

　1986년 11월, 당시만 해도 평범한 직장인이었던 권태일 씨가 소외된 이들의 삶을 껴안은 목사로 변신하는 데는 아주 특별한 계기가 있다. 그는 고향인 경북 성주에서 고등학교를 마치자마자 서울로 올라와 일자리를 얻었다. 세일즈맨으로 하루하루 실적 올리기에 정신없었던 그는 어느 겨울날 충무로 육교 위를 걸어가다가 어린 남매를 데리고 추위에 떨며 구걸하는 40대 한 아주머니를 만났다.

심한 화상으로 얼굴이 일그러져 있는 그 아주머니는 술주정꾼인 남편에게 매를 맞으며 하루하루를 버텨왔는데, 더 이상 참을 수 없어 아이들을 데리고 무작정 집을 나와 거리를 헤매고 있었다. 사정을 듣고 그는 그냥 지나칠 수가 없었다. 무엇보다도 예쁘장하게 생긴 남매의 그 초롱초롱하고 순수한 눈망울을 떨쳐버릴 수가 없었다. 무조건 도와주어야 한다고 생각했다.

당시 그는 아내와 어린 세 딸과 함께 월세방에서 살아가고 있었다. 살림도 넉넉하지 못한 형편이었지만, 그는 아주머니와 어린 남매에게 쌀과 연탄을 사주고, 생활비를 주었다. 그 일을 계기로 그는 불우한 이웃을 바라보는 눈을 뜨게 되었다.

평소 유난히도 인정이 많았던 그는 서울과 인천에서 어렵게 살아가는 가정을 돕기 시작했다. 재력가도 아닌 탓에 그는 그날그날 올린 실적금과 그동안 저축해놓은 돈으로 아내 몰래 이들에게 생활비를 보태주었다.

'하늘은 스스로 돕는 자를 돕는다'고 했던가, 이후부터 그의 영업이 그렇게 잘될 수가 없었다.

이렇게 남을 돕는 생활은 1년을 넘게 이어왔다. 어느덧 도움을 주어야 하는 사람이 20명을 넘어서자 그는 직장생활을 하면서 돕는 일에 한계를 느끼기 시작했다. 그는 이런 방법으로 도움이 필요한 사람들의 고통을 덜어줄 수 없다고 생각하고, 인천시 일산동에 보증금 300만 원에 월 10만 원을 주기로 하고 방 세 칸짜리 무허가 판잣집을 얻었다. 그리고 형편이 가장 어려운 노인과 고아 셋과 함께 살기로 했다.

'즐거운 집'은 이렇게 생겨났다. 권 씨 부부도 가족과 함께 이곳에 이

사 와 한식구가 됐다. 그 후 식구들이 점점 늘어나자 헌 장롱이나 버린 물건들을 주워다가 인근 공터에 기둥을 세우고 지붕을 올려 방을 열다섯 칸으로 늘렸다.

식구가 늘어날수록 권 씨 부부의 고생도 커갔다. 한꺼번에 수십 명의 식사며 빨래며 청소를 챙기는 일은 결코 간단한 문제가 아니었다. 더욱이 '즐거운 집'에서 살고 있는 사람들의 80%는 제 힘으로 제 몸을 움직일 수 없는 사람들이었다. 권 씨 부부가 돌봐줘야 할 사람은 이들 뿐만이 아니었다. 학교 다니는 어린아이들, 치매를 앓고 있는 노인들 또한 권 씨 부부가 신경 쓰고 관심을 가져줘야 할 사람들이었다.

"막내딸을 임신한 몸으로 30여 명의 수발을 들다 보니 눈물도 많이 흘렸지요, 남편 원망도 많이 했고요, 하지만 지금은 서로서로 잘 도와주며 살고 있어요. 이제는 정도 많이 들어서 즐거운 마음으로 살아가고 있습니다."

이렇듯 초창기에 권 씨 부부의 이웃 사랑은 결코 순탄하지 못했다. 눈물과 고생으로 점철된 나날을 보내야 했다.

'사랑밭'의 꿈 '사랑의 국민마을'

아직 우리 사회에는 그늘진 곳에 방치된 채 고통 받는 사람들이 너무나 많다. 또한 세상 뒤켠에서 말없이 불우한 이웃을 돕고 있는 사람 또한 적지 않다. 도움이 필요한 사람들과 돕고자 하는 마음을 하나로 연결시켜 희망을 나누는 풍요로운 공동체 사회를 만들어가고 있는 권태일 목사에겐 간절한 꿈이 하나 있다. 그것은 통합 라이프시스템을 갖춘 전천후 복지 도시를 만들어 이들에게 널찍한 보금자리를 만들어주는 일이다. 우리나라 복지수준을 한 단계 높여줄 21세기 국민복지타운, 이름하여 '사랑의 국민마을'이다.

지금까지의 사회복지시설은 수용시설에 가깝다. '사랑의 국민마을'은 이러한 한계를 뛰어넘어 도시 안에 주택, 근무지, 병원 등 모든 생활시설을 갖춰놓고 국가로부터 도움을 받지 못하는 사람들이 일과 여가생활, 의료 등 삶의 모든 혜택을 누리고 자존심과 자립심을 회복할 수 있기를 꿈꾼다.

가장 낮은 곳에 자리한 고통의 현장을 찾아 가장 숭고한 사랑을 나누며 스스로 한 알의 밀알이 되기를 자청하고 나선 권태일 목사의 꿈이 하루 빨리 이루어지기를 기원해본다.

봉사의 기본자세

봉사는 인간이 할 수 있는 행동 중에 가장 차원이 높은 행동이다. 순수한 마음으로 사심 없이 남을 위하여 일해야 하기 때문이다. 봉사에는 세 가지의 기본적인 마음자세가 필요하다.

첫째, 봉사는 남을 섬기는 마음으로 해야 한다.

섬긴다는 것은 남의 일을 힘써 거들어주는 것이다. 웃어른을 잘 받들어 모시거나 어려운 사람을 성심성의로 도와주는 일이 다 섬기는 일이다.

우리는 남에게 봉사하면서 살아가도록 힘써야 한다. 나의 시간과 나의 노력과 나의 재물을 이웃을 위하여 기쁜 마음으로 줄 수 있어야 한다. 남에게 베푸는 사람은 복을 받고, 남을 섬기는 사람은 축복을 받게 된다.

둘째, 봉사는 어떠한 대가도 바라지 않는 마음 자세가 되어 있어야 한다.

봉사는 보수를 바라지 않고 행하는 것이다. 어떠한 대가도 바라지 않고 무조건 주는 것이다. 그것이 축복받는 길이요, 참다운 봉사의 정신이다.

사실 봉사 그 자체는 하나의 보수요, 대가이다. 왜냐하면 봉사자는 봉사를 통해서만 얻을 수 있는 기쁨과 만족을 느낄 수 있기 때문이다. 그래서 달리 대가를 구할 필요가 없는 것이다.

셋째, 봉사는 스스로 원해서 자발적으로 하는 것이어야 한다.

누가 시켜서 할 수 없이 하는 일은 봉사가 아니다. 자기 마음속에서 우러나온 순수한 마음에서 남을 위하여 도움을 주는 데 봉사의 참뜻이 있다.

자원해서 봉사활동을 하는 사람들은 마음이 넓고 인정이 많고 동정심이 많은 사람들이다. 남의 아픔을 자기 아픔으로 알고, 남의 괴로움을 함께 나누기를 원한다. 아무리 힘든 일이라도 기쁜 마음으로 즐겁게 참여한다.

봉사하는 사람은 그것을 보람으로 여길 뿐만 아니라, 마땅히 해야 할 사명이라고 생각한다. 그래서 봉사는 아무나 할 수 있는 것이 아니다. 훌륭한 정신을 가진 자만이 봉사자가 될 수 있다.

봉사의 방법

누구나 마음자세만 되어 있으면 봉사는 그렇게 어려운 것이 아니다.

봉사할 마음이 없어서 못하는 것이지 봉사하기가 어려워서 못하는 것은 아니다.

우리 주변을 살펴보면 아직도 남의 도움 없이는 살아가기 어려운 처지에 있는 사람들이 많다. 그들을 외면해서는 안 된다. 그들을 도와주는 일은 우리의 몫이다. 우리는 이들에게 가진 것을 나누어 주어야 한다.

봉사는 물질로 할 수도 있고, 몸으로도 할 수 있다. 형편에 따라 자기가 가진 것을 어떤 모양으로든 나누면 훌륭한 봉사가 된다. 돈이 있으면 돈으로 어려운 이웃을 도와주고, 시간의 여유가 있는 사람은 몸으로 거들어주고, 기술이 있으면 그 기술을 가지고 남을 성심껏 도와주면 되는 것이다.

아주 거창하고 대단하게 보이는 것만이 봉사가 아니다. 지극히 적은 것이라도 정성을 다해서 하는 이웃 사랑이 값지고 참된 봉사인 것이다..

행복은 내 마음속에서 찾아야

행복은 자기 자신이 결정하고 자기 스스로 창조하는 것이다.

진정한 행복은

어린 시절 나는 대구의 방천시장에서 신문을 팔았다. 신문을 100부씩 받아서 팔았는데, 다 팔고 밤늦게 들어가면 어머니와 동생들은 그때까지 나를 기다렸다. 나와 함께 밥을 먹기 위해서였다. 고맙지 않을 수가 없었다. 종일토록 고생하고 돌아왔지만 밥상에 네 식구가 마주 앉았을 때 그 밥은 왜 그렇게 맛있고, 왜 그렇게 행복하던지.

초라한 밥상이었지만, 그렇게 항상 마주할 수 있었던 것은 아니었다. 문제는 눈이나 비가 오는 날이었다. 시장의 상점들은 죄다 판자로 기워놓은 데다 노천 시장이었기 때문에 날씨가 굳으면 문을 닫았다. 그렇게 되면 나도 신문을 팔 수가 없었다. 신문 100부를 다 팔아야 우리 식구가 굶지 않는데 큰일이 아닐 수 없었다. 신문을 받기 위해서는 돈이 필요했기에 비가 온 다음 날은 집에 돈을 얼마 갖다주지 못했다.

그런 날 밤 늦게 집에 돌아와 보면 어김없이 동생들은 잠들어 있었다. 다른 때는 나를 기다리던 식구들이 잠자리에 들어버린 이유는 뻔했다. 밥이 딱 한 그릇밖에 없으니 굶고 자는 것이었다. 밥그릇을 내 앞에 내놓으며 어머니는 말씀하였다.

"우리는 먼저 먹었다. 배고프지? 어서 먹어라."

미리 동생들을 재운 어머니의 마음을 내가 어떻게 모를 수 있겠는가.

밖에서 돌아온 형 몫의 밥 한 그릇을 위해 허기진 배를 안고 억지로 잠을 청한 동생들의 잠든 모습을 바라보고 있자니 왈칵 눈물이 쏟아질 것만 같았다. 나는 눈물을 감추며 말했다.

"밖에서 어묵이랑 이러저런 걸 사 먹었더니 배부르네요. 어머니, 내일 동생들하고 드세요."

어머니와 나는 서로 거짓말을 하고 있었다. 서로가 서로에게 거짓말을 하고 있다는 사실을 너무나 분명하게 알고 있었다. 그 순간 우리의 가슴으로 차오르던 뜨겁고 뭉클한 기쁨을 어떻게 설명할 수 있겠는가.

행복이란 것은 다른 것이 아니다. 거창한 것도 아니고 무지개처럼 손에 잡을 수 없는 것도 아니다. 지금 생각해보면 내 생애에서 그때가 가장 행복했던 시절이 아닌가도 싶다. 어머니가 날 위해 주고, 동생이 날 위해 주고, 또 내가 어머니와 동생들을 내 몸보다 더 위해 주던 그 시절이⋯⋯.

행복은 어디에 있는가

대우그룹의 총수였던, 김우중 회장이 소년 시절에 '진정한 행복이 무엇인가'를 직접 경험한 회고담의 일부이다. 6·25전쟁이 일어나자 아버지는 북쪽으로 끌려가고, 두 형마저 군에 입대하게 되자 그는 어린 중

학생의 몸으로 졸지에 어머니와 두 동생을 책임져야 할 가장이 되었다. 그는 먹고 살기 위해 신문을 들고 거리에 나서지 않을 수 없었다. 하루라도 신문을 팔지 않으면 네 식구가 굶는다는 절실함이 신문사에서 시장까지 10킬로미터가 넘는 먼 거리를 뛰어다니게 만들었다.

그러나 그때 그는 참으로 고생스러웠고 가난했지만, 마음이 부자였고 행복했다고 회고했다. 비록 내 가족만을 위한 것이긴 했지만, 남을 위하고 남을 사랑할 때 행복이 움튼다는 사실을 어린 시절부터 터득할 수 있었다고 술회한다.

행복은 먼 곳에 있는 것이 아니라 내 집 안에 있는 것이요, 내 마음속에 있는 것이다. 행복을 먼 곳에서 찾지 말고 가까운 곳에서 찾아야 한다. 높은 곳에서 찾지 말고 나의 생활 속에서 찾아야 한다. 밖에서 찾으려 하지 말고 내 마음속에서 찾아야 하는 것이다.

행복과 불행은 마음먹기에 달려 있다

모든 사람들이 나름대로 열심히 행복을 추구하는데도 왜 이 세상에는 행복한 사람보다 불행한 사람이 더 많은 걸까?

행복보다 불행이 더 많은 것이 인생의 불가피한 운명인가, 아니면 그릇된 행복관을 가진 사람이 많기 때문인가, 그것도 아니면 행복을 추구하는 방법과 지혜가 부족해서 그런가.

어느 심리학자가 불행한 사람에게 인생 상담을 해주었는데, 상담하려고 찾아왔던 사람들은 거의 전부가 행복할 수 있는 조건을 갖추고 있었다. 그렇지만 그 사람들은 스스로가 불행하다고 생각했다.

대체 왜 행복할 수 있는 사람들이 스스로를 불행하다고 여기게 된 것일까? 그 이유는 아주 간단하다. 그들은 행복에 대한 잘못된 기준 때문에 스스로의 행복을 찾아낼 수 있는 지혜가 부족했기 때문이다. 마음 하나만 고쳐먹으면 불행이 행복으로 바뀔 수 있다는 사실을 깨닫지 못한 것이다.

행복은 돈이나 권력이나 쾌락과 같이 밖에서 주어지는 대상물이나 조건에서 좌우되는 것이 아니라 내가 어떻게 마음먹기에 따라 결정된다는 사실을 깨달아야 한다. 결국 인간의 행복과 불행은 마음먹기에 달린 문제다.

어떻게 하면 행복해질 수 있을까

사람들은 저마다 바쁘게 움직이고 있다. 모두가 행복을 꿈꾸기 때문이다. 그러나 무엇이 과연 행복인지 또 어떻게 하면 행복해질 수 있느냐고 물으면 백 사람이면 백 가지 대답이 모두 다르다. 그럴 수밖에 없는 것이 행복은 상대적이기 때문이다. 똑같은 상황을 놓고도 어떤 사람은 행복으로 받아들이고, 또 어떤 사람은 그 상황을 불행으로 여긴다. 그렇기 때문에 행복을 느끼는 감정은 각각 다를 수밖에 없다.

그러나 어떻게 살아가든 진정으로 행복하기를 바란다면 내 마음속에서 행복을 찾아야 한다. 그렇다면 어떤 마음가짐을 지녀야 행복할 수 있을까?

첫째, 긍정적이고 여유 있는 마음가짐이 필요하다.

모든 것을 긍정적으로 생각하고 기쁘게 받아들이려는 생활 태도를 지녀야 행복하게 살아갈 수 있다. 사물을 비관적으로 보고 부정적으로 보는 사람은 마음이 불안하고, 기쁜 날이 없다. 인생을 긍정적으로 보고, 선한 마음으로 사람을 대하고, 감사하는 마음으로 살아가면 세상은 훨씬 밝아 보이며 살아갈 만한 가치가 있는 곳이 된다. 모든 것은 생각하기 나름이고 마음먹기에 달렸다. 긍정적이고 여유 있게 살아가면 마음은 가벼워지고 기쁜 마음으로 행복한 시간을 보낼 수 있다.

둘째, 분수를 지키는 마음가짐이 필요하다.

분수를 지키고 자기 생활에 만족할 줄 알아야 행복하게 살아갈 수 있다. 자기의 분수를 망각하고 분수에 지나치는 행동을 하면 반드시 불행과 파멸을 마주하게 된다. 내가 가진 것에 만족할 줄 알아야만 행복을 맛볼 수 있다.

행복은 자기 자신이 결정하고 스스로가 창조하는 것이다. 언제나 나는 행복하다고 생각하는 습관을 몸에 익히면 기쁜 마음으로 행복한 나날을 보낼 수 있다.

헌신처럼 위대하고 숭고한 것은 없다

헌신이란 남을 위해 내 몸과 마음과 정열을 다하여 이웃을 사랑하는 것.

죽음의 골짜기에서 들려준 '하늘의 음성'

"너는 죽지 않을 거야. 너는 꼭 살아서 먼 훗날 하나님이 귀하게 쓰실 거야!"

그가 고교 3학년 초에 겪었던 일이다. 연탄가스에 중독되어 죽음의 늪에서 사경을 헤매고 있을 때 그는 비몽사몽간에 '하늘의 음성'을 들었다. 그 음성은 하루도 아니고 매일같이 그의 귓가를 스치며 들려오곤 했다. 내가 죽는다니 그게 무슨 말인가. 너무 피곤해서 잠을 더 자고 싶었을 뿐인데…….

그는 깊은 잠 속에서 허우적거리다가 어렴풋이 눈을 떴지만, 팔다리를 움직일 수가 없었다. 말을 하려고 해도 입이 제대로 움직여주지 않았다. 어느 정도 시간이 지나서야 주변에서 일어나는 상황을 조금씩 파악할 수 있었다. 그는 자신이 응급실의 병상에 누워 있다는 사실을 깨달았다. 자기가 왜 여기에 누워 있는지 떠올려 보았지만, 도무지 기억을 되살릴 수가 없었다. 다만 머릿속에 기억나는 것은 "하나님께서 너를 귀하게 쓰실 것"이라는 말 한마디뿐이었다.

"너는 죽지 않을 거야. 하나님이 너를 얼마나 사랑하는 줄 아느냐, 너는 꼭 살아서 먼 훗날 하나님이 귀하게 쓰실 거야!"

하루도 아니고 매일같이 자기 귓가를 스치며 가늘고 길게 소곤대던 그 목소리는 누구의 것이며, 왜 나에게 이런 이야기를 하는 것일까? 어린 마음에 그 뜻을 미처 헤아리지 못한 채 세월은 흘러갔다. 그 사이 그는 대학을 졸업하고 직장을 얻어 세상살이의 즐거움을 느끼며 살아왔다.

그러나 그 목소리는 마음속에 깊이 각인되어 있었다. 그는 가끔씩 그 목소리를 떠올릴 때마다 의문을 품지 않을 수 없었다. 고작해야 자신은 주일이 되어서야 교회에 나가 예배를 드릴 뿐인데, 하나님이 자신을 귀하게 쓸 것이라니 도무지 이해할 수 없었다.

과연 하나님은 세상 사람들과 다를 바 없이 유행을 쫓듯 세상살이의 즐거움에 도취되어 정신을 차리지 못하고 살아가는 그에게 경고장을 보내셨다.

무더위가 한창 기승을 부리던 1986년 8월의 어느 날, 30대 초반의 젊은 나이에 지방관 서장으로 승진한 그에게 대형 교통사고가 벌어진 것이다. 서울로 올라오는 고속도로에서 8톤 트럭이 그의 승용차를 뒤에서 덮치듯 밀어버렸다. 승용차는 100미터가량 멀리 튕겨 나갔고, 그 바람에 안전벨트가 닳어지면서 그는 창밖으로 튕겨나가 정신을 잃어버린 것이다.

그는 며칠 만에 깨어났다. 함께 차를 탔던 목사님은 팔다리가 부러지고 심하게 다쳤다. 하지만 그는 놀랍게도 큰 부상 없이 멀쩡했다. 부서진 차량을 확인해보니 승용차 뒷부분은 형체를 알아볼 수 없을 정도로 찌그러져 있었다. 하지만 그가 앉았던 좌석만은 말짱하게 남아 있었다. 참으로 신기한 일이었다.

그제야 비로소 그는 하나님이 자기를 살려주신 것은, 자기에게 하나님의 뜻을 알리고 세상 속에서 그 역할을 맡기려 하시기 위한 것이란 사실을 알게 되었다.

"주님, 부족하고 어리석은 저를 주님나라에의 믿음의 도구로 써주세요."

오랜 기도 끝에 그는 자신을 주님께 바치기로 결심했다. 그는 하나님의 부름을 받은 존재임을 깨달았다. 이 깨달음으로 그의 인생은 커다란 변화를 겪게 되었다.

소명적 존재를 자임한 문홍환 목사

이 이야기의 주인공은 문홍환 선교사다. 그는 현재 아프리카 탄자니아에서 병원을 짓고 교회를 세우고 학교를 운영하면서 선교활동을 하고 있다. 그의 뒷이야기를 이어가보자.

1990년대 말 그는 '아메리칸 드림'에 이끌려 미국으로 건너갔다. 많은 사람들이 돈을 많이 벌 수 있다는 꿈을 안고 미국으로 갔지만, 그는 할 일을 찾아 넓은 세상으로 간 것이다.

아무에게도 말하지 않았지만, 그는 주님께서 쓰려고 하시는 그 귀한 일을 찾아 나선 길이었다. 그는 한때 공직자의 신분으로 미국으로 파견되어 3년간 유학한 경험이 있어 미국 생활에 쉽게 적응할 수 있었다.

그는 주님께서 자기를 귀한 일에 쓰시려고 죽음의 골짜기에서 몇 번이나 구해주신 일을 상기할 때마다 그 뜻에 합당한 일이 무엇인지를 알게 해달라고 기도하며 간청하기도 했다. 하지만 주님께서는 스스로 깨닫기를 원하시는지 쉽게 응답해주지 않았다.

그러던 중 한의사가 미국에서도 인기가 있고, 세상 어디를 가도 환영받는 직업이라는 사실을 알게 되었다. 그는 한의사라면 자기 적성에도 맞고, 환자를 치료하는 일이야말로 가난하고 불쌍한 이웃을 위해 헌신할 수 있는 가장 적합한 직업이라는 확신도 갖게 되었다.

'바로 이거야! 주님의 도구에 합당한 일이 바로 이거다.'

그는 주저하지 않고 한의과 대학에 입학하여 한의사 수업을 받았다. 주경야독의 길은 매우 고단했다. 그러나 이 길은 자신이 하나님의 뜻에 따라 귀하게 쓰이기 위한 과정이라고 생각하니 힘들기는커녕 오히려 신바람이 났다. 그는 한 가지라도 더 배우려고 더욱 열심히 공부했다.

그렇게 열심히 노력한 결과 그는 5년 만에 학교를 졸업할 수 있었고, 미국 정부의 한의사 면허시험에도 무난히 합격하여 한의사 면허증을 획득할 수 있었다. 그리고 양·한방병원에서 한방 주치의로 환자를 치료하는 의료인이 되었다.

인턴과정에서 남보다 열심히 의술을 배운 덕분에 그는 병원에서 침잘 놓는 한의사로 널리 알려졌다. 그런데도 그는 치료의 폭을 넓히기 위해 박사과정에 입학했다. 모든 학문 과정을 마쳤을 때 주님은 드디어 그에게 갈 길을 인도해주셨다.

어느 날 기도를 하고 있는 그에게 주님이 나타나셨다. 주님은 무릎을 꿇고 있던 그를 일으켜 세워 높은 성곽으로 데리고 가 성 밖을 둘러보게 하셨다. 그곳이 어디인지 알 수 없었지만, 그는 무너진 오막살이집과 무수히 널려 있는 천막 속에서 시름하며 앉아 있는 사람들을 보았다.

흰 옷을 입은 천사가 그에게 다가와 "저 아래를 보아라. 저 곳인 네가 가야 할 땅이며 네가 앞으로 살아가야 할 곳이다" 하고 일러주었다.

그곳은 분명 아프리카의 어느 마을이었다. 기도가 끝났을 때 그의 얼굴에는 땀이 범벅이 되어 흘렀다. 그의 두 뺨에는 기쁨의 눈물이 흘러내렸다.

이렇게 해서 그는 주님이 인도하는 대로 아프리카로 떠나게 되었다.

아프리카에서의 선교활동의 열매

지금 문흥환 목사는 부인 한신덕 선교사와 함께 아프리카 탄자니아라는 나라의 오지, 마사이부족이 살고 있는 마을에서 선교활동을 하고 있다.

지난 10여 년간 마사이 마을에는 많은 변화가 있었다. 처음 두 분이 이 마을에 들어갔을 때 마을 주민들은 무척이나 경계를 하며 의심의 눈초리를 보였다. 하지만 지금은 스스럼없이 다가와 반갑게 인사하고 두 부부가 하는 일을 도와주려고 한다.

두 부부가 이 마을에 들어와 처음으로 한 일은 진료소를 세우는 것이었다. 태어나서 지금까지 치료라는 것을 받아본 적 없던 그 마을 사람들에게 진료소는 구세주와 같은 존재가 되었다. 병이 나면 주술사를 찾아가던 그들이 진료소를 찾아오기 시작했다. 자연스럽게 의식구조 또한 변화했다.

다음으로 두 부부는 교회를 세웠다. 교회 안에서 서로가 서로를 공감하고 이해하면서 고달픈 삶 속에서도 희망의 끈을 잃지 않고 살아가도록 이끌고 있다. 현재 100여 명의 신도가 교회에 꾸준히 나오면서 새로운 삶을 살아가고 있다. 유치원도 세워 60여 명의 아이들을 받아 가르치고 있는데, 점심식사까지 제공하니 주민들이 자기 자녀를 입학시키려 한다.

최근 들어 직업기술학교를 만들어 컴퓨터반과 영어반 그리고 양복을 만드는 양재반을 개설하여 별다른 직업 없이 떠도는 청소년이나 주부들을 대상으로 직업교육을 실시하고 있다.

무엇보다도 매일같이 물동이를 머리에 이고 수십 리 길을 먹을 물을 찾아다니던 그들이 이 교회에서 맑고 깨끗한 물을 마음껏 쓸 수 있게 된 것은 이 마을의 가장 큰 변화라고 할 수 있다.

이 같은 두 선교사의 헌신적인 노력으로, 마사이부족 마을은 전에 경험해보지 못한 새로운 세계와 문명의 혜택을 누리며 새로운 삶을 살게 되었다.

두 분 선교사님의 노고에 깊은 존경과 위로와 격려를 보내며, 마사이 마을이 더더욱 발전해나가기를 기원해본다.

헌신이란 남을 위해 내 몸 바치는 것

두 선교사의 아프리카에서의 선교활동을 보면서 헌신의 의미를 새삼 되새겨본다. 헌신이라면 이분들처럼 특별한 사람들이 하는 것으로 생각하기 쉽다. 하지만 꼭 그런 것만은 아니다. 이웃이 어려울 때 도와주고 고통을 함께 나누고, 힘들어 하는 사람에게 도움을 주고 그 사람의 일을 내 일처럼 보살펴주면 그것이 바로 봉사요, 헌신이다. 크고 거창한 일만이 헌신이 아니다.

군이 헌신과 봉사의 차이점을 찾는다면 헌신은 도움이 필요한 대상을 위해 온전히 자기의 모든 것을 바친다는 특성이 있다. 헌신하는 사람은 도움을 주는 일에 자기의 몸과 마음과 정열을 다하여 그 일을 꼭 이루고 말겠다는 사명감을 갖는다. 하지만 차원이 다를 뿐 봉사와 헌신은 자기의 이익을 따지지 않고 남을 위해 힘쓴다는 점에서 의미가 크게 다르지 않다.

충무공 이순신 장군처럼 나라를 위해 목숨을 바치거나 마틴 루터처럼 종교적인 신념으로 일생을 바치거나 카네기처럼 자기 사업만큼이나 자선사업에 온 정성을 바치는 행동 모두가 헌신이다.

우리도 이러한 위인들의 헌신과 봉사정신을 본받아 이웃을 사랑하고 내 몸 같이 한다면 이 세상은 한결 밝아지고 살기 좋은 곳이 될 것이다.

은혜는 잊지 않고 갚을 줄 알아야 한다

은혜를 베풀거든 그 보답을 구하지 말고, 남에게 주었거든 뒤에 후회하지 말라.

미네소타주와 한국이 맺은 각별한 인연

2008년 10월, 보건사회부 장관을 지낸 권이혁 서울대 의대 명예교수는 86세 노구를 이끌고 급히 미국으로 떠났다. 그 이유는 미네소타대학 의대학장을 지낸 닐 골트 교수를 만나기 위해서였다.

골트 교수가 췌장암으로 임종을 앞뒀다는 소식에 권 교수가 지상에서의 마지막 인사를 하러 달려간 것이다.

골트 교수는 1959년부터 2년 동안 서울에 머물며 젊은 한국 교수요원을 미네소타로 보내 앞선 기술을 배우도록 도와주는 프로젝트의 총 책임자였다. '미네소타 프로젝트'는 1955년부터 7년 동안 1천만 달러를 들여 220여 명의 한국인 공·농·의학도를 미국에서 공부할 수 있게 하는 프로그램이었다. 제2차 세계대전 이후 개발도상국 교육 원조사업 가운데 규모가 가장 컸다. 이 교육원조 프로그램은 가장 성공한 사업으로 평가받는다.

미국에서 앞선 의술을 익힌 70여 의사들 중 세 사람만 빼고 나머지 의사들은 미국에 남으라는 제안을 뒤로하고 고국으로 돌아왔다. 권이혁 교수도 그러한 의사 중 하나다. 그들은 인턴·레지던트 등의 제도를 도입하는 등 우리나라 의학교육을 체계적이고 전문적으로 발전시켜 의료 발전의 기틀을 세웠다.

미국 중서부 북단에 있는 미네소타주는 한국과는 각별한 인연으로 맺어진, 우리에게 잊을 수 없는 은혜를 베풀어준 곳이다. 미네소타주는 인구가 540만 명이고, 면적은 한반도보다 크다. 춥기로 유명한 이곳은 한국전쟁에 참전한 군인이 유난히 많다. 6·25전쟁 중에 한국 땅을 밟은 미네소타주 출신의 군인이 9만4천여 명에 이른다. 맥아더 태평양사령관이 본국에 "한국의 살인적인 추위를 견딜 수 있는 군인을 보내달라"고 했더니 일 년 중 거의 절반이 겨울인 미네소타주 출신의 무수히 많은 군인들이 한국에 오게 됐다. 1950년 겨울, 미군이 함경도 개마고원에서 중국 인민군과 벌인 장진호 전투에서 이곳 주 출신 4천여 명이 전사했다고 한다.

미네소타주가 한국에 대한 이해와 애정이 컸던 이유는 이 같은 한국전쟁 참전용사가 많았기 때문이었다. 참으로 고마운 사람들이고, 또 고마운 곳이다. 이런 인연으로 해서 미네소타주에는 전쟁고아로 입양한 한국 입양인이 2만8천여 명에 이르고, 교포들 또한 1만4천여 명이 살고 있다. 한때 한국에서 백혈병 골수이식으로 큰 관심을 받았던 성덕바우만 사관생도도 이곳 가정 출신이다.

그런데 60여 년 전 우리에게 앞선 의술을 가르쳤던 미네소타 대학병원의 의료진 30여 명이 우리나라를 찾아왔다. 2009년, 서울 아산병원이 이들을 초청하여 이승규 교수팀의 생체 간 이식 기술을 가르쳐준 것이다. 제자가 스승을 가르치게 된, '미네소타판 청출어람靑出於藍'이 벌어진 셈이다.

IT기업의 개척자로 유명한 스티브 잡스의 간 이식을 집도했던 미국 외과의사 또한 이승규 교수를 찾아와 의학 기술을 배우고 간 적이 있다.

골트 교수는 문병을 온 권이혁 교수에게 "한국이 눈부시게 발전한 모습을 보게 해주셔서 감사합니다"라고 말했다고 한다. 그분이 살아계셔서 미국 의료진이 우리나라를 찾아와 배우고 가는 청출어람의 소식을 들었다면 얼마나 보람으로 여겼을까? 그분과 그분의 나라 국민의 큰 사랑은 잊을 수 없는 크나큰 은혜로 남아 있다.

은혜 속에서 맺어진 아름다운 인연

위의 이야기는 국경을 초월한 거룩한 인간애가 얼마나 소중하고 값진 것인가를 일깨워준다. 이 이야기의 당사자인 우리는 이 같은 사실을 결코 잊어서는 안 된다. 마음 깊이 새겨두어야 한다.

6·25전쟁으로 우리나라가 위태로울 때 우리를 돕기 위해 낯선 땅을 찾아온 미국, 그중에서도 미네소타주는 유독 파병된 군인이 많았고 전사자 또한 많았다. 우리는 이러한 미네소타주의 각별한 이해와 애정으로 큰 은혜를 입었다. 이에 그치지 않고 그들은 전쟁이 끝나고 아무것도 가진 것이 없는 우리나라가 발전할 수 있도록 도와주었다. 미네소타주 사람들의 따뜻한 인간애에 머리 숙여 감사의 뜻을 전하지 않을 수 없다.

한 국가도 아닌, 인구가 540만 명밖에 안 되는 주에서 우리나라를 돕기 위해 공업·농업·의학 등 세 분야에서 220여 명에 이르는 인재들에게 유학의 길을 열어준 통 큰 원조는 무엇으로도 비교할 수 없는 커다란 은혜다. '미네소타 프로젝트'의 총 책임자였던 골트 교수는 문병을 온 권이혁 교수에게 오히려 감사의 인사를 전했다. 많은 돈을 들여 도와주고도 생색은커녕 오히려 한국의 발전된 모습을 자랑스러워하고 기뻐하며 보람을 여기는 그분들의 숭고한 인간애에 존경심을 품게 된다.

세월이 흘러 우리가 도움을 받았던 미네소타 대학 병원의 의료진을 초청해 생체 간 이식 기술을 전수할 수 있다니, 작지만 은혜를 갚을 수 있는 기회가 주어진 것에 감사할 뿐이다. 모두가 서로 주고받은 은혜 속에서 맺어진 따뜻한 인간애로 쌓인 아름다운 인연이다.

은혜를 잊지 않고 갚을 줄 알아야

인간은 은혜 속에서 살아간다. 많은 사람들과 더불어 살아가면서 서로 남에게 도움을 받거나 신세를 지며 살아가는 것이 인생이다. 그 누구도 남의 도움이나 신세를 지지 않고 살아갈 수 없다.

인간은 이렇게 얽히고설켜 서로 돕기도 하고 베풀기도 하면서 살아가는 것이다. 그렇기 때문에 더러는 남의 도움이나 신세를 지기도 하고, 더러는 남에게 도움이나 혜택을 베풀기도 한다.

우리는 남에게서 받은 도움이나 신세를 고맙게 알고, 그 은혜에 보답할 줄 알아야 한다. 이것이 인간된 도리다. 은혜를 모른다는 것은 사람으로서 부끄러운 일이다. 은혜를 망각하고, 은혜를 배반한다는 것은 인간의 도리에 어긋나는 것이다.

은혜를 베푸는 마음가짐

《명심보감》에 이런 말이 있다. '은혜를 베풀거든 그 보답을 구하지 말고, 남에게 주었거든 뒤에 뉘우치지 마라.' 즉 은혜를 베풀되 갚기를 바라지 말고, 남에게 주었으면 후회하지 말라는 뜻이다. 내가 남에게 베푼 것을 늘 마음 한구석에 품고 있으면 언젠가는 남도 나에게 그만큼 해주기를 바라는 마음이 싹트게 된다.

《채근담》에서는 '은혜를 베푸는 사람이 내가 누구를 도왔다든가 누가 내 도움을 받았다든가 하는 것을 굳이 드러내지 않는다면 그가 베푼 한 말의 곡식은 만 섬의 은혜와 맞먹는다. 그러나 남에게 이로움을 주는 사람이 내가 남에게 베푼다는 생각을 가지고 그것을 따져서 갚기를 바란다면 비록 수천 냥의 많은 돈을 주었다고 해도 단 한 푼의 공도 되지 않고 보람이 없게 될 것이다'고 했다.

이 글은 은혜를 베푸는 사람의 마음가짐이 어떠해야 하는지를 가르쳐준다. 베푸는 마음은 언제나 순수해야 한다. 그래야 베푸는 사람에게는 축복이 되고, 받은 사람에게는 은혜가 되는 것이다.

일찍이 로마의 철학자 세네카는 "은혜를 베푸는 자는 그것을 감추고, 은혜를 입은 자는 그것을 남에게 알게 하라"고 말했다.

남에게 은혜를 베푸는 일은 그것을 굳이 밝히지 않아도 언젠가는 세상에 알려지게 마련이고, 또 어떤 보상을 원치 않아도 세상에는 인과응보의 법칙이 있어 반드시 좋은 것으로 돌아오기 마련이다.

모든 일에 감사하자

감사하는 마음가짐으로 살아가면 인생은 언제나 행복하고,
사는 재미와 보람이 가득하게 된다.

감사의 기도

가난한 부부가 아침 일찍 밭으로 나간다. 하루 종일 땀 흘려 일한다.
하루의 일과가 끝나고 집으로 돌아갈 시간이다. 해는 지평선 저쪽으로
사라졌다. 저녁을 알리는 교회의 종소리가 은은하게 울려 퍼지는 가운
데, 종일 일했던 젊은 부부는 두 손을 모으고 조용히 고개를 숙여 감사
기도를 드린다.

"하나님, 오늘 하루도 건강한 몸으로 일할 수 있도록 도와주신 것을
감사드립니다."

유명한 명화 『만종晚鐘』에 담긴 정겨운 풍경이다. 밀레Jean Francois
Milet. 1814~1875는 프랑스의 자유주의 화가로 주로 농촌 풍경과 일하는
농부를 즐겨 그렸는데, 그의 모든 작품 속에는 언제나 경건함이 스며
있어 보는 이로 하여금 신앙적인 분위기에 매료되게 한다.

밀레는 이 그림을 통해 무엇을 말하려고 했을까? 아마도 사랑과 노동과 신에 대한 감사를 표현하고 싶었을 것이다. 건강해서 일할 수 있고, 보람을 느낄 수 있으니 얼마나 행복한 삶인가. 그래서 스스로 행복을 깨닫고 감사하는 것이 아닐까.

감사하는 마음, 그것은 행복의 원천이다

황혼에 붉게 물든 저녁 들녘에서 일손을 멈추고 조용히 머리 숙여 기도하고 있는 젊은 부부의 모습이 그려진 그 유명한『만종』. 이 한 폭의 그림에서 우리는 밀레가 나타내고자 한 행복의 삶이 무엇을 의미하고 있는지를 생각해보게 된다.

미국의 교육자 반 다이크는 밀레의 이 그림에 대하여 "사랑과 신앙과 노동을 그린 인생의 성화"라고 했다. 그렇다. 이 그림 속에는 확실히 사랑이 그려져 있고, 신앙이 그려져 있고, 노동이 그려져 있다.

그러나 나는 경건하게 머리 숙여 기도하는 모습에서 진정한 '감사의 삶'을 발견하게 된다. 하루의 노동이 끝나는 보람의 현장에서 하나님께 감사드리는 그 자세야말로 인간의 모든 행위에서 가장 아름답고 성스러운 모습일 것이다.

감사하는 마음! 그것은 행복의 원천이다. 감사하는 마음을 가질 때 사는 것이 기쁘고 즐거워진다. 우리는 밀레의『만종』에서 감사하는 삶을 배워야 한다. 그리고 일생 동안 고마워하는 마음, 감사하는 태도, 보은의 정신을 가지고 살아야 한다.

감사는 행복의 문을 여는 열쇠다. 감사하는 마음을 가질 때 인생은 사는 것이 기쁘고 즐거워진다. 우리는 모든 일에 고마워하는 마음을 가지고 살아가도록 힘써야 한다.

모든 일에 감사해야 할 이유

우리는 언제나 고마워하는 마음을 가져야 한다. 감사할 줄 아는 사람이 되어야 한다. 우리는 많은 사람의 도움과 은혜 속에서 살아간다. 그런데도 어떤 사람은 감사할 것이 아무것도 없다고 불평하기도 한다. 조금만 더 깊이 생각해보면 인생살이에 감사할 것이 너무 많다. 그것을 찾을 줄 알아야 한다. 감사하는 마음은 곧 행복의 문을 열어주는 열쇠이기 때문이다.

우리에게는 몸을 누일 집이 있고, 허기를 채울 밥이 있다. 다정한 가족이 있고, 언제나 대화를 나눌 수 있는 정다운 친구가 있다. 이것만으로도 우리는 많은 것을 가지고 있다. 이러한 환경을 갖추지 못한 사람들도 있다. 그것만 비교해도 우리는 감사할 것이 너무나 많은 행복한 사람들이다.

나는 병원에서 고통 받는 환자를 볼 때마다 나의 건강에 대해 감사하고, 앞을 못 보는 시각장애인을 보게 되면 두 눈으로 세상을 볼 수 있는 사실에 감사한다. 그뿐 아니다. 우리는 이 세상에 태어나 많은 사람들이 베푸는 은혜를 받고 신세를 지며 살아간다. 남의 도움 없이 혼자의 힘으로 살아갈 수 없다. 평범한 일에 감사해야 할 이유가 여기에 있다.

옛말 중에 '일미칠근一米七斤'이란 말이 있다. 쌀 알 하나를 만들려면 농부가 일곱 근의 땀을 흘려야 한다는 뜻이다. 쌀을 생산하기 위해서 농부는 밭을 갈고, 씨를 뿌리고, 거름을 주고, 김을 매고, 추수하고, 쌀을 찧고, 운반해야 한다. 한 알 한 알 모두 고생의 산물이요, 피땀의 대가다. 많은 사람들의 정성과 수고 없이는 쌀 한 톨, 기름 한 방울, 감자 한 개, 종이 한 장, 연필 한 자루 만들어낼 수 없다. 우리는 이러한 것들을 일상생활에서 별다른 생각 없이 사용하고 있다. 이러한 평범한 물건 하나하나에 고마워할 줄 알아야 한다. 꼭 남의 도움을 직접적으로 받아야 감사할 줄 알면 너무도 야박하지 않은가.

독일의 대문호 괴테는 "가장 쓸모없는 인간은 감사할 줄 모르는 인간"이라고 했고, 인도의 시인 타고르는 "감사의 분량이 곧 행복의 분량"이라고 했다. 감사의 눈으로 인생을 바라보자. 인생은 그리 괴롭기만 한 것도, 불행하기만 한 것도 아니다. 감사하는 마음가짐으로 살아간다면 인생은 언제나 행복한 것이요, 살 재미와 보람도 느낄 수 있다.

감사의 정신을 생활화하자

선진국으로 불리는 나라에 가 보면 "감사합니다", "미안합니다" 같은 말을 어렵지 않게 들을 수 있다. 이 말들은 듣는 사람을 기분 좋게 한다.

돈을 받고 물건을 팔거나 서비스를 제공하는 사람은 물론, 돈을 내는 고객도 고맙다는 말을 잊지 않는다. 어떤 형태로든 인간관계가 맺어지기만 하면 감사한 마음을 갖는다.

서양 사람들이 쓰는 일상적인 말 가운데 28%가 "감사합니다"라고 한다. 이처럼 서양 사람들은 어릴 때부터 감사하는 환경 속에서 살아간다. 하지만 우리는 그렇지 않은 것 같다. 부모, 가족, 친구 등 가까운 사람 외에는 감사하는 마음을 갖기가 무척이나 어렵다. 설령 감사한 마음을 갖더라도 입 밖으로 표현하지 않는다. 그러다 보니 한국 사람들은 무뚝뚝하고 불친절하다는 이야기가 자주 불거져 나온다.

왜 감사하다는 말을 잘 표현하지 못하는 것일까? 감사하다는 마음이 들지 않아서일까? 감사하다고 말하기가 어색해서 그럴까? 한국 사람만큼 정이 많은 사람들도 드물다는데, 아마도 입에 발린 소리 같아서 겸연쩍어 말하기를 꺼리는 것이 아닐지 모르겠다.

이제 감사하는 마음을 가지고 살아가자. 모든 것을 고마움으로 받아들이고, 감사하는 마음가짐으로 살아가는 훈련과 습관을 길러나가야 한다. 그러기 위해서는 감사하는 정신을 생활화해야 한다. "감사합니다"는 말을 자주 쓰는 습관을 들여야 한다.

한때 '고미안 운동'이 일어났던 때가 있었다. "고맙습니다", "미안합니다", "안녕하세요"의 머리글자를 따서 붙인, 참으로 뜻 있는 계몽운동이었다. 중도에 사라져 아쉽다. 이제라도 다시 이 운동을 되살렸으면 하는 마음이 간절하다.

감사하다는 말은 결코 거창하거나 큰 답례를 요구하는 것이 아니다. 그저 친절한 마음으로 인사하면 되는 것이다. 상점 주인은 수많은 가게 중에서 내 가게를 찾아준 손님에게 진심으로 감사하고, 택시를 운전하는 기사는 손님이 내 차를 타준 것에 감사한다면 이 세상은 얼마나 정이 넘치고 살맛나는 곳이 되겠는가.

이런 따뜻한 말이 오가고, 부드러운 웃음이 오가고, 정다운 인사가 오고갈 때 우리의 인생에 즐거움이 있고 기쁨이 있게 되는 것이다. "고맙습니다", 이 말 한 마디가 우리의 몸과 마음에 보약이 되고, 살기 좋은 세상을 만들어간다.

남을 돕는 것은 자기 자신을 돕는 것

긍휼은 곧 불쌍한 사람의 고통을 함께하는 것이다.

파란 눈의 모정 35년

1996년 가을인가 여러 신문에 '파란 눈의 모정 35년'이라는 제목 아래, 한국 어린이 다섯 명을 입양하여 훌륭하게 키워낸 장한 미국인 어머니의 기사가 실린 적이 있다. 이 기사를 읽은 사람이라면 시애틀에 거주하는 보드먼 여사에게 깊은 감사와 함께 부끄러움을 금할 수가 없었을 것이다.

친자식을 넷이나 둔 그녀는 한국 가정에서 기를 수 없다고 버림받은 장애가 있는 어린이를 다섯 명이나 입양하여 가르치고 훌륭하게 키워낸 사람이었다.

홀트아동복지회의 자원봉사자로 활동하던 보드먼 여사는 1961년 생후 6개월이던 리사 그린(보잉컴퓨터 회사 근무)을 입양한 것을 시작으로 1971년 수잔, 1975년 리앤(주부)와 매튜(군복무) 남매 그리고 1980년 베타니(학생)를 차례로 입양했다. 이 가운데 수잔은 전신장애 뇌성마비,

리앤은 소아마비를 앓고, 베타니는 선천성 심장병을 앓다가 세 차례의 대수술 끝에 회복되었다고 한다.

특히 수잔은 다른 사람이 입양했다가 파양되어 오갈 데가 없게 되었다는 소식을 듣고 받아들이기로 한 것이라고 한다. 수잔은 지금(1996년 당시) 25세가 되었는데도 아직 기저귀에 의존하고 있다니 그녀를 키우기란 결코 쉽지 않았을 것이다. 거기다가 간질병까지 있어 15분마다 정신을 잃기도 한다고 한다. 보드먼 여사는 그럴 때마다 수잔을 영원히 잃는 것 같아 고통스럽다고 했다.

"수잔은 혼자서는 앉지도, 걷지도, 먹을 수도 없는 전신장애 뇌성마비를 앓고 있습니다. 아직 다섯 마디밖에 할 줄 몰라요. 그렇지만 우리 가족이 있어 수잔은 행복할 거라고 생각해요."

보드먼 여사는 자신이 살던 집을 수잔에게 물려주고, 큰딸 킴벌리 부부와 손녀들을 불러들여 수잔을 돌보게 했다.

이렇듯 어려운 일을 해내면서도 그녀는 별일 아니라는 듯 담담하게 말했다.

"저를 필요로 했기 때문에 아이들을 입양했을 뿐입니다. 조금도 힘들지 않았어요."

보드먼 여사는 모든 것이 하나님의 뜻에 따른 것이라고 하지만, 기쁜 마음으로 인류애를 실천하고 있는 그녀에게서 천사의 모습을 보는 것 같아 존경스럽기만 하다.

긍휼의 정신이 의미하는 것

우리말 중에 '긍휼矜恤'이란 단어가 있다. 불행한 사람을 불쌍히 여기거나 가엾게 여겨 도움을 준다는 뜻이다. 이 긍휼의 정신은 모든 인간 활동 중에서 가장 높은 차원의 봉사정신이다. 아무도 돌보지 않는 불쌍한 사람들을 순수한 마음으로, 아무런 조건 없이 기쁜 마음으로 도움을 주기 때문이다. 이것은 곧 헌신의 자세요, 희생의 정신이다.

앞서 말한 이야기 속의 주인공인 보드먼 여사를 통해 참된 긍휼의 정신이 어떤 것인가를 깨닫게 된다. 이와 더불어 천사란 바로 이런 분을 두고 말하는 것이 아닌가 싶어 못내 존경스러운 마음을 금할 길이 없다.

영어에서는 긍휼히 여기는 마음을 'compassion'이라고 한다. 'Com'은 함께라는 뜻이고, 'passion'은 고통 또는 아픔을 의미한다고 한다. 이것으로 미루어 보면 긍휼이란 곧 불쌍한 사람의 고통을 함께한다는 뜻이 된다.

우리도 보드먼 여사의 긍휼의 정신을 본받아 주변에 있는 불우한 이웃들을 따뜻한 마음으로 살펴줄 수 있도록 노력해야 한다.

긍휼이 주는 기쁨

미국의 대재벌 록펠러John Davison Rockefeller, 1839~1937는 젊은 시절 악착같이 돈을 벌어 53세 때 세계 최고의 부자가 되었다.

그러나 그즈음 그는 점점 쇠약해져서 지독한 피부병까지 얻게 되었다. 머리카락과 눈썹이 빠지고, 몸은 바싹 여위어만 갔다. 일주일에 몇 백만 달러씩 벌어들이는 수입도 아무런 위안이 되지 않았다.

그는 몇 조각의 비스킷과 물로 식사를 대신해야 했다. 거기에다 악착같이 돈을 버느라고 자신을 미워하는 적들이 많이 생겨 항상 경호원의 보호를 받아야만 했다. 록펠러는 항상 무언가에 쫓기는 것 같아서 잠을 제대로 이룰 수가 없었다. 억만장자인 그는 더 이상 행복하지 못했다. 그의 얼굴은 늘 어두웠고 굳어 있었다.

최고의 의사들이 록펠러를 진단해보았다. 그 결과 앞으로 1년 이상은 살 수 없다는 진단을 내렸다. 그의 나이 55세 때의 일이다. 그는 비로소 '인생은 돈이 전부가 아니다'는 사실을 깨닫게 되었다. 그리고는 새 사람이 되었다.

그의 인생이 바뀐 것은 어느 날 최후의 진단을 받기 위해 휠체어를 타고 병원으로 가는 길에 벌어졌다. 그는 로비에 걸린 액자 속의 글을 보고 충격을 받았다. 그 글은 '주는 자가 받는 자보다 더 복되다'는 성경 안에 있는 말씀이었다. 그 글을 보는 순간, 그는 엄청난 전율을 느꼈다고 한다.

그때 마침 입원 수속 창구에서 한 여인이 어린 소녀를 품에 안고 울고 있었다. 돈이 없어 의사들에게 병든 딸이 치료를 받을 수 없게 되자 어머니가 울며불며 빌고 있었던 것이었다. 그는 비서에게 입원비를 대신 내주게 하고 이를 비밀에 부쳤다. 얼마 후 그는 그 소녀가 기적처럼 회복되었다는 소식을 들었다. 그 순간 그는 온몸으로 보람을 느꼈다. 나중에 그는 자서전에서 "이렇게 행복한 삶이 있는지 몰랐다"고 회고했다.

이후 록펠러는 자선가로 변신했다. 그동안 벌어놓은 막대한 재산을 가난한 이웃과 불쌍한 사람들을 돕는 데 쓰기 시작했다. 그는 침례교 교회를 세우고, 명문 시카고대학을 세웠다. 1913년에는 전 세계 인류의 복지를 향상시키기 위해 '록펠러 재단'을 설립하고, 많은 자선사업을 벌여나갔고 의료 지원을 아끼지 않았다.

그러자 기적이 일어났다. 록펠러는 아프기 전 상태로 몸이 되돌아왔다. 잠도 잘 자고, 음식도 잘 먹게 된 것이다. 가장 큰 변화는 그의 얼굴에 미소가 돌아온 것이다. 삶의 기쁨을 깨달은 그는 저명한 의사들이 1년밖에 살 수 없다고 내린 진단과는 달리 98세까지 장수를 누리는 축복을 받았다.

로마의 철학자 세네카는 "남에게 선을 베푼 자는 자기 자신에 대해서도 선을 베푼 자다. 착한 일을 했다는 의식은 최고의 보수이기 때문이다"고 했다. 록펠러는 남을 도왔지만 그것은 자기 자신을 돕는 일이었던 셈이다.

다른 사람과의 관계에서 하나가 될 수 있는 가장 손쉬운 행동은 가난한 사람과 불행한 사람을 돕는, 자선의 사랑이다. 이웃은 따로 있는 것이 아니다. 내가 불행한 사람을 도우면 그는 나의 이웃이 되고, 나는 그의 이웃이 되는 것이다.

선행의 결과

착한 일을 하면 행복이 따르고, 악한 일을 하면 불행이 따라온다는 생각은 예부터 뿌리 깊게 우리 마음속에 자리 잡고 있다.

《역경》에는 '선행을 쌓은 집에는 반드시 행복이 찾아온다. 그러나 불선을 쌓은 집에는 반드시 재앙이 몰려온다積善之家 必有餘慶, 積不善之家 必有餘殃'는 말이 있다.

《명심보감》에는 이린 말도 있다.

'하루 착한 일을 행하면 복은 곧 다가오지 아니하나 화는 자연히 멀어질 것이요, 하루 악한 일을 행하면 화는 곧 다가오지 아니하나 복은

자연히 멀어지리라.'

착한 일을 했다고 당장 이익이 오는 것은 아니지만 은연중에 복을 받게 되고, 악한 행동을 했다고 당장 손해가 오지 않는 것 같지만 결국에는 화를 당하게 된다는 말이다.

'착한 끝은 있어도 악한 끝은 없다'고 했다. 선한 행동에는 좋은 보답이 있고 악한 행동에는 나쁜 보답이 있으니, 만약에 아직 보답이 없다면 때가 일러 그 보답이 오지 않는 것이다.

그래서 성경은 '선을 행하되 낙심하지 말지니, 낙심하지 않으면 때가 이르매 열매를 거두리라'고 하였다. 선을 행하다 보면 지치기 쉽고 낙심하기 쉽다. 그러나 낙심하지 않고 꾸준히 나가면 반드시 거두는 날이 있다. 사람은 자기가 심은 것을 거두기 마련이다.

인생과 사회의 역사를 긴 눈으로 보라. 반드시 '인과업보因果業報'의 법칙이 있고, 준엄한 심판이 있다. 선의 씨를 꾸준히 심는 자는 언젠가 때가 되면 반드시 영광의 열매를 거두게 된다.

선행은 사회를 밝게 해주고 인정이 넘치는 따스한 사회를 만들어준다. 우리 모두 남을 생각하고 아끼는 마음으로 남을 돕는 일을 함께하자. 그리고 록펠러와 같은 미담의 주인공들을 거울삼아 새롭게 다짐해보자. 나도 남을 돕는 사람이 돼보겠노라고.

주는 사랑 나누는 기쁨

나눔은 남을 위한 것만이 아니라, 자기 자신을 위한 것이기도 하다.

사랑의 바이러스

돈리는 추운 겨울에 직업을 잃게 되어 죽기보다 싫은 구걸에 나서야만 했다. 그는 고급 레스토랑 앞에 서서 어느 부부에게 동정을 구했다.

"미안합니다. 잔돈이 없어요." 남자가 대답했다. 함께 가던 부인은 남편이 거절하는 것을 보고 "이렇게 거리에서 떨고 있는 사람을 두고 어떻게 우리만 들어가서 식사를 할 수 있어요?" 하면서 주머니에서 돈을 꺼냈다.

"여기 1달러 받으세요. 뭐라도 사 드시고, 기운 내세요. 하루 빨리 일자리를 찾을 수 있도록 기도할게요."

돈리가 50센트짜리 빵을 사서 먹고 있는데, 바로 앞에서 한 노인이 그를 한없이 부러운 눈길로 바라보고 있었다. 그는 남은 50센트를 꺼내 빵을 사서 노인에게 건넸다.

노인은 빵을 조금 떼어 먹고는 나머지를 종이에 쌌다.

"아니, 더 드시지 않고요? 내일 드시려고요?"

"아니요. 저 길가에 꼬마 신문팔이 애가 있어요. 그 녀석한테 갖다주려고요."

두 사람은 먹던 빵조각을 가지고 그 아이에게로 갔다. 소년이 미친 듯이 빵을 먹고 있는데, 길 잃은 개 한 마리가 다가왔다. 그 아이는 나머지 빵조각을 개에게 나누어 주었다. 그러고는 기운이 났는지 다시 신문더미를 들고 뛰어갔다. 노인도 일감을 찾으러 자리를 나섰다.

'나도 이렇게 있을 수는 없지.'

돈리도 자리를 나서려는데, 곁에 있는 개의 목에 걸린 줄이 눈에 들어왔다. 자세히 살펴보니 집 주인의 주소가 쓰여 있었다. 그는 개를 데리고 가 주인에게 돌려주었다. 주인은 굉장히 고마워하며 돈리에게 사례금이라며 10달러를 건넸다. 그러곤 이렇게 말했다.

"당신 같은 친절한 사람이 내 사무실에서 일하면 좋겠습니다. 괜찮다면 내일 내 사무실로 오시겠습니까?"

돈리는 비로소 그 작은 빵 속에 담겨 있는 주는 사랑, 나누는 기쁨을 실감할 수 있었다.

나눔의 축복

돈리의 나눔에 얽힌 아름다운 이야기는 우리에게 나눔은 인간에게 기쁨과 행복을 가져다줄 뿐 아니라 나눔 자체가 곧 남을 위한 것만이 아니라 자기 자신을 위한 것이기도 하다는 사실을 일깨워준다.

사실 나눔은 그 자체가 하나의 대가다. 자기 의지로 자기 것을 남에게 나누어 주거나 남을 돕게 되면 기쁨을 느끼거나 만족하게 된다. 나눔을 통해서만이 얻을 수 있는 대가다. 그래서 성경에서는 '주는 자에게 복이 있다'고 했다. 남을 사랑하는 사람은 나누는 삶을 살아가야 한다. 인간의 참된 기쁨과 만족은 소유에 있는 것이 아니라 나눔에 있다. 어려운 처지에 있는 사람에게 나눔을 통해 도움을 주었는데 그 덕에 그 사람이 어려운 고비를 넘겼다면 그 기쁨과 보람을 무엇과 비교할 수 있겠는가. 나눔은 이렇듯 주는 사람에게도 또한 받는 사람에게도 최고의 축복인 것이다.

나눔의 가치는 과학적으로도 밝혀졌다. '베풀면 오래 산다'는 말이 사실이라는 연구 결과가 나왔다. 미국 심리학회지에 실린 스테파니 브라운 박사의 연구 논문을 보면 남을 돕지 않는 사람이 남에게 도움을 주는 사람보다 일찍 죽을 가능성이 두 배나 높다고 한다. 반면 자신이 할 수 있는 작은 일이라도 남을 위해 봉사하는 사람은 그만큼 오래 산다고 한다. 이 얼마나 아름다운 축복의 메시지인가!

나보다 남을 먼저 생각하는 마음을 갖는 것, 자신이 가진 것을 조금만 덜어서 나누는 것 그리고 이기적인 울타리를 벗어버리고 세상과 더불어 함께 사는 나눔의 삶을 실천할 때 축복도 함께하게 된다는 사실을 명심해야 한다.

이름 없는 나눔의 행렬

자신은 비닐하우스에서 살면서도 의지할 곳이 없는 소년소녀 가장 세 명에게 5년 동안이나 매달 생활비를 보태주는 외판원 아저씨가 있는가 하면, 갈 곳 없는 거리의 청소년들을 거두어 함께 살며 새 삶을 안겨준 인정 많은 아주머니도 있다. 또 단칸방에 살고 있는 칠순 할머니는 빈 병과 신문지 등을 수집하여 푼푼히 모아온 500만 원을 자기보다 힘들게 살아가는 노인들에게 유용하게 써달라며 주민센터에 불우이웃 돕기 성금으로 내놓았다. 해마다 연말이 되면 구세군 모금함에 1억1천만 원이라는 거금을 내놓는 숨은 기부천사도 있다.

어릴 때부터 남대문에서 볼펜과 만년필 장사를 시작으로 큰돈을 번 사람이 얼굴을 밝히지 않고 KBS의 〈사랑의 리퀘스트〉 프로그램에 60억 원을 내놓는가 하면, 위안부 출신의 어느 할머니는 평생을 숨어 살며 식모살이와 고물 수집으로 모은 돈 4천 만 원을 어려운 학생에게 써달라며 강서구청에 맡겼다. 어느 실향민 할머니는 자기가 살고 있는 서울 강남구 개포동 15평 아파트(시가 2억5천만 원)을 장학기금으로 써달라며 신문사에 기탁했다. 이 밖에도 알려지지는 않은 숨은 천사들이 세상 뒤켠에서 나눔의 삶을 이어나가고 있다. 우리의 가슴을 울리는 이러한 나눔의 행렬은 우리 사회를 밝게 해주고 따뜻하게 해주고 있다. 이 나눔의 주인공들은 하나같이 어렵게 살아온 사람들이고 지금도 그리 여유 있는 형편은 아니다. 그럼에도 자기 것을 쪼개고 덜어서 나눔을 실천했기에 그들의 행동은 장하다 못해 거룩해 보인다.

우리도 이들이 나눔을 실천하는 모습을 보면서 뭔가 남을 돕는 일에 동참해야겠다는 다짐이 있어야겠다.

참된 나눔의 자세

참된 나눔은 어떠한 대가도 바라지 않고, 아무런 조건 없이 기쁜 마음으로 남에게 베푸는 것이다. 누군가 시켜서 하는 것이 아니라 스스로 원해서 남을 도울 때 참된 나눔이 된다. 그래서 나눔은 아무나 할 수 있는 일이 아니라는 생각을 하게 된다. 특별한 사람만이 할 수 있다는 것이 아니라, 이웃의 아픔을 함께한다는 마음가짐이 없으면 할 수 없기 때문이다.

우리 주변에는 남의 도움이 없이는 살아가기가 어려운 처지에 있는 사람들이 적지 않다. 그들을 도와주는 일은 우리의 몫이다. 우리는 이들에게 있는 것을 나누어 주어야 한다. 돈이나 물질로 할 수도 있고, 몸으로도 할 수 있다. 몸으로 할 수 있는 나눔은 굉장히 많다. 지식이 있는 자는 배움에 목마른 사람을 위해 가르쳐줌으로써 나눌 수 있고, 시간의 여유가 있는 사람은 손이 모자라 힘들어 하는 이웃을 몸으로 거들어주어 어려운 고비를 잘 넘기도록 도와줄 수 있다. 곧 자기의 형편에 따라 자기가 가진 것을 베풀면 되는 것이다.

불우한 이웃을 위해 적은 것이라도 나누겠다는, 또 아픔을 함께하겠다는 마음과 실천이 있을 때 우리 사회는 훨씬 밝고 따뜻해질 것이다.

참된 효도의 길

무릇 효는 덕의 근원이며, 모든 가르침은 여기에서 시작된다.

눈물겨운 효녀의 지극한 사랑

어느 이른 아침, 음식점 출입문이 열리더니 여덟 살쯤 돼 보이는 여자아이가 사내의 손을 이끌고 느릿느릿 안으로 들어왔다. 두 사람의 너절한 행색은 한눈에 봐도 걸인 아빠와 딸임을 짐작할 수 있었다. 퀴퀴한 냄새가 음식점 주인의 코를 찔렀다. 그는 자리에서 벌떡 일어나 짜증스러운 목소리로 말했다.

"아니, 아직 개시도 못했는데, 재수 없게시리! 이봐요, 어서 나가요!"

아이는 아무 말 없이 앞을 보지 못하는 아빠의 손을 이끌고 음식점 중간에 자리를 잡았다. 주인은 그제야 부녀가 음식을 먹으러 왔다는 것을 알았다. 하지만 음식점에 오는 다른 손님들에게 불쾌감을 줄 수는 없었다. 더욱이 돈을 못 받을지도 모르는 그들에게 음식을 내준다는 것이 왠지 꺼림칙했다. 그가 그런 생각을 하며 머뭇거리는 사이 여자아이가 가느다란 목소리로 말했다.

"저 아저씨, 순댓국 두 그릇 주세요."

"응, 알았다. 근데 얘야. 지금은 음식이 없는데."

순수한 아이의 얼굴빛이 금방 시무룩해졌다.

"아저씨, 빨리 먹고 갈게요. 오늘이 우리 아빠 생일이에요."

아이는 꺼져가는 목소리로 그렇게 말하고 주머니를 뒤졌다. 아이는 비에 젖어 눅눅해진 천 원짜리 몇 장과 한 움큼이나 되는 동전을 꺼내 보였다.

"알았다. 그럼 최대한 빨리 먹고 나가야 한다. 그리고 말이다. 저쪽 끝으로 가서 앉아라. 거긴 다른 손님들이 앉아야 하니까."

"네. 아저씨, 고맙습니다."

아이의 얼굴이 꽃 속처럼 환해졌다. 아이는 아빠를 데리고, 화장실 바로 앞, 맨 끝자리에 앉았다.

"아빠! 아빠는 순댓국이 세상에서 제일 맛있다고 그랬잖아, 그치?"

"응." 아빠는 힘없이 고개를 끄덕였다. 주인은 순댓국 두 그릇을 갖다 주었다. 그리고 계산대에 앉아 물끄러미 그 모습을 지켜보았다.

"아빠, 내가 소금 넣어줄게. 잠깐만 기다려."

아이는 그렇게 말하고 자신의 국밥 속에 들어 있던 순대며 고기들을 떠서 아빠의 그릇에 가득 담아주었다. 그리고 나서 아이는 소금으로 간을 맞췄다.

"아빠, 이제 됐어. 어서 먹어."

"응, 그래. 순영이 너도 어서 먹어라. 어제 저녁도 제대로 못 먹었잖아."

"나만 못 먹었나. 근데 아저씨가 우리 빨리 먹고 가야 한대. 빨리 밥

떠, 아빠, 내가 김치 올려줄게."

"알았어." 아빠는 조금씩 손을 떨면서 국밥 한 수저를 떴다. 수저를 들고 있는 아빠의 두 눈 가득히 눈물이 고였다. 그 광경을 지켜보던 주인은 자신도 모르게 가슴이 뭉클해졌다.

음식을 먹고 나서 아이는 아빠 손을 끌고 주인에게 다가왔다. 아이는 아무 말 없이 계산대 위에 천 원짜리 여러 장을 올려놓고 주머니 속에 있는 동전을 꺼냈다.

"얘야, 그럴 필요 없다. 식사 값은 2천 원이면 돼. 아침이라 재료가 준비되지 않아서 국밥 속에 넣어야 할 게 많이 빠졌어. 그래서 음식 값을 다 받지 않아도 된단다."

주인은 웃으며 천 원짜리 몇 장을 아이에게 다시 건네주었다.

"고맙습니다, 아저씨"

"아니다. 아까는 내가 미안했다."

주인은 출입문을 나서는 아이의 주머니에 사탕 한 움큼을 넣어 주었다.

"잘 가요."

"네, 안녕히 계세요."

아픔을 감추며 웃고 있는 아이의 얼굴을 음식점 주인은 똑바로 바라볼 수가 없었다. 총총히 걸어가는 아이의 뒷모습을 바라보는 주인의 눈가에 눈물이 어룽어룽 맺혔다.

효도를 해야 하는 이유

작가 이철환이 쓴 수필집에 나오는 '아버지의 생일'이라는 글에 묘사

된 효녀의 애틋한 모습이다. 이 얼마나 아버지를 향한 아름답고 정겨운 마음인가. 눈먼 아버지를 배려와 사랑으로 돌보는 순영의 지극한 효심에 가슴 뭉클한 감동을 받는다.

부모에게 효도하려는 마음은 인간의 자연스러운 마음이다. 나를 낳아 기르고 가르친 부모의 큰 은혜에 보답하려는 아름다운 정신이다. 이것은 사람으로서 본분과 도리를 다하는 것이다. 가난 속에서도 정성을 다하여 아버지를 모시는 순영의 효심은 우리 모두가 본받아야 할 효행으로 거울삼아야 할 것이다.

윤리관이나 도덕관은 시대의 흐름에 따라 달라진다. 흐르는 역사, 변화하는 사회 속에서 유독 윤리관만이 그대로 머물 수는 없다. 그러나 그 뿌리의 깊은 정신적 흐름에는 변화가 있을 수 없다.

효란 부모와 자식의 관계에서 맺어지는 질서이기에 인류가 존재하는 한 영원히 남게 될 것이다. 시대감각에 맞게 효도하는 방법이 달라질 뿐이다. 효란 자식을 사랑과 정성으로 키워준 부모에게 그 은혜를 알고 보답하려는 가장 순수하고 아름다운 마음이다. 이 뜻이 결코 변질될 수 없다.

인간은 동물과 달리 양육기간이 길다. 태어나서 제 역할을 스스로 하기까지 적어도 20년이 걸린다.

태어나자마자 혼자 힘으로 살아나가는 동물도 있다. 하지만 인간은 부모의 보살핌 없이는 절대로 살아갈 수가 없다. 이 세상에서 갓난아기처럼 무력한 존재는 없다. 걷는 힘도 없고, 말하는 능력도 없고, 음식을 찾아 먹을 줄도 모른다. 내버려두면 죽고 말 것이다.

이 나약하고 무력한 생명을 자립할 수 있는 인간으로 키우기 위해서는 부모의 끝없는 정성과 희생이 필요하다. 이 같은 부모의 바다보다 깊고 산보다 높은 은혜를 자식이 효도로 보답해야 하는 것은 당연하다. 부모에게 효도해야 할 이유가 여기에 있다.

참된 효도의 길

그러면 효란 무엇이며, 어떻게 하는 것이 참된 효도의 길이 되는가를 살펴보자.

먼저 유교에서는 효의 뜻을 이렇게 말한다. 효에는 세 종류의 단계가 있는데, 가장 큰 효는 부모를 존중하고 공경하는 것이고, 그다음은 부모를 욕되게 하지 않는 것이요, 제일 낮은 효도는 부모를 잘 봉양하는 것이라고 했다.

불교에서는 효란 부모의 은혜에 대한 감사와 보은의 행위로, 부모공경은 효를 으뜸으로 삼으라는 부처님의 가르침에 따라 무엇보다 앞서 실천해야 한다고 강조한다.

기독교에서는 부모를 공경하고 부모에게 순종하라고 가르친다. 그렇게 하면 부모를 기쁘게 함은 물론 스스로가 잘되고 땅에서 장수하리라는 하나님의 약속된 축복을 받게 된다고 한다.

이상 세 종교의 효에 대한 가르침을 간략하게 살펴보았다. 동서양을 막론하고 효의 중요성을 역설하지 않은 사상이나 종교는 없다. 효의 실천 방법이 다를 수는 있어도 그 근본정신은 똑같다.

경로사상은 특히 동양인의 가장 아름다운 사상의 하나다. 현실에서 소외당하기 쉬운 늙은이를 공경하고 순종하는 태도는 인성의 가장 깊은 표현이다.

효는 경로사상의 핵심이다. 효심은 인간의 가장 존귀한 마음이다. 늙은이를 받들어 모실 줄 아는 우리 고유의 전통을 살리고 소중한 유산으로 길이 간직해야 한다.

어머니는 사랑의 화신

자식을 향한 모성의 사랑은 무조건적이고 절대적이다.

어머니의 희생적 사랑

눈이 수북이 쌓인 어느 추운 겨울날, 강원도 깊은 산골짜기를 두 사람이 찾아 들어왔다. 나이가 지긋한 사람은 미국인이었고, 젊은 청년은 한국인이었다.

눈 속에 발이 빠지며 한참 골짜기를 더듬어 들어간 두 사람은 마침내 어느 무덤 앞에 섰다.

"이 무덤이 네 어머니가 묻힌 곳이란다."

나이 많은 미국인이 청년에게 말했다. 6·25전쟁 때 후퇴하며 치열한 전투를 벌이던 미국 병사는 강원도 깊은 골짜기까지 들어왔다가 이상한 소리를 들었다.

가만히 들어보니 아이의 울음소리였다. 그 소리를 따라가 보니 눈구덩이가 보였다. 울음소리는 그 아래에서 들려오고 있었다. 아이를 꺼내기 위해 눈 속을 파 들어가던 병사는 소스라치게 놀라고 말았다. 어느 여인이 옷을 하나 걸치지 않고 알몸으로 죽어 있었던 것이다.

피난을 가던 어머니가 깊은 골짜기에서 눈 속에 갇히게 되자 아이를 살리기 위해 자기가 입고 있던 옷을 모두 벗어 아이에게 덮어주고는 허리를 구부려 자기의 체온으로 아이를 감싸 안은 채 얼어 죽은 것이다. 그 모습에 크게 감동한 병사는 언 땅을 파 어머니를 묻고, 어머니 품에서 울어대던 갓난아이를 데려 가 자기의 아들로 키웠다.

세월은 흘러 아이가 청년이 됐고, 병사는 그에게 지난날 있었던 일들을 다 이야기하고 언 땅에 묻었던 청년의 어머니 산소를 찾아온 것이었다.

이야기를 다 들은 청년이 눈이 수북이 쌓인 무덤 앞에서 무릎을 꿇었다. 뜨거운 눈물이 볼을 타고 흘러내렸다. 눈물은 청년의 무릎 아래 눈을 녹이기 시작했다. 청년은 한참 만에 자리에서 일어났다. 그러더니 입고 있던 옷을 하나씩 벗었다. 마침내 알몸이 되었다. 청년은 무덤 위에 쌓인 눈을 두 손으로 정성스레 모두 치워냈다. 그러더니 자기 옷으로 무덤을 덮기 시작했다. 마치 어머니에게 옷을 입혀 드리듯 청년은 어머니의 무덤을 모두 옷으로 덮었다. 그러고는 "어머니 그날 얼마나 추우셨어요" 하며 무덤 위에 쓰러져 통곡했다.

"은혜로우신 어머니, 그립습니다. 아니 거룩하고 성스럽습니다. 보고 싶은 어머니! 꿈속에서라도 한 번 만날 수 있다면 소원이 없겠습니다. 사랑합니다. 어머니!"

그 청년은 한없이 흐느끼며 어머니의 명복을 빌었다. 한없이 흐르는 눈물을, 그 눈물을 삼키면서……

위대한 모성애

이 감동적인 이야기는 우리로 하여금 모성애의 위대함을 다시금 생각하게 한다. 그러면서 "여자는 약하다. 그러나 어머니는 강하다"는 빅토르 위고의 말을 떠올리게 한다.

무엇이 모성을 강하게 하는가? 바로 자식에 대한 깊은 사랑이다. 그 깊은 사랑이 어머니를 강하게 만드는 것이다. 더욱이 위중한 상황에서 자식에 대한 어머니의 사랑은 거의 절대적이다.

피난 가던 어머니가 아마도 산골짜기에서 눈길에 미끄러져 오도 가도 못하게 되자 그 위중한 상황에서 어떻게든 아이만은 살려야겠다는 절대적 사랑으로, 자기 목숨이 다하기 전에 아이를 위해 한 행동은 위대한 모성애의 참모습을 있는 그대로 보여준다.

대체 모성애란 무엇일까? 자식에 대한 본능적인 어머니의 사랑이다. 어머니는 본능적으로 자식에게 사랑을 주기 위한 존재로 태어난다.

어머니의 사랑은 주고 또 주고 아낌없이 주면서도, 어떠한 대가도 바라지 않는다. 준다는 의식조차 하지 않고 주기만 하는 것이다. 그러면서 어머니는 주는 것을 기쁨이자 행복으로 여긴다.

모성의 자식에 대한 사랑은 이처럼 무조건적이고 절대적이다. 이것이 바로 모성애의 참모습이다. 그래서 어머니의 사랑은 고귀하고도, 거룩하고, 위대하다.

모성애의 참모습

세상에서 가장 아름답고 순수한 사랑은 어머니의 사랑이다. 우리는 모성의 여러 가지 사랑의 모습에서 진정한 사랑이 무엇인가를 깨닫게 된다. 모성애로 대표되는 사랑에는 세 가지가 있다.

첫째, 어머니의 사명적 사랑이다.

사명적 사랑은 어느 모성의 사랑보다도 강하다. 자식을 지키기 위한 어머니의 사명은 죽음조차도 두려워하지 않는다.

살인적인 추위 속에서 몸마저 움직일 수 없는 난감한 상황에서 어머니는 무엇보다도 어린 자식을 살려야겠다는 사명의식이 앞섰다. 그래서 자식을 살리기 위해 자기가 할 수 있는 모든 방법을 찾기 시작했다. 처음부터 자기 생명 따위는 생각도 하지 않았다. 입고 있던 옷을 모두 벗어 아이에 덮어주고는 허리를 구부려 자기의 체온으로 아이를 감싸 안았다. 자신을 포기하고 자식을 살려야겠다는 사명적 사랑으로 모든 것을 뛰어넘어 마침내 자식을 살릴 수 있었던 것이다.

둘째, 어머니의 희생적 사랑이다.

희생적 사랑처럼 고귀한 것은 없다. 자식을 위해서는 어떠한 희생도 감수할 수 있고, 또 죽을 각오가 되어 있는 것이 모성애이다.

어느 한 가족이 강가에 살고 있었다. 어느 날 갑자기 폭우가 쏟아져 삽시간에 집이 물에 잠기고 손쓸 사이도 없이 식구들은 물속에 빠져 떠내려가게 되었다. 남편은 한 손으로 아내를 잡고, 다른 손으로는 어린 아들을 붙잡고 사력을 다해 강물을 헤쳐 나갔다. 그러나 얼마 못 가 기진맥진해진 남편은 아내에게 말했다.

"여보, 이제는 틀렸어. 도저히 헤쳐 나갈 수 없어. 우리 다 같이 죽을 수밖에 없겠어."

그러자 아내는 "안 돼요. 아이만은 살려야 해요. 내 손을 놔줘요. 아이 손을 잡고 물살을 헤쳐 나가세요" 하며 자신의 손을 빼고는 거센 물결 속으로 휩쓸려 들어갔다.

이 세상에서 자식을 위해 자기 목숨을 서슴지 않고 내놓을 수 있는 사람은 오직 어머니밖에 없다. 생명을 바친다는 것은 모든 것을 바치는 것이다. 그래서 모성애는 그 무엇보다도 거룩하고 위대한 것이다.

셋째는, 어머니의 헌신적 사랑이다.

헌신적 사랑은 참으로 값지다. 자식을 바른 길로 이끌기 위한 헌신적 사랑은 그 무엇보다 값지고 위대하다. 자식을 낳아서 기르는 것만이 어머니의 직분이 아니다. 올바르게 가르쳐서 훌륭한 사람으로 만들어야 한다. 이것은 어머니의 책임이자 의무다.

중세 서양에서 가장 위대한 어머니를 꼽자면 가장 먼저 아우구스티누스의 어머니인 모니카를 꼽게 된다.

중세 최대의 성자이자, 철학자, 사상가인 성 아우구스티누스는 만인이 우러러보는 위인이다. 하지만 그는 청소년 시절, 죄악의 길에 빠져 방탕한 생활을 했다.

죄악의 구렁텅이에서 헤어나지 못하는 아들을 바꿔놓은 것은 어머니인 모니카의 30년에 걸친 간곡한 기도와 눈물겨운 헌신적인 사랑이었다.

어머니의 애정 어린 가르침은 철저하고도 집요했다. 아들은 어머니의 사랑의 용광로 속에서 사람이 되어갔다. 아무리 무쇠 같은 마음을 가진 자라 할지라도 어머니의 사랑 앞에서는 그 마음이 녹지 않을 수 없었다.

모니카의 눈물겨운 헌신은 아우구스티누스로 하여금 53세에 마침내 기독교의 세례를 받고 새로운 인생의 길로 들어서게 했다. 그는 낡은 삶을 벗어버리고 새사람이 되었다.

어머니의 헌신적인 사랑만이 인간을 바른길로 이끌 수 있다. 모니카는 아우구스티누스에게 육체적인 관계뿐 아니라 정신적으로도 진정한 어머니였다. 그녀는 아들의 영혼을 되살리기 위해서 일생을 바쳤다.

모성의 여러 모습을 보았다. 이 모성애의 참모습에서 인간의 순수한 사랑을 본다. 죽음을 앞두고도 자식만의 안전만을 앞세우는 어머니의 사명적 사랑, 자식을 살리기 위해서는 언제나 죽을 각오가 되어 있는 어머니의 희생적 사랑, 자식을 바르게 키우기 위해서는 모든 것을 바칠 수 있는 어머니의 헌신적 사랑, 이것이 모성애의 참모습이다.

어머니는 영원한 인류의 희망이자 삶의 등불이고. 이름 없는 영웅이다. 어머니야말로 사랑의 화신인 것이다.

제2부

역경의 열매

역경이 없는 인생은 없다. 누구든 저마다 크고 작은 고난과 시련을 겪으며 살아간다. 역경을 인생에서 피할 수 없는 삶의 과정이라고 한다면 낙담하고 좌절할 것이 아니라, 용감하게 도전하여 이를 극복해나가는 것이 최선의 선택이요, 떳떳한 삶의 길이다.

이 세상에서 승리하고 성공한 사람들은 하나같이 역경에 굴복하지 않고 용감하게 정면으로 맞부딪치며 도전한 사람들이다. 역경 속에서 열매를 거둔 사람들은 그래서 자랑스러운 것이다.

뜻을 세워 살자

목표가 얼마나 크고 높으냐에 따라서 그 인간의 그릇의 크기가 결정된다.

링컨의 야망

에이브러햄 링컨Abraham Lincoln, 1809~1865은 열아홉 살 때 뉴올리언스에서 노예시장을 둘러보게 되었다. 백인들이 아프리카에서 잡아온 흑인들을 마치 물건처럼 사고팔고 있었다. 노예들은 울면서 부모형제와 헤어졌다. 백인의 채찍을 맞으며 짐승처럼 끌려가는 흑인 노예를 보고 링컨은 큰 충격을 받았다.

'세상에 이럴 수가 있단 말인가!' 자유와 평등과 민주주의를 표방하는 나라인 미국에 이런 노예제도가 있다는 것이 부끄럽기 짝이 없었다. 그는 가슴속에서 솟아오르는 분노를 참을 수가 없었다.

링컨은 결심했다. '때가 오면 저런 비인도적인 노예제도를 반드시 없애버리겠다.'

그 후 30년이 지나 링컨은 대통령이 되어 젊은 날에 품었던 노예해방의 꿈을 이루었다. 뿐만 아니라 그는 남과 북으로 나뉜 나라를 하나로 통일한 미국 역사상 가장 존경받는 대통령이 되었다.

비전을 품어라

뜻이 간절하면 반드시 이루어지는 날이 있다. 링컨이 노예해방의 역사적 위업을 이루게 한 것은 두말할 것 없이 젊은 시절 그의 가슴속에 박힌 비전의 힘이었다. 비전이 그를 용감하게 만들었고, 큰 그릇으로 만들어 대업을 성취케 한 것이다.

비전은 곧 위대한 힘의 원천이요, 성공의 원동력이다.

청소년은 모름지기 꿈이 있어야 한다. 비전을 품어야 한다. 그 꿈과 야망이 그 인생을 스스로 일어서게 하고 또 기어코 뜻을 이루게 하는 것이다.

비전은 꿈이요, 이상이요, 포부요, 성취욕구다. 젊은이들은 비전을 가졌을 때 비로소 이상을 추구하게 되고, 목표에 도전하게 되고, 승리를 향해 전진하게 되고, 자기 향상을 위해 노력하게 된다. 비전은 인간의 위대한 힘의 원천이다. 비전이 마음속에 박힐 때 우리는 비범해지고, 용감해지고, 진지해진다.

조선 중기의 대학자인 율곡 선생은 일찍이 《격몽요결擊蒙要訣》이라는 책의 첫 장에 먼저 '입지立志'를 강조했다. 그는 인생에서 가장 중요한 것은 먼저 꿈을 가지는 일이요, 뜻을 세우는 것이라고 했다. 나는 장차 무엇을 하겠다거나 어떠한 사람이 되어야겠다는 분명한 목표의식을 가지고 살아가야 한다는 것이다.

우리는 뜻을 세우되 큰 뜻을 세우고 또 옳은 뜻을 세워야 한다. 위대한 인물일수록 큰 뜻을 품고 높은 목표를 세운다. 그 뜻과 목표가 얼마나 크고 높으냐에 따라서 그 인간의 그릇의 크기가 결정된다. 같은 사람으로 태어나서 어떤 사람은 큰 인물이 되고 어떤 사람은 평범한 인물이 되는가는 전적으로 여기에 달렸다.

큰 뜻을 품고 목표를 높게 세운다는 것은 그만큼 노력의 질과 양이 크고 높다는 것을 의미한다. 백두산에 오를 것을 목표로 삼은 사람은 백두산 정상에 오를 만큼 준비하고 노력하는 데 그치게 되고, 에베레스트에 오를 것을 목표로 삼은 사람은 에베레스트에 오를 만큼 준비하고 노력하게 마련이다. 꿈이 크면 클수록 성취에 필요한 열정을 더 크게 일으켜주기 때문이다.

꿈을 크게 뜻을 높게 세우라! 그리고 그것을 성취하기 위하여 온 마음과 온 정신을 다하라! 그렇게 될 때 여러분은 반드시 최선의 결과로 보상받게 될 것이다.

꿈이 있어야 발전한다

꿈은 사람으로 하여금 그의 정열과 노력을 한 목표에 집중하도록 이끌어준다. 아무리 지혜가 많고 능력이 뛰어나도 목표를 설정하지 않으면 그 힘은 분산되고 만다. 그러나 명확한 목표를 가지고 있으면 마음은 언제나 그 목표에 집중하고 그 실현을 위해 나아가게 되어 있다.

미국의 예일대학교에서 졸업생들을 대상으로 '인생의 목표를 설정하고 그 실행계획을 가지고 있는가'를 조사했더니, 불과 3%의 학생만이 그렇다고 대답했고 나머지 97%는 확실한 목표를 세우지 않았다. 20년이 지난 후 그들을 다시 찾아가 재정 능력을 살펴봤더니 결과는 대단히 충격적이었다. 확실한 목표를 세워놓고 있었던 3%의 졸업생의 연수입

합계가 나머지 97%의 졸업생들의 연수입 합계보다 더 많은 것으로 나타났다.

비록 재산의 소유능력이 인생의 진정한 성공의 기준이 될 수는 없겠지만, 이러한 조사결과는 우리에게 목표설정의 놀라운 위력을 생생하게 보여준다.

꿈이 있고 목표가 있어야 발전하고 성취할 수 있다. 명확한 목표의식을 가지고 최선을 다하는 사람만이 크게 성공할 수 있다. 이것은 우리가 살아가는 사회의 냉엄한 법칙이다.

스스로를 계발하려는 사람, 즉 최상의 성취를 추구하는 사람은 결코 목표 없는 삶을 살지 않는다. 그들은 높은 목표를 추구한다. 자기를 계발하려는 사람의 뚜렷한 특징은 목표 지향적인 삶을 산다는 것이다.

실천은 성공의 열쇠

꿈은 누구나 꿀 수 있다. 하지만 꿈을 꾸거나 꿈을 품고 있다는 것만으로는 아무것도 이루어지지 않는다. 아무리 좋은 꿈을 간직하고 있다 해도 실천하지 않으면 아무것도 얻어지는 것이 없다. 무엇보다 중요한 것은 목표를 세웠으면 즉시 행동으로 옮겨 실천하는 것이다.

꿈을 실현하기 위해서는 구체적인 계획과 시간을 정해서 그때까지 자신의 모든 열정과 노력을 쏟아내겠다는 마음자세가 되어 있어야 한다. 이런 굳은 의지 없이는 꿈을 이루어내기 어렵다.

어느 분야의 사람이든 두 가지 분류의 사람으로 나눌 수 있다. 하나는 성공하는 사람이고, 또 하나는 성공하지 못하는 사람이다. 이 둘로 나뉘는 결정적인 차이는 무엇일까? 그것은 실천력의 차이라고 생각된다. 성공하는 사람들은 모두 행동이 적극적이고 능동적인 반면, 성공하지 못하는 사람들은 소극적이고 수동적이다. 이것의 차이는 정말로 결정적이다.

문제는 실천이다. 즉시 실천하자는 것이다. 첫발을 내딛기가 힘들어서 그렇지 일단 발을 내딛기 시작하면 그렇게 큰 힘을 들이지 않고도 계속 나아갈 수 있다.

괴테는 "스스로 할 수 있거나 꿈꾸는 일이 있거든 당장 추진하라. 대담함 속에는 재능과 힘과 신바람이 깃들어 있다"고 말했다.

당장 추진하라는 그의 말 속에는 인생의 성공을 기약하는 중요한 요소가 깃들어 있다.

실천은 해결의 방법을 가르쳐준다. 실천하기만 한다면 여러분은 어느새 성공의 길을 가고 있는 스스로를 발견하게 될 것이다.

| 극기 |

세상에 불가능은 없다

남을 이기는 자는 힘이 있지만, 자기를 이기는 자는 강하다.

장애를 축복으로 승화시킨 이승복

이승복은 여덟 살 때 미국으로 이민 간 1.5세대다. 누구나 다 겪기 마련이지만, 낯선 이국땅에서 정착하기까지 생활은 힘에 겨웠다. 그는 놀림을 받았고 자꾸만 움츠러들었다. 힘든 이민생활에서 그의 가슴을 시원하게 뚫어주는 것은 바로 체조였다. 그에게 체조는 삶의 보람 그 자체였다.

12학년(고3)이 되었을 때 그는 실력과 기량을 인정받아 미국 올림픽 최고 상비군으로 선발되었다. UCLA, 미시간대, 스탠퍼드대·웨스트포인트 사관학교 등 많은 명문대학에서 그를 스카우트하기 위해 앞다퉈 좋은 제안을 했다. 그의 앞날은 밝기만 했다.

그러나 올림픽 금메달을 향한 그의 꿈은 한순간 산산조각이 났다. 1983년 7월 4일, 그는 공중회전을 하다가 목을 죽 늘인 자세에서 턱을 땅에 박고 말았다. 그는 곧 사지마비라는 청천벽력 같은 선고를 받는다. 그는 의사들의 말보다 체조를 다시 할 수 없다는 사실을 받아들일 수가 없었다.

하지만 그는 자신의 분노를 고스란히 재활훈련에 쏟아냈다. 새로운 삶을 개척해야겠다는 강한 의지는 놀라운 재활능력으로 바뀌었다. 물리치료를 한 지 4개월이 지나자 그는 몸속의 근육들을 움직일 수 있게 되었다.

그러던 어느 날, 그는 조무사가 건네준 의학서적을 읽고 의학을 공부해보고 싶다는 강한 충동을 느꼈다. 마침내 뜻을 세운 그는 의사가 되겠다는 굳은 결심을 한다. 그러나 그의 몸은 정상이 아니었다. 오랜 시간 책상에 앉아 있을 수도 없었고, 손으로 글씨를 쓰는 것도 어려웠다. 하지만 그는 체조에 쏟던 정열을 고스란히 학업에 쏟아 죽기 살기로 매달렸다.

그는 해냈다. 모든 이에게 그 몸으로는 불가능하다고 말을 들었던 의사의 꿈을 이루어냈다. 그리고 세계 최고의 명문병원인 존스홉킨스 병원의 재활의학 수석 전문의가 되었다.

사지마비를 극복한 불굴의 투지

올림픽 금메달을 꿈꾸던 촉망받는 체조선수가 불의의 사고로 사지마비의 장애인이 되었다. 그러나 그는 고통과 장애를 극복하고 미국의 명문 다트머스 의대와 하버드 의대의 인턴 과정을 수석으로 졸업하고 세계 최고의 존스홉킨스 병원의 수석 전공의가 됐다. '슈퍼맨 닥터' 이승복Robert S.B. Lee, 그의 감동적인 인생 드라마는 미국과 한국의 신문과 잡지 그리고 TV를 통해 깊은 감동과 큰 반향을 불러 일으켰다. 많은 사람들, 특히 희망을 잃고 좌절하고 있는 장애환자와 장애인들은 그의 인생 이야기를 통해 새로운 삶의 희망과 용기를 꿈꾸게 되었다.

고대 그리스의 철학자 플라톤은 "인간의 최대의 승리는 내가 나를 이기는 것이다"라고 했는데, 슈퍼맨 닥터 리는 자신과의 싸움에서 자기를 이겨냄으로써 인생의 승리자가 되었다.

이 감동적인 이야기는 의지만 있다면 "세상에 불가능은 없다"는 사실을 증명해준다. 사지마비의 몸으로 이루어냈다는 사실에 모든 사람들이 감동했다. 특히 그는 좌절과 실의에 빠져 있는 많은 장애인에게 희망의 증거가 되어주었다.

보통 사람 같으면 아무리 의지가 강하다 하더라도 사지마비가 된 상태에서 의사가 되겠다고 엄두도 내지 못할 것이다. 그러나 그는 용감하게 운명에 도전했다. 그리고 승리했다. 참으로 놀라운 인간의 투지요, 투혼이다. 그의 성취는 생각할수록 값지다. 피와 눈물과 땀으로 얻어낸 성취이기 때문이다.

의지의 힘은 위대하다

장애를 극복하고 일어설 수 있었던 힘은 어디서 나왔을까? 그것은 자기 자신을 이겨낸 '극기克己'의 힘이다. 극기란 무엇인가? 내가 나를 이기는 것이다. 나의 의지의 힘으로 나의 본능, 욕망, 충동의 과도한 발동을 억압하고 통제하는 것이다.

이승복은 강인한 의지력으로 자신을 이겨냈다. 인간은 언제나 편안함과 즐거움을 좋아하고, 고생을 싫어하며, 여유 있는 것을 좋아하고, 힘들여 일하는 것을 싫어하는 천성을 가지고 있다. 자기를 이긴다는 것은 바로 이러한 천성을 극복하고 자기가 목적으로 삼은 것을 이루어내는 것이다. 내가 나를 이긴다는 것은 결코 쉬운 일이 아니다. 그래서 노자는 남을 이기는 자는 힘이 있지만, 자신을 이기는 자는 강하다고 했다. 참으로 강한 사람만이 나를 이길 수 있다.

인생의 싸움 중에서 가장 어려운 싸움은 나 자신과의 싸움이요, 인생의 승리에서 가장 어려운 승리는 내가 나를 이기는 것이다.

내가 나를 이기려면 정신적 용기가 필요하다. 무엇보다도 강인한 의지력이 있어야 한다. 강인한 의지력은 극기의 원동력이다. 고대 그리스의 작가 메난드로스는 "의지가 있는 자에게는 힘이 생긴다"고 말했다. 그렇다! 강인한 의지는 지칠 줄 모르는 의욕을 불러일으키고, 모진 역경에서도 쉽게 굴하지 않는 용기와 목적한 바를 꼭 달성하고야 마는 집념을 가져다준다.

인생에서 가장 큰 장애는 자기의 꿈을 이루려는 노력을 하지 않는 데 있다. 나의 희망을 가로막는 장애물이 큰 것이 아니라 희망을 이루어내려는 나의 의지가 약한 것이다. 약한 의지! 그것이 가장 큰 장애물이다.

미국의 심리학자 윌리엄 콕스에 따르면 인류 역사상 위인이라고 일컬어지는 사람들 중 90%는 능력은 좀 부족하지만 뛰어난 의욕과 강인한 의지를 지닌 사람들이라고 한다. 헬렌 켈러, 에디슨, 프랭클린, 링컨 등과 같은 사람들도 좋은 신체를 가지고 있거나 능력이 뛰어나 위인이 된 것이 아니라 강인한 의지를 지녔기에 역사에 남는 인물이 될 수 있었다.

그 강인한 의지가 자기를 이기고 자기의 꿈을 실현시킨 것이다. 세상에 불가능한 것은 없다. 의지의 힘은 참으로 위대하다. 강인한 의지만이 목적한 바를 성취케 하는 것이다.

노력 없는 성공은 없다

성공은 끈질긴 노력을 하는 자만이 얻을 수 있는 열매다.

발명왕들의 집념

에디슨의 발명품 가운데 우리 생활에 획기적인 변화를 가져다준 것이 백열전등이다. 에디슨이 백열전등을 발명하기 전까지 1,236번의 실패를 했다고 알려져 있다. 근래 '영국의 발명왕'으로 일컬어지는 제임스 다이슨은 '먼지봉투 없는 진공청소기'를 자그마치 5,126번의 실패 끝에 개발했다고 해서 화제가 됐다.

다이슨이 먼지봉투 없는 진공청소기를 떠올리며 개발에 착수하자, 주위의 사람들은 그런 게 가능하다면 세계 최고의 진공청소기 제조회사인 루버가 먼저 만들지 않았겠느냐며 냉담한 반응을 보였다. 그러나 그는 반드시 발명하겠다는 의지를 잃지 않고 3년이나 실험을 해나갔다. '듀얼 사이클론'을 완성하기까지 그가 만든 시제품은 놀랍게도 총 5,127개에 이른다. 즉 먼지봉투 없는 진공청소기를 개발하기까지 무려 5,126번이나 실패했다는 기록이다. 참으로 놀라운 집념이자 빛나는 성취가 아닐 수 없다. 이렇듯 발명의 뒤안길에는 피나는 노력이 숨어 있다.

천재는 노력으로 이루어진다

많은 사람들이 에디슨이나 다이슨 같은 발명가들은 천재이기 때문에 손쉽게 발명할 수 있었다고 생각한다. 하지만 앞에서 본 대로 그들은 끈질긴 집념과 비범한 노력이 있었기에 발명에 성공할 수 있었다. 말이 쉽지 1,237번을, 5,127번을 수많은 부품을 바꿔가며 시제품을 만들어보았다니 믿어지지 않을 정도다. 그동안 얼마나 피땀 흘려 노력했을지 짐작하고도 남는다. 좌절하지 않는 용기, 끈질긴 집념과 노력에 그저 감탄할 뿐이다.

그들은 가설을 세우고 실험에 착수하게 되면 오로지 그 일에 매달렸으며, 해내고야 말겠다는 끈질긴 집념과 노력으로 온갖 어려움을 이겨냈다. 그리고 마침내 모두의 존경을 받는 발명왕이 된 것이다.

오죽하면 에디슨은 "천재는 1%의 영감과 99%의 노력으로 이루어진다"고 말했겠는가. 이 말에서 발명의 뒤안길에는 엄청난 노력이 숨어 있다는 걸 알 수 있다.

더욱 놀라운 것은 그 수많은 실패에도 불구하고 그는 결코 자신의 실패를 실패로 생각하지 않았다는 사실이다. 그는 "1,236번을 실패한 것이 아니라 그 1,236가지의 방법으로는 전구가 빛을 발하지 않는다는 사실을 발견한 것이다"라고 했다니, 과연 발명왕다운 무서운 집념이 느껴진다.

우리는 그들의 끈질긴 집념과 좌절하지 않는 용기 그리고 피땀 어린 노력과 끝까지 견디어내는 인내심과 특히 그 수많은 실패를 발견과 동

일시하는 긍정적인 사고방식을 배워야 한다.

노력 없는 성공은 없다

성공한 사람들을 보고 흔히 억세게 재수 좋은 사람들이라고 부러워한다. 물론 성공하기 위해서는 실력뿐 아니라 행운이 뒤따르기도 한다.

그러나 결코 행운만으로 성공할 수는 없다. 성공은 땀이라는 무수히 많은 노력으로 이루어진 것이란 사실을 잊어서는 안 된다.

미국에 전설적인 만능 스포츠 선수 중에 디드릭슨 자하리아스라는 여성이 있었다. 만능선수라는 별명에 걸맞게 승마, 농구, 야구 등에서 탁월한 실력을 보여줬다. 그녀는 1932년 로스앤젤레스올림픽에서 800미터 장애물 경기와 투창에서 금메달을 차지했고, 높이뛰기에서는 은메달을 차지했다.

올림픽이 끝나자 그녀는 골프를 하겠다고 선언했다. 그녀의 천부적인 자질을 믿고 있는 많은 사람들은 그녀에게 기대를 품었다. 그녀는 기대에 어긋나지 않고 여성 골프 선수권 대회에서 연거푸 우승을 차지했다.

이쯤 되면 역시 천재는 타고난다는 말이, 운도 계속 따라주는 사람이 성공한다는 말이 맞다는 생각이 들지 모른다.

그러나 정작 자하리아스에게는 이 말은 하나도 맞는 말이 아니었다. 골프를 시작하기로 마음먹자마자 그녀는 우수한 코치에게 레슨을 부탁했고, 하루 열두 시간씩 천 개 넘는 공을 때려내는 맹훈련을 거듭했다. 그녀는 꾸준한 운동으로 몸을 단련해놓았지만, 손이 부르터져서 붕대를 감아야 했다. 그런 상황에서도 그녀는 연습을 그만두지 않았다. 이러한 눈물겨운 노력이 있었기에 그녀는 골프대회에서 우승을 차지할 수 있었던 것이다.

성공은 실력과 행운이 만나 이루어지는 것이 아니라 실력과 노력이 만나 이루어지는 것이라는 말이 그녀에게는 가장 어울리는 표현이다. 성공은 끈질긴 노력을 하는 사람만이 얻을 수 있는 열매인 것이다.

성공하는 길은 오직 하나, 노력뿐이다

성공하기 위해서는 진정한 노력이 뒷받침되어야 한다. 진정한 노력은 다음의 세 가지 조건에 맞아야 한다. 첫째, 누가 시켜서 하는 것이 아니라 스스로가 선택해서 이겨내야 한다. 둘째, 힘들어도 쉬지 않고 묵묵히 해나가야 한다. 셋째, 몸에 밸 때까지 그치지 않고 계속해야 한다.

이 세 가지 조건을 충족할 때 진정한 노력이 이루어진다. 그러한 노력이 뜻한 바를 이루게 해준다.

성공한 사람은 단번에 높은 자리로 뛰어오른 사람이 아니다. 다른 사람이 밤에 단잠을 자고, 편안하고 여유 있는 시간을 보낼 때 그는 쪽잠을 자고, 괴로움을 극복하고, 목표를 향해 꾸준히 노력한 사람이다.

어느 분야에서든 뛰어난 사람이 되고 싶다면 그 길은 하나, 노력하는 것뿐이다. 노력 없이는 아무것도 이루어낼 수 없다. 괴롭고 힘든 노력만이 당신의 미래를 열어줄 것이다.

용기는 인생을 전진시키는 원동력

진정한 용기란 옳다고 판단하는 행위를 아무 두려움 없이 실행하는 정신이다.

목숨 걸고 설득에 나선 노교사의 용기

2002년 4월 29일, 독일에서 2차 세계대전 이후 최악의 총기사건이 벌어져 온 나라가 충격에 휩싸였다. 에르푸르트라는 도시의 구텐베르크 김나지움(10~19세 학생들이 다니는 인문계 학교)에서 퇴학을 당해 앙심을 품은 한 학생이 교사 열두 명과 여학생 두 명 등 총 열여섯 명을 죽이고 자살을 한 것이다.

대학입학자격시험에 떨어진 로베르트(19세)는 기말시험을 치르지 않기 위해 가짜 진단서를 제출했는데, 이 사실이 들통 나 퇴학을 당하고 말았다. 크게 상심한 그는 대학에 가지 못한 것이 교사들 때문이라 여기고 복수심에 끔찍한 범행을 저질렀던 것이다.

사건이 벌어지던 날, 오전 11시쯤 학교에 도착한 범인은 20분이라는 짧은 시간 동안 열여섯 명을 살해했다. 아무도 그를 말리지 못했다. 이때 어느 교사가 나섰다. 그의 침착한 대처로 더 이상 희생자가 늘어나지 않았다. 위험을 무릅쓰고 용기를 발휘한 교사는 60세의 라이너 하이제(60세)로 역사를 가르치고 있었다.

라이너 교사가 있는 교실 문이 열리더니 검은 복면을 쓴 범인이 나타났다. 그는 라이너의 가슴에 총을 겨눴다. 하지만 라이너는 흥분한 범인에게 차분히 다가가서는 복면을 벗겼다. 곧 자신이 가르친 적 있는 제자 로베르트를 알아보았다.

"로베르트, 이게 무슨 짓이냐! 너 머리가 어떻게 된 거 아니냐?"

범인은 아무 말도 하지 못했다. 하이제 교사는 이어 가슴을 내보이며 소리쳤다.

"총을 쏘고 싶으면 나를 봐라. 내 눈을 보고 어디 한 번 방아쇠를 당겨보란 말이다."

그제야 정신을 차린 로베르트는 힘이 빠진 목소리로 말했다.

"아닙니다, 선생님. 오늘은 실컷 쐈습니다. 이제 재미가 없네요."

로베르트는 순순히 총을 내려놓았다. 이 틈에 라이너는 그를 빈 교실에 밀어넣고 문을 잠갔다. 잠시 후 로베르트는 교실 안에서 스스로 목숨을 끊었다.

진정한 용기란 무엇인가

아무도 선뜻 나설 수 없는 험악한 상황에서 노교사는 목숨을 건 용기 있는 행동을 보였다. 놀라운 결단력으로 사태를 수습한 그의 희생정신에 깊은 감동을 받게 된다.

목숨은 귀한 것이다. 그 목숨을 희생할 각오가 없이는 그 상황에서 나설 수 없다. 라이너 교사는 그 절체절명의 위기 앞에서 의로움을 위하여 자기 생명을 잃을까 망설이지 않았다. 많은 교사들과 학생들이 총격으로 쓰러져가는 지옥 같은 상황을 더 이상 바라보고 있을 수 없었다. 누군가 나서야 할 때라고 생각한 그는 두려움도 잊은 채 범인 앞에 다가간 것이다.

죽음도 두려워하지 않고 자기 앞에 다가서는 노교사의 그 의로운 기운에 압도당한 것일까? 혹은 평소 존경하던 스승이 나타나자 범인은 모든 것을 포기하고 순순히 총을 내려놓을 수밖에 없었을까? 어쨌든 비극은 더 이상 일어나지 않았다. 자기 몸을 바쳐 의로움을 실천한다는 것은 결코 아무나 할 수 있는 일이 아니다. 그는 참으로 용기 있는 스승이자 참스승이다.

그럼 참된 용기란 무엇인가?

씩씩하고 늠름한 기상이요, 두려워하지 않는 정신이다. 어려운 일을 당했을 때 두려워하지 않고 용감하게 앞으로 나아가는 것이 용기다. 용기 있는 자가 시련을 극복할 수 있고, 역경을 돌파할 수 있고, 고난을 이겨낼 수 있고, 신념을 지켜나갈 수 있다. 용기는 곧 인생을 앞으로 나가게 하는 원동력이다.

용기는 어디에 어떻게 쓰이느냐에 따라 진짜 용기와 가짜 용기로 구분된다. 진짜 용기는 인간을 가치 있게 만들지만, 가짜 용기는 인간을 망치게 한다.

힘이 있다고 앞뒤 가리지 않고 싸움을 한다든가 자기 힘에 넘치는 무리한 모험을 하는 것은 가짜 용기다. 맨손으로 호랑이를 잡으려고 하고 걸어서 강을 건너려고 하는 것은 무모한 가짜 용기다. 이것을 '만용蠻勇'이라고 한다. 죽음을 가볍게 여기고 오직 용맹성만을 보이려고 날

뛰는 것, 이것 역시 무모하고 경솔하고 시시한 사람의 만용이다.

그럼 진짜 용기는 무엇일까? 진정한 용기란 올바른 마음으로 올바르게 살아가는 데서 나오는 정정당당한 용기다. 곧 도덕적 용기로, 사람으로서 옳다고 판단되는 행위를 두려움 없이 실행하는 용기를 말한다. 지혜가 없는 용기는 만용이 되기 쉽고, 정의가 없는 용기는 악행이 되기 쉽다. 이성과 양심이라는 도덕적 바탕에서 생겨나야 진정한 용기가 될 수 있다.

악의 유혹을 물리치는 용기, 의와 선을 행하는 용기, 부정과 불의에 항거하는 용기, 신념대로 살아가는 용기 등과 같이 사람답게 올바르게 살아가는 데 쓰이는 용기야말로 진짜 용기요, 가치 있는 용기다.

왜 용기를 길러야 하는가?

이 세상에는 지혜롭고 착한 성품을 가지고 있으면서도 큰일을 해내지 못하는 사람이 많다. 왜 그럴까? 어떠한 상황을 마주했을 때 어떻게 행동해야 하는지 잘 알고 있으면서도 용기가 없어 주저하다가 기회를 놓치고 결국 아무것도 이루지 못하기 때문이다.

우유부단한 사람은 잘못되고 옳지 못하다고 생각하는 일을 거절하는 데도 힘들어 하고, 옳은 일을 하는 데도 힘들이 한다. 잘못된 일인 줄 뻔히 알면서도 유혹에 끌려가게 되고, 행동을 옮기면 성공할 수 있는 일에도 기회를 놓치고 만다.

그렇기 때문에 사람은 강단 있는 용기를 지녀야 한다. 용기 없이는 큰일을 할 수도 없고, 또 그 일을 성공시킬 수도 없다. 용기가 없는 자는 인생의 패배자가 되고, 낙오자가 된다. 우리는 인생의 승리자가 되

어야 하고 운명에 이기는 자가 되어야 한다. 용기만이 승리의 영광을
가져다준다. 용기를 길러야 할 이유가 바로 여기에 있다.

참는 자가 이긴다

세상은 잘 참는 자에게 승리를 선사하고, 잘 견디어내는 자에게 영광을 안겨준다.

모욕을 참아낸 대원군의 지략

고종이 임금이 되기 전, 그의 친아버지 이하응은 당시의 세도가였던 안동 김씨로부터 온갖 수모를 당하면서도 그들의 집 안을 부지런히 드나들었다.

순조, 헌종, 철종 3대에 걸쳐서 세도를 누리던 안동 김씨 세력은 후사가 없는 철종의 대를 이을 다음 임금 때문에 왕손들을 향해 감시와 경계를 게을리하지 않았다. 이 사실을 알고 있는 이하응은 그들의 감시를 피하기 위한 방법으로 불량배들과 어울리고 재신을 탕진하는 난봉꾼으로 위장해야만 했다.

그가 왕족의 신분이면서도 온갖 업신여김을 받아가며 김씨 가문을 기웃거린 것은 툇마루 가장자리에라도 앉아 있어야 나라가 어떻게 돌아가는지, 정치 상황이 어떠한지 돌아가는 낌새를 알 수 있기 때문이었다. 그는 아무 자리에나 마구 끼어들었고 주책없이 먹어댔다. 안동 김

씨들은 핀잔을 주는 것도 모자라 때로는 그가 집 안에 들어오지 못하게 했다.

그러나 이하응의 가슴속에는 큰 꿈이 숨어 있었다. 그는 이미 새 왕을 선택할 수 있는 권리를 쥐고 있는 대왕대비 조씨에게서 철종 다음 임금은 자신의 둘째아들이 될 것이라는 사실을 은밀히 연락받은 터였다.

온갖 모멸을 감수해가며 때를 기다린 그는 철종이 갑작스럽게 승하하고, 그의 둘째아들이 왕이 되자 안동 김씨의 감시와 억압을 물리치고 마침내 조선 팔도를 호령하게 되었다. 놀라운 집념이요, 끈질긴 인내력이 아닐 수 없다.

인내하고 자중해야 큰일을 도모할 수 있다

대원군 이하응, 그는 수없는 수모를 당하면서도 미치광이 행세를 하며 이를 악물고 때를 기다렸다. 때로는 굶주린 개처럼 군다고 해서 "상갓집 개"라 불리며 모욕적인 대접을 받았다. 하지만 난봉꾼처럼 행동하며 큰 뜻을 감추었다.

누구에게나 역경은 있다. 인내하고 자중해야 할 때 그 고비를 넘지 못하면 큰일을 도모하지 못한다.

사람을 깔보고 업신여기는 일만큼 자존심을 상하게 하는 일은 없다. 누구나 수모를 당하면 모멸감을 느끼고 화를 내게 된다. 하지만 참지 못한 그 화 때문에 더 큰 어려움을 당하는 경우가 많다.

우리 주변에는 조금만 더 참고 견뎠더라면 잘될 일을, 인내력의 부족으로 그 고비를 넘기지 못해 큰 불행과 비극을 초래하여 후회하게 되는 일이 많다.

인생에서 가장 중요한 것은 참고 견디는 힘, 즉 인내력을 기르는 것이다. 인내력은 어려운 일을 참고 견디는 힘이요, 온갖 고통을 끈기 있게 버텨내는 힘이다.

인내의 덕

영국의 작가 제인 오스틴은 "네 마음 밭에 인내의 나무를 심어라. 그 뿌리는 쓰지만 그 열매는 달다"고 말했다. 인내한다는 것은 어렵고 힘든 일이지만, 인내의 결과는 좋은 것으로 보상 받는다는 말이다.

참는다는 것은 결코 쉬운 일이 아니다. 앞에서 본 바와 같이 참아내기란 여간 힘든 일이 아니다. 그러나 어렵고 힘든 만큼 참아낸 결과는 값지다. 고통을 참으면 가족이 화목하게 되고, 분노를 참으면 살인에 휘말리지 않고, 모욕을 참으면 큰 뜻을 펼칠 수 있다.

그래서 옛 사람들은 '백인百忍의 덕'을 강조했다. 백 번 참고 견디면 세상의 어려움이 풀리고 평온한 삶을 누리게 되기 때문이다.

그럼 인내의 덕은 무엇을 가져오는가?

첫째, 인내는 닥쳐오는 불행의 화근을 막아준다.

가난을 견디지 못해 도둑질을 하고, 분함을 이기지 못해 살인을 하고, 불행을 참지 못해 자살을 한다. 이런 일들은 인내심만 강하면 얼마든지 예방할 수 있다.

조금만 참고 견디면 아무 탈 없이 무사히 넘길 수 있는 일들이, 순간적인 격한 감정을 억제하지 못해 돌이킬 수 없는 불행을 몰고 온다. 우리는 앞뒤를 생각하는 지혜와 참고 견디는 인내력으로 불행한 재앙을 미리 막아내야 한다.

둘째, 인내는 화목과 평화를 가져다준다.

자기 마음에 일어난 격한 감정을 억제하지 못하고 그대로 표출하게
되면 상대방에게 불쾌감을 주거나 감정을 돋우고 만다. 마침내 싸움으
로 번지기도 한다. 이렇게 되면 서로 등지고 다투게 되니 결국 화목이
깨지고, 사는 것이 불안해져 평온한 삶을 유지할 수가 없게 된다.

서로가 조금씩 양보하고 참고 견디면 서로 사랑하게 되고 평화를 유
지할 수가 있다.

셋째, 인내는 승리의 영광을 가져다준다.

인생에는 앞을 가로막는 온갖 어려움이 도사리고 있다. 이 난관을
뚫고 앞으로 나아가려면 무엇보다도 인내심이 있어야 한다.

인내심에서 꾸준히 전진할 수 있는 지구력이 나오고, 중간에 포기하
거나 단념하지 않는 강인한 의지력이 나오고, 끝까지 목적을 추구해나
가는 집념이 생긴다. 이 지구력과 의지력과 집념이 인내력으로 뭉쳐서
뜻한 바를 이루게 하는 것이다.

인내의 나무에서 평화의 꽃이 피고, 성공의 열매가 열린다. 세상은
잘 참는 자에게 승리를 선사하고, 잘 견디는 자에게 영광을 안겨주게
마련이다.

역경은 성공으로 가는 디딤돌

역경은 성공으로 향하는 관문이자, 반드시 딛고 넘어가야 할 디딤돌이다.

신앙으로 성취한 유학의 꿈

머슴의 아들로 태어나 가난에 찌들었던 두메산골 소년이 덴마크 국왕과 이스라엘 대통령의 도움을 받아 유학 가서 박사가 되고 대학총장이 된 이야기가 세상에 소개되었다. 이 이야기는 열악한 환경에서 힘겹게 살아가는 젊은이들에게 희망과 용기를 북돋아준다.

아버지는 머슴살이로 일하고 있는 데다가 8남매가 부대끼며 살았으니 가난은 그에게 비참함을 뛰어넘은 비극적인 운명이었다. 그러한 가운데서도 그는 집 안에서 유일하게 초등학교를 보내준 덕덱에 읍내에 나가 어렵게나마 중학교까지 졸업할 수 있었다. 그리고 무작정 서울로 올라와 이루 말로 표현할 수 없는 갖은 고생 끝에 야간 고교를 거쳐 대학까지 마칠 수 있었다.

이렇듯 가난과 고생으로 점철된 열악한 환경 속에서 그는 굳은 의지로 앞길을 개척해나갔다. 어려웠던 고교시절에 그는 한 가지 꿈을 얻었다. 농업기술이 발달한 나라에 가서 농촌을 잘살게 하는 길이 무엇인지 배워와 우리나라의 가난한 농촌을 발전하게 하는 데 자신의 온 힘을 다하고 싶다는 꿈이었다.

1960년대만 하더라도 우리나라에서 아무런 배경도, 돈도 없는 유학생이 외국으로 유학을 나가 공부한다는 일은 참으로 무모하고 부질없는 꿈과 같았다. 오직 자기 힘으로 앞길을 개척해나갈 수밖에 없었던 그가 할 수 있는 유일한 일은 믿고 의지하는 하나님께 호소하는 것뿐이었다. 그는 매일 새벽에 교회에 나가 하나님께 길을 열어달라고 열심히 기도했다. 그러는 한편으로 농촌문제를 집중적으로 연구하며 유학을 대비했다.

그러기를 13년, 지성이면 감천이라고 하나님께서는 그에게 길을 열어주었다. 어느 날 기도 중에 그는 편지를 쓰라는 계시를 받았다. 그는 그 길로 덴마크 국왕에게 한국의 농촌 현실과 함께 자기의 포부를 밝히고, 가난한 조국을 위해 봉사하겠다는 결심을 적고 유학을 갈 수 있게 도와달라고 했다.

낯모르는 젊은 청년의 진솔한 편지에 크게 감동한 국왕은 그의 소원을 들어주었다. 정말 믿어지지 않는 일이었다. 그가 꿈에도 그리던 덴마크 유학의 길은 이렇게 이루어졌다.

그는 덴마크의 농과대학에서 농촌사회학을 공부하고, 이스라엘에서 박사학위를 받은 뒤 동양인으로서는 처음으로 국립 벤구리온대학의 교수로 일하다가 귀국했다. 그리고 청와대에서 새마을 담당 비서관을 거쳐 모교인 건국대학교에서 농과대학장과 부총장을 역임하면서 2세 교육과 농촌부흥 사업에 헌신하고 있다.

불우한 환경에서 자랐지만 희망과 용기를 가지고 꿋꿋하게 역경을 극복하고 마침내 자기의 뜻을 세운 한국 농촌부흥의 선구자 류태영 박사, 그는 처절한 가난을 딛고 역경에 도전하여 스스로의 삶을 개척해 나간 용기 있는 사람이다.

역경은 성공으로 가는 디딤돌

젊은 시절 참으로 견디기 어려웠던 그 역경을 굳은 의지와 신앙으로 극복하고 마침내 뜻을 이룬 류태영 박사. 머슴의 아들로 태어나 아무런 희망도 가질 수 없었던 두메산골의 소년이 덴마크 국왕과 이스라엘 대통령의 도움을 받아 유학을 하고, 박사가 되고, 대학총장이 된 이야기는 열악한 환경에서 힘겹게 살아가는 젊은이들에게 희망과 용기를 북돋워주기에 충분하다.

가난과 고생으로 점철된 그 어려운 삶 속에서 그가 역경을 극복하고 그야말로 무에서 유를 창조해낼 수 있었던 것은, 그에게 신념에 찬 용기와 강인한 도전의지가 있었기 때문이었다.

덴마크 유학에 얽힌 사연을 살펴보면 그가 참으로 용기 있는 사람이라는 사실을 알 수 있다. 아무런 인연도 없는 낯선 나라의 국왕에게 편지를 쓸 생각을 누가 할 수 있을까?

국왕에게 직접 도와달라고 할 수 있었던 것을 그는 하나님의 계시가 있어 확신할 수 있었기 때문이라고 한다. 하지만 그뿐 아니라 평소 덴마크의 한발 앞선 농업기술을 배워 가난한 우리나라의 농촌을 발전하게 하는 사람이 되겠다는 꿈과 굳은 신념이 있었기에 당당하게 도움을 요청할 수 있었던 것이다.

또한 어려서부터 꿈꿔온 잘사는 농촌을 만들고 싶다는 꿈은 어려움을 극복할 수 있는 힘으로 작용했다. 꿈이 신념이 되었고, 그 신념이 의지를 강하게 만들었다. 그는 지독하게 가난한 집안에서 자랐지만 열악한 환경을 탓하지 않고 꿈을 향해 도전했다. 무작정 상경한 모험심, 굶주림 속에서도 공부를 버리지 않았던 학구열, 하나를 이루면 다음 단계로 또 다시 도전하는 성취욕, 이 모든 것이 꿈을 이루어야겠다는 그의 참모습이었고 또한 성공의 요인이 되었다. 의지란 말에는 지칠 줄 모르는 불굴의 정신, 역경을 이겨내는 용기와 인내력 그리고 목적한 바를 꼭 달성하고야 마는 집념의 뜻이 담겨 있다. 이 같은 그의 굳은 의지가 모든 장벽을 뚫고 마침내 성공으로 이끈 것이다. 그는 참으로 의지가 강한 도전자였다.

젊은 시절 참으로 견디기 어려웠던 그 역경을 극복하고 자기의 뜻을 이뤄낸 류태영 박사, 돌이켜 생각해보면 불행하게만 보였던 그 역경들이 사실은 그에게 축복이었다. 역경은 곧 성공으로 가는 디딤돌이었기 때문이다.

역경을 두려워말고 도전하라

고대 로마의 철학자 세네카는 "불은 쇠를 단련시키고, 역경은 사람을 단련시킨다"고 했다. 또 "잔잔한 바다에서는 좋은 뱃사공이 만들어지지 않는다"는 영국 속담도 있다. 따지고 보면 역경은 보다 나은 삶을 위한 진통인 것이다. 그렇기에 역경을 두려워해 좌절하거나 피할 것이 아니라, 정면으로 도전하고 이를 극복하려는 자세가 필요하다. 이 과정을 이겨내는 사람만이 인생을 성공으로 이끌 수 있다.

역경이 없는 인생은 없다. 인생에서 역경은 피할 수 없는 삶의 과정이다. 따라서 이 역경을 어떻게 극복해 나가느냐가 인생에서 중요한 과제다. 역경에 도전할 것이냐 굴복할 것이냐의 선택은 온전히 자기 자신의 의지에 달려 있다. 다만 한 가지 분명한 것은 이 세상에서 승리하고, 성공한 사람들은 하나같이 역경에 굴복하지 않고 용감하게 도전한 사람들이라는 사실이다.

열악한 환경을 탓하지 말라. 꿈을 가져라. 도전하라. 그리고 어떠한 어려움에도 희망을 잃지 말고 앞으로 밀고 나가라. 확고한 신념과 굳은 의지만 있으면 길은 열리기 마련이다.

도전만이 큰일을 성취케 한다

도전은 정상을 향한 대망의 길이요, 환희와 영광에 이르는 길이기도 하다.

늦깎이 인생도 대성할 수 있다

끊임없는 도전으로 늦은 나이에 인생의 꽃을 피운 할아버지가 있다. KFC 매장 앞에 가면 하얀 양복을 입고 검은 뿔테 안경을 쓴 배불뚝이 할아버지의 형상을 볼 수 있다. 그가 바로 세계적인 체인점을 이루어낸 '켄터키프라이드치킨'을 창업한 커넬 할랜드 샌더스다.

커넬 할랜드 샌더스의 젊은 시절은 불행 그 자체였다. 아버지는 어린 나이에 죽고, 어머니는 가출해버렸다. 그는 어린 동생들을 돌봐야 했고, 들어가는 회사마다 해고를 당했다. 샌더스는 두 차례에 걸친 사업 실패로 재산을 모두 날리고 주유소에서 일을 하게 되었다. 그는 주유소를 찾아오는 손님들에게 "이 동네에는 제대로 먹을 만한 음식이 없다"고 푸념 섞인 불평을 듣게 되었다.

사람들의 불평에 아이디어 하나가 번뜩 떠올랐다. 지나가는 손님이 부담 없이 간편하게 먹을 수 있는 음식으로 닭튀김이 제격이라는 점을 생각해냈다. 그는 곧장 아이디어를 실행했다.

샌더스는 집에 딸린 작은 차고에서 직접 닭튀김 요리를 개발했다. 그리고 자신이 개발한 요리로 작은 음식점을 차렸다. 얼마 지나지 않아 샌더스의 음식 맛은 입소문을 탔고, 지역신문과 잡지에 실리기까지 했다. 그야말로 대박이었다.

그러나 행복은 오래가지 않았다. 얼마 후 사고로 아들이 죽는 비극적인 사건이 벌어졌다. 그는 고통을 견디기 위해 미친 듯이 일에만 매달렸다. 아내의 불만은 커졌다. 결국 샌더스는 아내와 이혼하고 말았다. 비극은 계속되었다. 원인 모를 화재로 음식점이 불 타 버리고 말았다.

샌더스는 다시 음식점을 차렸지만, 사업은 쉽지 않았다. 얼마 후 음식점 주변에 고속도로가 개통되면서 손님은 아예 뚝 끊겨버렸다. 결국 음식점은 경매로 넘어가고, 파산한 샌더스는 노숙자생활을 시작했다.

노숙자로 살면서도 샌더스는 자기만의 독특한 닭튀김을 개발하는 데 몰두했다. 그리고 계약을 맺기 위해 전국의 음식점을 찾아다녔다. 3년 동안 그는 전국을 돌아다니며 무려 1,009개의 음식점에서 거절을 당했다. 음식점 주인들은 그를 떠돌이 노인 정도로만 여겼던 것이다.

그러나 샌더스는 꿈을 포기하지 않았다. 그리고 마침내 68세 때 1,010번째 찾아간 음식점에서 처음으로 계약을 이루어냈다. 첫 계약자는 레스토랑을 운영하던 피터 하먼이라는 사람이었다. 피터 하먼은 KFC(켄터키프라이드치킨)라는 이름도 제안했다. 피터 하먼은 샌더스의 어려운 사정을 듣고 그에게 치킨 체인사업을 해보라고 조언했다. 샌더스는 망설였다. 하지만 생활보조금에 의존해 여생을 보낼 수 없다고 판단한 그는 자동차를 몰고 전국을 돌았다. 아무 음식점에나 들어가 자신이 요리한 치킨을 맛보여주고, 마음에 들면 체인점 계약을 맺자고 제안했다.

차에서 자고, 고속도로 휴게소 화장실에서 얼굴만 간단하게 씻었다. 그렇게 8년 동안 전국을 떠돈 그는 600여 개의 체인점을 확보할 수 있었다. 샌더스의 끈질긴 도전 덕분에 현재 KFC는 80여 개 나라에 약 1만 3천여 곳의 매장을 가진 세계적인 프랜차이즈 사업체로 성공할 수 있었다.

포기하지 않고 계속 도전해야 뜻을 이룰 수 있다

켄터키프라이드치킨의 창업자 샌더스의 일화는 굳은 의지만 있으면 불가능은 없다는 것을 일깨워준다. 그는 뜻을 이루기 위해 3년 동안 무려 1,009개의 음식점에서 거절당했지만, 포기하지 않고 계속 도전한 끝에 1,010번 째로 찾아간 음식점에서 첫 계약을 이루어냈다.

참으로 놀라운 인내심이요, 철석같은 의지력이다. 늦은 나이에 인생의 꽃을 피운 샌더스의 놀라운 집념과 성취에 감탄을 금할 수가 없다. 그는 많은 시련과 고난을 겪으며 비참한 인생을 살아왔지만 '이렇게 살아서는 안 되겠다'는 자각과 함께 꿈을 이루기 위해 도전을 거듭하고 마침내 꿈을 이루어내고야 말았다. 그 굳은 의지가 그를 성공으로 이끈 것이다.

성공한 사람들은 인생에서 실패는 없다고 생각한다. 성공하지 못한 것은 실패한 것이 아니라 아직 성공하지 못한 것일 뿐이라고 생각한다. 아직 성공하지 못한 이유는 당장 눈앞에 닥친 어려움을 해결하지 못했기 때문이다. 성공하고 싶은 사람은 이 어려움을 뛰어넘는다면 반드시 승리의 길에 도달할 수 있다는 신념이 있기에 포기하지 않는다. 그리고 끊임없이 도전한다.

꿈과 목표를 달성하고 싶으면 계속 도전해야 한다. 한두 번의 도전으로 결코 성공할 수 없다. 넘어지더라도 다시 툭툭 털고 일어서야 한다. 도전정신 없이 인생에서 큰일은 결코 이루어지지 않는다. 포기하지 않는 한 언젠가는 인생의 주인공이 될 수 있다.

도전정신이 당신을 성공으로 이끈다

도전의 길은 고난의 길이자 악전고투의 길이다. 한편으로 그 길은 정상을 향한 대망의 길이자, 환희와 영광에 도달하는 길이기도 하다. 도전하는 것만이 우리의 삶을 위대하게 만들 수 있다.

용기 있는 사람이 도전한다. 도전 없이 큰일을 절대 성취할 수 없다. 인생에서 큰일을 이루려면 용기가 있어야 하고, 악전고투하는 극기력이 있어야 하고, 칠전팔기하는 인내심이 있어야 한다.

탁월한 인간은 끊임없이 도전한다. 소크라테스는 부정에 도전했고, 그리스도는 죄악에 도전했으며, 슈바이처는 병마에, 컬럼버스는 신대륙 탐험에 도전했다.

용기 있는 자는 도전한다. 용기로써 고난을 이기고 운명에 도전하여 승리의 영광을 이룬다. 끊임없이 도전하는 정신이 당신을 성공으로 이끌어줄 것이다.

실패를 두려워하지 말라

실패한 경험은 소중하다. 그러나 성공을 향한 도약대로 삼아야만
실패는 소중한 교훈이 된다.

실패가 주는 교훈

어느 회사에서 한 사원의 승진을 두고 임원회의가 열렸다. 회의 도
중 그가 지난날 실패한 이야기가 나오면서 그의 승진은 없던 일이 될
위기에 놓이게 되었다.

그러자 그의 직무능력을 잘 아는 한 임원이 이의를 제기했다.

"실패한 적이 있다고 해서 그 사람을 버린다면 능력 있는 사원은 배
출되지 않습니다. 그 사람은 자기가 실패한 일을 뉘우치고 있어 일을
더 잘해낼 수 있습니다. 저는 그 사람을 승진시키는 것이 옳다고 생각
합니다."

"그걸 어떻게 확신할 수 있습니까?"

다른 임원이 의아해하며 물었다.

"실패한 경험이 있어서 두 번 다시 똑같은 일을 되풀이하지 않을 것
입니다. 한 번도 실패한 적이 없다는 것은 한 번도 대담하게 도전을 해

본 적이 없다는 말이 아닙니까!"

그 임원의 설득에 결국 그 사람의 승진이 결정되었다고 한다.

얼마 전 미국에서는 몇몇 기업이 사원들을 모집하면서 실패한 경험이 있는 사람을 우대한다는 채용 조건을 내걸어 화제가 된 적이 있다. 실패한 사람들은 무엇인가를 시도했고, 그 경험으로 많은 경험과 노하우를 쌓고 신중함과 판단력을 갖췄기에 다시는 똑같은 실패를 겪지 않을 거라는 생각에서 그렇게 우대했을 것이다.

이에 비해 실패한 적이 없는 사람은 아무것도 시도해보거나 경험해보지 않은 사람이어서 뜻밖의 위기를 맞이하면 적절하게 대처할 능력이 없어 오히려 실패할 가능성이 높다는 것이다. 성공하고 싶다면 실수나 실패를 두려워하거나 너무 비관적으로 생각해서는 안 된다. 한두 번의 실수나 실패가 인생을 좌우하는 것이 아니기 때문이다.

현실이 괴롭더라도 희망의 끈을 놓지 말라

실패한 사람은 같은 실패를 두 번 되풀이하지 않는다. 한 번 고통을 당했으니 전철은 밟지 않는다. 그런 의미에서 임원회의의 결정은 올바른 판단이라는 생각이 든다. 발에 걸려 넘어지게 한 그 돌을 도약의 발판으로 삼았으니 말이다. 실패한 경험이 없는 사람보다 실패한 경험이 있는 사람이 성공할 확률이 높다.

실패 없는 인생은 없다. 누구든 인생에서 몇 번은 실패의 쓴 잔을 마시게 된다. 인생행로에는 실패라는 함정이 도처에 깔려 있다. 그것이 현실이다.

우리 주변에는 대입시험에서 합격하지 못한 학생, 취직에 실패한 청년 등 실패한 사람들이 많이 있다. 희망을 품고 자신감 넘치던 청소년들이 시작한 지 얼마 되지 않은 인생길에서 실패라는 난관에 좌절하고 실의에 빠지고 괴로움을 겪는 모습을 볼 때 안타까움을 금할 수가 없다.

하지만 실망하지 말아야 한다. 절망은 끝이 보이지 않고 괴롭더라도, 희망의 끈을 놓지 말고 현실과의 싸움, 특히 자신과의 싸움에서 끈질기게 맞서 싸워 이겨야 한다. 먹구름이나 소나기 없이는 무지개가 뜰 수 없다는 것을 명심하고 참아야 한다.

크게 실패한 사람이 큰 인물이 된다

실패한 경험은 소중하다. 비록 성공하지 못했더라도 적어도 자신이 실패한 문제에 대해서는 소중한 경험과 노하우를 쌓을 수 있기 때문이다. 이와 같은 실패한 경험은 돈이나 그 무엇을 주고도 살 수 없는 귀중한 가치를 지닌다.

한편으로는 실패란 거꾸로 말하면 새롭게 출발할 수 있는 또 하나의 기회이기도 하다. 그러므로 실패했다고 절대로 좌절하거나 두려워하지 말아야 한다. 영국의 정치가 윌리엄 글래드스턴은 "수없이 많은 실패를 맛보지 않고서는 위대한 사람이 될 수 없다"고 말했다.

실패를 가장 많이 한 사람을 예로 든다면 아마 에이브러햄 링컨을 첫 손에 꼽을 수 있을 것이다. 그는 22세 때 사업에 실패, 23세 때 주의회의원 선거에서 낙선, 24세 때 또 사업에 실패, 25세 때 주의회의원에 당선, 27세 때 신경쇠약과 정신분열증 발생, 29세 때 주의회의장선거에서 낙선, 31세 때 대통령선거에서 낙선, 34세 때 하원의원에서 낙선, 37세 때 하원의원 당선, 39세 때 하원의원에서 낙선, 46세 때 상원의원에서 낙선, 49세 때 상원의원에서 또 낙선했다. 참으로 많은 실패를 거듭했지만, 그는 오뚝이처럼 다시 도전해 마침내 51세 때 미국 대통령선거에서 당선되었다.

이처럼 뛰어난 성공을 거둔 사람 모두가 실패한 경험이 있다. 바꿔 말하면 실패가 없는 사람은 성공하기가 어렵다는 것이다.

실패를 딛고 일어서면 새로운 세계가 열린다

'실패는 성공의 어머니'인 것이다. 실패를 했을 때 좌절감에 빠지면 영원히 실패자가 된다. 그러나 비록 실패했더라도 좌절하지 않고 실패를 극복하겠다는 끈기와 인내를 가지고 또 다시 도전하면 성공의 기쁨을 맛보게 된다. 무엇보다도 실패했을 때 다시 일어나서 목표를 향해 나아가는 자세가 중요하다. 실패 없는 성공은 없다. 그 때문에 실패를 두려워하지 않는 습관을 몸에 익혀야 한다.

실패에서 교훈을 얻어야 한다. 실패에는 반드시 그럴 만한 원인이 있다. 준비가 부족해서 실패하는 사람도 있고, 자기의 실력과 분수를 제대로 헤아리지 못해서 실패한 사람도 있다. 또 상황판단을 잘못해서 실패하는 일도 있다.

지혜로운 사람은 실패에서 귀중한 교훈을 배운다. 실패는 부끄러운 것이 아니다. 실패에서 깨달음을 얻지 못하는 것이 부끄러운 일이다. 또한 똑같은 실패를 되풀이하는 것도 부끄러운 일이다. 경험은 인생의 가장 소중한 스승이다. 특히 실패한 경험은 우리에게 많은 교훈을 준다. 우리는 실패에서 슬기로운 지혜와 교훈을 배우는 총명한 인간이 되어야 한다. 그러한 사람만이 실패를 성공의 도약대로 삼을 수 있다.

실패를 두려워하지 않아야 재기할 수 있다

실패는 소중한 것이다. 성공한 사람들의 경험담을 들어보면 성공의 밑바탕에는 쓰라린 실패의 아픔과 눈물이 있다. 그들은 실패했더라도 절대 절망하지 않고, 그 실패를 거울삼아 남보다 몇 배나 더 열심히 노력했다. 이것이 성공한 사람들이 우리에게 주는 소중한 교훈이다.

실패를 두려워하지 말라. 실패를 두려워하면 아무것도 하지 못한다. 실패하면 그 실패를 딛고 일어서면 되는 것이다.

다시 도전할 수 있는 기회는 언제든지 찾아온다. 기회가 찾아왔을 때 실패한 경험과 노하우를 살려 용기를 가지고 성공을 이끌어내야 한다.

| 성공 |

성공은 마음가짐에 달려 있다

나도 할 수 있다는 강한 신념이 있어야 성공할 수 있다.

'호텔왕' 힐튼의 성공비결

가난한 행상의 아들로 태어난 한 미국 소년이 있었다. 소년은 잠자리조차 없어 이곳저곳을 떠돌아다녀야 했다. 그러나 소년은 적극적인 생각과 겸손한 태도 그리고 커다란 꿈을 가지고 있었다. 소년은 떠돌이 생활을 하면서도 나중에 성공하면 호텔 사업을 해야겠다고 다짐했다.

세월이 흐른 뒤, 소년은 온갖 어려움을 극복하고 드디어 꿈꿔왔던 호텔의 사장이 되었다. 그가 바로 힐튼호텔 창업자 콘래드 힐튼이다.

어느 날 한 사람이 힐튼에게 성공비결을 물었다. 힐튼은 옆에 있던 5달러짜리 평범한 쇠막대기를 집어 들며 다음과 같이 말했다.

"이 막대기를 그냥 두면 아무 데도 쓸모가 없습니다. 그러나 이 쇠막대기로 말발굽을 만들면 10달러 50센트를 벌 수 있습니다. 또 이것으로 바늘을 만들면 3천250달러를 벌 수 있고, 용수철을 만들면 250만 달러를 벌 수 있습니다."

힐튼의 말 속에 성공한 비밀이 숨어 있다. 그에게는 탁월한 성공 메커니즘이 작동하고 있었던 것이다. 힐튼은 똑같은 쇠막대기라고 할지라도 어떻게 응용하고 활용하느냐에 따라서 그 물건이 지닌 부가가치가 확연히 다를 수 있다는 사실을 본능적으로 파악하고 있었던 것이다.

성공에 이르는 지름길

많은 사람들이 성공을 부러워한다. 어떻게 하면 성공할 수 있는지 그 비결을 알고 싶어 한다. 성공의 비결을 알고 싶어 하는 이유는 타인의 성공을 거울삼아 그것을 토대로 행동에 옮기면 그만큼 빨리 성공할 수 있을 거라 생각하기 때문이다.

성공 전도사이자 비즈니스 컨설턴트, 동기유발 전문가, 경영 상담자로 활동하며 세계적으로 명성을 떨치고 있는 브라이언 트레이시는 성공하고 싶다면 자신이 꿈꾸는 것을 이룬 사람을 따라 하라고 말한다.

"그 사람이 자신이 바라는 결과를 성취하기 위해 무엇을 했는지 알아내라. 그리고 그 사람이 했던 일을 하라. 성공한 다른 사람들이 했던 대로 똑같이 하면 그들이 얻은 것을 똑같이 얻을 것이다. 그것은 기적이 아니다. 그것은 바로 법칙이다."

다른 사람들이 자신보다 먼저 인생에서 원하는 것을 어떻게 이루어 냈는가를 알아내 똑같은 일을 하기만 하면 똑같은 결과를 얻을 수 있다는 것이다.

세계적인 동기부여 전문가이자 변화심리학자 앤서니 로빈스 또한 "성공하고 싶거든 철저하게 성공한 사람을 흉내 내라"고 강조했다. 그는 자수성가해서 백만장자가 된 사람으로 전 세계적으로 인정받는 세

미나를 주최하며 자기가 몸소 경험하고 증명한 성공 비결을 전수하고 있다.

그는 자기의 경험을 이렇게 설명한다.

"나도 이런 경험을 한 적이 있었다. 예전에 나는 몸이 너무 뚱뚱해서 고민에 빠졌다. 어떻게 해서든 체중을 줄이려고 이런저런 노력을 하다가, 살을 빼고 싶으면 마른 사람을 따라 하면 된다는 사실을 깨달았다. 빼빼 마른 사람의 생활습관과 식사하는 방법, 음식이나 건강에 대한 사고방식을 파악하고 그것을 따라 했다. 나도 저 사람처럼 몸이 마를 거란 확신이 있었다. 그런 마음가짐으로 따라 하다 보니 체중이 줄어들기 시작했다."

이 이야기는 아무 생각 없이 모방하라는 뜻이 아니다. 본보기가 되는 인물이 그러한 결과를 얻을 수 있었던 특성을 파악하고 깨달아서 그것을 보고 배워 그 길로 꾸준히 나가라는 것이다. 그러한 방법이 성공에 이르는 가장 가까운 지름길이 될 수 있기 때문이다.

네가 해낸 일이라면 나도 해낼 수 있다

원래 남은 할 수 있고, 나는 할 수 없다는 것은 있을 수가 없다.

다른 사람이 할 수 있으면 나도 할 수 있는 것이다. 가장 중요한 것은 '그들이 한 일이라면 나도 할 수 있다'는 자신감을 갖는 일이다.

어떤 새로운 일을 시작하려고 할 때에는 결과를 알 수 없어 공포와 불안을 느끼기 마련이다. 그러한 감정을 극복하고 나아갈 수 있는 용기는 정말 중요하다. '한번 해보자'는 결심이 때로는 큰 결과를 가져다준 사례가 적지 않다. 결심만 서면 가능해지는 일이 많다. 해보지도 않고

'나는 할 수 없다'고 미리 겁을 먹으면 그 마음대로 할 수 없게 된다.

자신감을 갖자. 자신감을 갖고 태어난 사람은 없다. 세상의 모든 것은 마음먹기에 달려 있다. '나는 할 수 있다', '하면 된다', '남들이 다 해내는데 나라고 못할 이유가 없지 않는가' 이렇게 마음을 다잡아야 한다. 사람은 자신감을 가질 때 두려움이 없어지고 당당해진다. 하고자 하는 의욕이 생기고, 하면 된다는 신념이 생긴다.

에이브러햄 링컨은 "어떤 사람들이 크게 성공했다는 것은, 다른 사람들로 할 수 있다는 증거다"라고 말했다. 자신감을 갖고 다른 사람들이 성공했던 일에 도전해보라. 그러면 당신도 그들이 얻은 것과 같은 결과를 얻을 수 있을 것이다. 그 결과는 전적으로 자신에게 달려 있다.

성공한 사람들의 공통된 특징

많은 사람들이 성공하기를 원한다. 그러나 그렇게 성공을 꿈꾸는 많은 사람 중 대부분은 실패하고 소수만이 성공의 열매를 맛본다. 그 이유는 무엇일까? 왜 많은 사람들이 실패할까? 성공한 사람들은 어떻게 했기에 어려운 문제를 극복하고 성공할 수 있었을까? 이것을 규명하기 위해 요즘 '성공학'이라는 새로운 학문이 생겨났다. 성공과 실패의 원리와 방법을 학문적으로 접근하여 이론과 법칙을 세우려는 것이다.

성공과 실패에는 두 가지 특성이 있다고 한다. 바로 마음가짐과 이에 따른 습관이다.

성공한 사람들은 어떠한 어려운 조건에서도 포기하지 않았다. 어떠한 역경에서도 다른 사람의 의견에 흔들리지 않고 한결같이 굳건하게 자기 신념대로 행동하는 마음가짐을 지녔다. 또한 평소에 해야 할 일은 미루지 않고 끈질기면서도 긍정적으로 실천해나가는 습관을 지니고 있다고 한다. 이러한 흔들림 없는 마음가짐과 변함없는 습관, 두 가지가 성공한 사람들의 공통된 특징이라는 이야기다.

성공과 실패의 길은 따로 있는 것이 아니다. 우리 각자가 지금 생각하고 꿈꾸고 있는 것들이 바로 우리의 미래가 된다. 바로 나 자신이 지니고 있는 마음가짐과 그 마음가짐에 따라 열심히 살아가려는 습관이 우리의 미래가 된다. 그 마음가짐과 습관을 확신하고 긍정적으로 생각하면 성공하게 되고, 자신감 없이 부정적으로 생각하면 당연히 실패하게 된다.

모름지기 우리 모두는 지금의 마음가짐과 습관을 바로 지녀 성공에 이르는 내일을 기약해야 한다.

진취적이고 도전적인 개척자가 돼라

도전적인 개척정신이 없으면 인생에서 큰일을 결코 이루어낼 수 없다.

주베일 항만 공사의 기적

1976년 세계 건설업계가 20세기 최대의 대역사로 불렸던 사우디아라비아의 주베일 상업항 건설공사를 우리나라의 현대건설이 국제경쟁입찰에서 당당히 낙찰 받았다. 열심히 항만 공사를 진행하고 있을 때의 일이다. 해안에서 12킬로미터 떨어진 30미터 깊이의 바다 한복판에서 50만 톤급 유조선 네 척이 동시에 정박할 수 있는 해상 터미널을 만드는 일은 공사대금만도 9억3천만 달러로, 그 당시 우리나라 국가예산의 절반이나 될 만큼 어마어마한 사건이었다.

정주영1915~2000 회장은 외화가 부족해서 큰 어려움을 겪고 있는 우리나라에 보탬이 될 수 있도록 이 공사에 필요한 모든 기자재를 울산에 있는 현대조선소에서 제작해서 대형 바지선에 실어 필리핀과 동남아시아 해상, 인도양, 걸프만을 차례로 거쳐 나르는 해양수송작전을 구상하고 있었다. 울산에서 주베일까지는 1만2천 킬로미터로, 서울과 부산을 열다섯 번 왕복하는 거리였다. 또한 커다란 배는 한 번이 아니라 울산과 주베일을 열아홉 번 왕복해야만 했다. 더욱이 필리핀의 해양 지역은 세계 최대의 태풍이 언제 발생할지 몰라 상당한 위험이 도사리고 있었다.

그가 이 계획을 이야기하자 모두가 어이없다는 표정을 지었다. 하지만 그는 해낼 수 있다는 확신이 있었기에 주저하지 않았다. 계획을 더욱 치밀하게 세우고 용감하게 도전했다. 곧 엄청난 물량의 기자재가 우리나라에서 만들어지고 주베일까지 성공적으로 운송되었다. 참으로 놀라운 일이었다. 이 일을 시작할 때 이 소식을 들은 이 분야의 전문가들이 세계 곳곳에서 비웃었지만, 그가 성공해내자 그들은 놀라서 입을 다물지 못했다.

불가능에 도전한 개척자 정주영

모두가 불가능하다는 일에 도전하여 성공을 이루어내 세계를 깜짝 놀라게 한 주베일 항만공사. 이 기적을 이루어낸 현대그룹의 총수 정주영 회장은 위대한 개척자이자 성공한 기업가다.

맨손으로 일어나 세계적인 기업가로 성장한 그는 불가능에 도전하여 이룩한 업적이 굉장히 많다. 자연스럽게도 그가 한 일에는 모험적인 사업이 많다.

그는 손쉽게 돈 벌 수 있는 장사를 그만두고, 황무지나 다름없는 우리나라의 초창기 공업 분야에, 개척되지 않았지만 국가 발전의 중추가 되는 가시밭길 같은 기간산업 분야에 도전했다. 또한 아무도 해보지 않은 해외 진출에 관심을 두고 개척해나갔다.

그가 창업한 현대자동차는 연간 350만 대를 생산하며 230개 나라에 수출하고 있는 세계 6위의 자동차회사로 성장했으며, 현대중공업은 세계 제1의 조선소가 되었다. 지금 세계의 바다에 떠다니는 대형 선박 다섯 척 중 한 척이 현대중공업에서 만든 것이다.

이 같은 놀라운 성취는 정주영 회장의 불굴의 개척정신과 끊임없는 도전에서 나온 억척스러운 노력의 소산임은 두말할 필요가 없다.

부강한 나라는 개척정신이 강하다

우리 민족은 오랜 역사에도 불구하고 국민들의 개척정신이 크게 모자란다. 우리는 그동안 개척보다는 안주에, 도전보다는 회피에 머물러 왔던 게 사실이다. 어떤 문제에 대해 적극적으로 대처해 나가기보다는 성급하게 체념부터 하는 경향이 강하다. 옛날부터 예禮와 도道를 중시해온 유교의 영향을 받아왔기 때문이 아닌가 싶다. 그 덕택으로 '은자의 나라'니 '조용한 아침의 나라'니 하는 점잖은 수사적인 말을 듣게 되었는지 모르지만, 오늘날 세계를 주도해 나가는 강대국들에 비해 나라의 힘이 크게 뒤떨어져 있는 것은 분명한 사실이다.

그 국민이 개척정신으로 단단히 무장되어 있을 때 그 나라는 부강하고 융성했다. 반면에 안주하고 회피하려는 분위기가 지배적일 때 그 나라는 어쩔 수 없이 약소국이 되었던 사실은 역사가 증명한다.

영국은 바다에 도전했고, 미국은 서부의 광야에 도전했으며, 이스라엘은 사막에 도전했다. 오늘날 이들 나라의 발전이 그 당시에 지니고 있었던 개척정신에 크게 힘입고 있었음을 아무도 부정하지 못할 것이다.

용기 있는 사람, 모험심이 강한 사람, 개척정신이 왕성한 국민, 이런 사람들이 용감한 도전자가 되고 개척자가 된다. 역사는 이런 사람들의 발걸음 덕에 조금씩 조금씩 전진해왔다. 도전적인 개척정신 없이 인생에서 큰일을 이루어낼 수 없다.

도전과 개척의 길은 악전고투를 겪어야 하는 고난의 길이지만, 한편으로 그 길은 정상을 향한 환희와 영광의 길이기도 하다. 도전하는 자만이 삶을 위대하게 만들 수 있다.

젊은이들이여! 용감한 개척자가 돼라

참된 인생을 살고 싶다면 젊은 시절에 미지의 세계에 도전해야 한다. 세계는 지구촌이라고 불릴 정도로 좁아졌지만, 아직 가보지 않은 길도 있고, 아무도 해내지 못한 일도 많다. 세계는 넓고 할 일은 많다고 한다. 젊은이들은 용감히 도전해야 한다. 이것은 젊은이만이 누릴 수 있는 특권이기도 하다. 젊은이가 값진 이유는 젊음이 지니고 있는 도전과 모험심 때문이다. 젊은이는 미래를 창조하는 사람들이다. 미래를 창조하기 위해서는 도전하는 모험을 걸어야 한다.

젊은이는 뒤돌아볼 것이 없기에 앞만 바라볼 수 있고, 잃어버릴 것이 없기에 불안해할 필요가 없다. 안전을 위해 모험을 삼가고 도전을 꺼릴 필요도 없다. 때문에 젊은이는 용감히게 도진힐 수 있는 것이나. 얻어야 할 것, 성취해야 할 미래의 것들만 생각하고 도전하는 것이 젊은이다운 태도다.

젊은이들이여! 실패를 두려워 말고 용감하게 도전해보라. 도전하는 개척자에게는 위험이 따르기 마련이다. 그것은 어쩔 수 없다. 아무도 가지 않았고, 아무도 해본 적이 없는 길을 개척하려면 위험이 뒤따를 수밖에 없다. 그러나 실패가 두려워 도전하지 못하는 사람은 평생 동안 성취의 기쁨을 맛볼 수 없다. 위험을 무릅쓰고 도전하는 자만이 아무도 가지 않았던 미지의 땅에 길을 만들 수 있고, 또 아무도 해내지 못했던 일에서 성과를 거둘 수 있다.

역사는 도전과 용기를 통해 발전해왔다. 도전적인 정신으로 무장된 사람은 반드시 성공한다. 젊은이는 자신감이 충만하기 때문에 용감하고 모험을 마다하지 않고 실패를 두려워하지 않는다. 도전과 개척은 온전히 젊은이들의 몫이다.

용기로 고난을 이기고 운명에 도전하여 승리의 영광을 거두어야 한다. 끊임없이 도전하는 개척정신이 당신을 성공으로 이끌어줄 것이다.

제3부

정신력의 기적

사람의 모든 생각과 행동은 마음의 작용에 달려 있다. 마음의 온갖 작용을 주
재하는 것은 정신력이다. 사람들은 이 정신력이라는 무한한 가능성과 놀라운
잠재력을 너무 소홀히 여기고 있다.
이 훌륭한 도구는 우리의 행복, 번영, 마음의 평화 그리고 하려고 하는 모든 것
을 이루게 할 수 있는 능력이 있다. 우리는 마음속에서 녹슬고 있는 정신력을
개발하여 자기가 원하는 것을 성취하는 데 활용해야 한다.

목표가 나를 위해 일한다

목표는 모든 정열과 노력을 한 풋대로 향하게 하고 집중하도록 이끌어준다.

어린 시절 오바마의 꿈

버락 오바마가 어린 시절 인도네시아 자카르타에 있는 초등학교에 다닐 때의 이야기다. 오바마가 3학년을 다니고 있던 어느 날, 작문시간에 선생님은 아이들에게 자신의 꿈을 쓰고 발표하게 했다. 아이들 대부분은 사업가, 의사, 과학자, 기술자, 선생님이 되고 싶다고 했는데, 오바마는 달랐다. 그는 "제 꿈은 미국의 대통령이 되는 것입니다"라고 말했다. 대통령이 되어 약한 사람과 강한 사람, 가난한 사람과 잘사는 사람 그리고 피부색이 짙은 사람과 하얀 사람 모두가 서로 사이좋게 살면서 행복할 수 있는 세상을 만들고 싶다고 했다. 오바마의 발표가 끝나자 교실 안은 한순간 침묵에 휩싸였다. 잠시 후 아이들 몇몇이 키득키득 웃기 시작했다.

"흑인 주제에 어떻게 미국의 대통령이 된다는 거야?"

아이들은 오바마는 이상한 아이라고 수군거렸다. 하지만 그는 주눅

들지 않았다. 오바마의 머릿속은 온통 대통령이 되겠다는 생각으로 가득했다.

그는 틈틈이 독일 철학자 니체와 평화주의자 간디의 책을 읽었다. 불평등에 관한 책, 전문 분야에서 성공한 사람들에 관한 책도 수없이 읽었다. 밤늦게까지 책을 펼쳐놓고 공부하는 그를 보며 친구들은 "공부벌레"라며 놀리곤 했다. 그 당시 오바마와 가까이 지냈던 사람들은 그가 시간을 대부분 도서관에서 보냈다고 회상했다.

그는 열심히 공부한 결과 명문 프리스턴대학과 하버드대학 로스쿨을 졸업할 수 있었다. 그 후 정치계에 입문하기 위해 공동체의 리더를 거쳐 일리노이주 상원의원과 연방 상원의원에 당선되었다. 그리고 마침내 미국의 첫 흑인 대통령이 되었다.

내가 목표를 향해 일하고, 목표가 나를 위해 일한다

비록 나이 어린 오바마였지만 그에게는 대통령이 되겠다는 큰 야망과 자기 확신이 있었다. 때문에 그는 자기가 진정으로 원하고 바라는 목표를 글로 표현하고 친구들 앞에서 발표하고 또 다짐하고 행동으로 옮겼다. 그 배짱과 씩씩한 기상이 마침내 뜻을 이루어 미국의 대통령이 된 것이다. 오바마는 일찍부터 자기의 목표를 정했다. 목표는 사람으로 하여금 정력과 노력을 한 푯대에 집중하도록 한다.

목표를 글로 써서 마음으로 다짐까지 한 것은 목표 설정을 보다 확실하게 한 행동이다. 그것 자체가 적극적인 행동을 불러일으키는 역할을 한다. 더구나 사람들 앞에서 그 목표를 발표까지 했다. 그러한 행동으로 그는 자신의 목표 안에 자신의 열정과 자신감과 성공의 씨앗을 이미 담아두었다. 그 덕에 오바마는 자신이 꿈꾸는 미래로 성큼 다가갈 수 있는 강력한 희망을 품게 되었다. 즉 "내가 목표를 향해 일하고 목표가 나를 위해 일한다"는 말이 성립되게 한 것이다.

《무한한 힘, 나는 성공한다》를 저술한 앤서니 로빈스는 "자기의 꿈을 명확하게 그려라. 그러면 정열, 집중력이 전혀 달라진다"고 했다. 자기의 꿈이 명확하게 설정되어 있으면 거기에 모든 힘이 집중된다는 것이다.

목표 설정이 필요한 이유

일은 열심히 하는데 성과가 오르지 않아 걱정하는 사람들이 적지 않다.

성과가 오르지 않는 원인에는 여러 가지가 있겠으나, 그중 중요한 이유 가운데 하나는 '집중력이 없다'는 것이다. 즉 마음이 흩어져서 일하는 데 정신을 집중하지 못한다는 뜻이다.

그럼 어떻게 해야 집중해서 일할 수 있을까? 목표를 세워서 차근차근 실행해보자. 이러한 자세는 비단 일할 때만 필요한 것이 아니다. 세상의 모든 일에도 적용할 수 있는 법칙이다.

사람은 뚜렷한 과제가 주어지면 집중력을 발휘하게 된다. 목표가 아예 없거나 막연하면 어디에 자기의 정신과 정열을 쏟아야 하는지 혼란을 일으키게 되고, 결국 일의 성과를 기대하기 어렵다.

지금 우리에게 목표가 있고 해야 할 과제가 주어져 있다면 우리는 그것을 향해 몸과 마음을 다할 것이다. 목표는 자석과도 같아서 모든 정열과 노력을 한 푯대를 향해 집중하도록 이끌어주기 때문이다. 꿈을 품고 목표를 설정하면 그것은 언젠가 현실이 되는 순간이 온다.

왜 목표를 세워 살아야 하는지 그 이유를 분명하게 밝힌 실험이 있다.

미국의 하버드대학에서는 가정환경과 IQ, 학력 등 서로 비슷한 조건에서 자라온 사람들을 대상으로 '꿈, 즉 목표가 인생에 끼치는 영향'에 대해서 연구 및 조사를 했는데, 참으로 놀라운 사실을 발견했다.

조사에 따르면 실험에 참가한 학생 중 27%는 아예 목표가 없었고, 60%는 희미하지만 목표가 있었으며, 10%는 목표가 있었지만 단기적이었다. 단지 3%의 학생만이 명확하게 장기적인 목표를 갖고 있었다.

그 후 이들을 25년간 끈질기게 추적하고 연구한 결과, 명확하고 장기적인 목표가 있었던 3%의 사람들은 25년 후에 사회 전문 분야에서 최고의 전문가가 되어 주도적인 위치에서 영향력을 행사하고 있었다. 10%의 단기적인 목표를 지녔던 사람들은 대부분 사회의 중상위층에 머물러 있었으며, 없어서는 안 될 전문가로 활동하고 있었다. 목표가 희미했던 60%의 학생들은 대부분 중하위층에 머물러 있었으며, 모두 안정된 생활환경에서 일하고 있었다.

목표가 없이 살아온 27%의 학생들은 어떻게 되었을까? 그들을 주목할 필요가 있다. 그들은 모두 취업과 실직을 반복하며 사회가 나서서 구제를 해주어야만 하는 최하위 수준의 생활을 하고 있었다.

나는 어떤 부류에 속하는 사람이 되어야 할까? 각자의 깊은 각성과 결단이 있어야 한다. 여기에 바로 여러분의 미래가 달렸기 때문이다.

누가 해낸 일이라면 당신도 해낼 수 있다

나의 꿈은 이루어진다고 믿어라. 그러면 그 꿈은 반드시 이루어진다. 뭔가를 성취하기를 원한다면 먼저 자기가 원하는 것을 기어코 성취하겠다는 강한 욕구가 있어야 한다.

무엇인가를 이루고자 하는 성취 욕구가 강하면 강할수록 그것은 의식의 내면에 깊숙이 자리 잡고 있는 잠재의식의 무한한 에너지들이 활발하게 움직이도록 자극한다. 계속적인 자극을 받게 되면 에너지들은 깨어난다.

한 가지 분명히 해두어야 할 것이 있다. 아무리 불타는 욕망도 가지고 있고, 끝없이 노력할 수 있는 힘이 있다 하더라도 성공하기 위해서는 꼭 필요한 것이 있다. 바로 내가 바라는 꿈이 꼭 이루어질 것이라는 굳건한 믿음이 있어야 한다. 그 바탕에서 노력이 반복되어야 한다. 다시 말하면 꿈을 이루기 위해서는 '나의 꿈은 반드시 이루어진다'는 확신이 있어야 한다는 것이다.

미국의 심리학자 윌리엄 제임스는 "인생이란 그 사람이 생각한 것의 결과물"이라고 주장했다. 그렇게 된다고 믿고 행동하면 그것이 잠재의식에 침투해 무의식적으로 그 사람을 지배한다. 그리하여 마침내 그 꿈이 이루어질 수 있는 것이다.

남은 할 수 있는데 자기는 할 수 없다는 생각은 버려야 한다. 남이 어떻게 해서 그 성과를 거두었는지 그 방법을 알면, 그리고 그 길을 정확히 더듬어 가면 여러분도 같은 성과를 얻을 수 있다.

신념은 불가능을 가능케 만든다

신념은 위대한 힘의 원천이요, 무에서 유를 창조해내는 원동력이다

He can do it, She can do it, Why not me?

미국의 TYK그룹의 김태연 회장은 고향에서 제대로 기 한 번 못 펴고 지내다가 23세 때 가족과 함께 미국으로 이민을 갔다. 누구나 겪기 마련이지만, 낯선 이국땅에서 정착을 위한 생활은 너무나 힘에 겨웠다.

어린 시절에 익혔던 태권도 도장을 운영할 때나 자신의 사업을 꾸려나갈 때도 혼자 넘어야 할 산들이 너무 많았다. 특히 유색인종으로, 더구나 여자의 몸으로 감당하기엔 너무도 벅찼다. 하지만 그때마다 스스로를 다잡으며 마음속으로 맹세하듯 되뇌는 주문이 있었다.

"He can do it, She can do it, Why not me?(그도 할 수 있고, 그녀도 할 수 있는데, 나라고 왜 못하겠는가?)"

이런 식으로 자기에게 긍정적이고 적극적인 암시를 주고 늘 그렇게 되기를 주문 외듯 다짐하곤 하니 어느 사이엔가 그녀의 사고와 행동 그리고 성격에 커다란 변화가 찾아왔다. 그 변화는 곧 그녀로 하여금 '나

도 할 수 있다'는 확고한 신념을 갖게 했다. 그 확고한 신념이 그녀로 하여금 진취적 기상을 갖게 하고 도전적 용기를 갖게 했으며 칠전팔기의 투지력을 갖게 했다.

마침내 그녀는 해냈다. 지금 그녀가 운영하고 있는 라이트하우스를 비롯하여 환경, 컴퓨터, 인터넷, 피부미용, 노화방지 프로젝트 등의 사업에다 방송 프로덕션까지 다방면에 걸쳐 사업을 확장하여 연 매출 1500억 원을 기록하는 등 자신의 회사를 우량기업으로 성장시켰다.

그녀는 사업뿐만 아니라 태권도 도장인 정수원 아카데미의 그랜드 마스터로, 그늘진 사람들을 위한 사회사업가로, 또 자신의 이름을 내건 방송 프로그램인 '태연김쇼'의 진행자로 미국 내 저명인사의 반열에 오른 여걸이 되었다.

'나도 할 수 있다'는 여장부의 신념

이 이야기 속의 주인공인 김태연 회장이 수많은 어려움을 겪으면서도 좌절하지 않고 끝내 성공을 거둘 수 있었던 것은, 그녀에게 '나도 할 수 있다'는 확고한 신념이 있었기 때문이다. 그 확고한 신념이 불가능을 가능케 한 것이다.

영국의 철학자 존 스튜어트 밀은 "신념을 가진 한 인간의 힘은 흥미밖에 갖고 있지 않는 아흔아홉 사람의 집단보다 강하다"고 말했다. 신념을 가진 자는 혼자서도 강하다. 그렇기 때문에 신념이 있는 자만이 큰일을 해낼 수 있다.

우리는 확고한 신념을 가지도록 노력해야 한다. 모든 성취는 신념의 산물이다. 신념이 없는 자가 입신출세한 일이 없고 큰일을 성취한 예가 없다. 세상에서 이름을 떨치고, 큰 부자가 되고, 큰일을 해내고, 사회에서 존경을 받고 있는 인물은 모두가 '나도 할 수 있다'는 확고한 신념으로 노력한 사람들이다.

왜 신념을 가져야만 성공할 수 있는가?

신념을 가진 사람과 그렇지 않은 사람은 생각하는 것이 하늘과 땅처럼 다르다. "나는 할 수 있다"는 확고한 신념을 가진 사람과 "나는 할 수 없다"고 생각하는 사람은 사물을 보는 태도와 인생을 살아가는 자세가 다르기 때문이다.

신념은 열의를 낳고, 열의는 노력을 불러일으킨다. 그리고 어떠한 난관에도 용기를 잃지 않으며, 어떠한 난관에도 단념하거나 포기하지 않는다. 확고한 신념을 갖기란 결코 쉽지 않다. 그러나 확고한 신념만 가지고 있다면 행동을 일으키는 힘, 자기가 추구하는 세계를 만들어내는 힘도 주어지는 법이다.

"신념은 산도 움직인다"는 영국 격언이 있다. 신념이란 이렇듯 불가능을 가능케 만드는 힘이요, 무에서 유를 창조해내는 원동력이다. 확고한 신념에서 "나도 할 수 있다"는 자신감이 생기고, 꿈과 이상을 현실로 변화시키는 기적적인 힘이 생긴다. 그래야만 인생에서 승리할 수 있고, 성공할 수 있다. 신념을 가진 사람은 바로 "하면 된다"는 자신감을 가진 사람이다. 미래는 "나도 할 수 있다"는 신념으로 도전하는 자의 몫이다.

남이 다 할 수 있는 일을 왜 못한다고 생각하는가?

김태연 회장은 변화를 원하는 젊은이들에게 용기와 신념을 가지고 과감하게 도전해보라며 이렇게 당부한다.

"사람의 마음가짐이 인생을 결정짓는 중대한 역할을 한다는 사실을 잊어서는 안 됩니다. 안 된다는 생각 때문에 조바심을 내고 자학하는 것처럼 자신을 망치는 지름길은 없습니다. 그런 마음이 자신의 발전을 방해하는 가장 큰 적이라는 것을 알아야 합니다. 다른 사람이 다 할 수 있는 일을 왜 자신은 못한다고 생각합니까? 모든 일은 '할 수 있다'는 자신감에서부터 출발합니다. 자신의 마음속에 꿈을 가지고 그것을 실현시킬 수 있다는 생각을 하면 그것이 바로 성공의 출발이 되는 것입니다."

"He can do it, She can do it, Why not me?"

우리는 자기 자신을 신념의 인간으로 만들어야 한다. 큰일을 하려는 사람은 큰 신념을 길러야 한다. 세상에서 큰 업적을 남긴 사람은 모두 위대한 신념의 소유자였다. 인생의 대업을 성취하려면 모름지기 확고한 신념을 가져야 한다.

신념은 위대한 힘의 원천이다. 그 힘은 신념의 산물이다. 나 자신을 신념의 사람으로 만들어내자. 그러면 반드시 인생의 승리자가 되고 성공할 수 있을 것이다.

능력보다 집념이 성공의 요체

집념은 성공의 비결이요, 승리의 원동력이다.

빈대가 준 교훈

현대그룹을 창설한 정주영 회장이 청년 시절, 인천 부두에서 막노동을 할 때의 일이다. 당시 그는 한 푼이라도 아끼기 위해 방을 얻지 않고 노동자 합숙소에서 잠을 잤다.

합숙소의 낡은 벽 틈에는 빈대가 들끓었는데, 고된 노동으로 몹시 피곤했던 그는 빈대가 계속 무는 바람에 잠을 설치기 일쑤였다. 밤새도록 잡고 또 잡는 전쟁을 치렀지만, 그 많은 빈대를 감당하기엔 역부족이었다. 그래서 그는 합숙소 한쪽에 밀쳐놓은 기다란 상을 끄져와 신문지를 깐 뒤 그 위에 올라가 잠을 잤다. 하지만 빈대는 상다리를 타고 올라와 그를 괴롭혔다.

그때 그의 머리에 기발한 생각이 한 가지 떠올랐다. 그는 얼른 수돗가에 가서 대야 네 개를 가져와 상다리에 하나씩 받치고 거기에 물을 부어 두었다. 아무리 악착같은 빈대라 해도 대야를 타고 오르다가 물에 빠져 더 이상 올라오지 못할 것이라고 생각했기 때문이다.

'이제는 안심이다. 물에 빠져 죽으려거든 기어올라라.'

그는 안심하고 잠자리에 들었지만, 다시 빈대의 공격을 받아야 했다. 도대체 빈대들이 어떻게 탁자 위로 올라왔을까?

불을 켜고 자세히 살펴보니 빈대들은 아예 벽을 타고 천장으로 올라가 그의 몸을 향해 공중낙하를 시도하고 있는 게 아닌가. 그 순간 그는 무릎을 탁 쳤다.

'빈대도 저렇게 전심전력으로 연구하고 필사적으로 노력해 제 뜻을 이루려고 하는데, 하물며 인간인 내가 빈대만도 못한 인간이 될 수는 없다. 나도 열심히 노력해서 내 꿈을 이루고 말리라.'

그날 빈대에게서 얻은 교훈은 그 뒤 그가 어려운 일을 맞닥트릴 때마다 이겨낼 수 있는 힘이 되었다.

성공과 승리는 집념의 산물

이 이야기는 무슨 일이나 최선의 노력을 쏟아 부으면 성공하지 못할 일이 없다는 교훈을 준다. 정 회장은 그때 느꼈던 소름끼치는 빈대의 집념 어린 생존전략에 깊이 깨달은 바가 있었다. 그는 빈대의 집념을 교훈 삼아 어떤 어려움에 부딪혀도 포기하지 않고 물고 늘어지는 강한 집념을 발휘하여 한국 최고의 기업을 이루어낼 수가 있었던 것이다.

집념이란 무엇인가? 한 가지 일에 끈덕지게 집착하는 것이다. 이것은 꼭 이루고야 말겠다는 강한 집착심이다. 일을 성공으로 이끄는 힘은 무엇인가? 물론 능력이 있어야 한다. 그러나 능력은 필요조건이지 충분조건은 아니다. 충분조건을 이루려면 그 능력에다 끈기, 지구력 같은 집념의 힘을 더해야 한다. 어떤 일이든 하다 보면 어려움이나 실패를 마주하게 된다. 하지만 그것은 부수적인 것에 불과하다. 그럴 때 과감하게 도전하고 실패해도 굴하지 않고 다시 일어나는 것이 집념이다.

집념은 끈질기게 일을 추구해 나가는 지구력이요, 끝까지 관철하는 의지력이다. 집념이야말로 모든 일을 성취케 하는 성공의 비결이요, 승리의 원동력이다. 우리는 집념의 인간이 되어야 한다.

능력보다 집념이 성공의 요체

미국의 심리학자인 윌리엄 콕스가 발표한 한 보고서에 따르면 인류 역사상 위인이라 일컬어지는 사람의 90%는 능력 있고 좋은 여건이 갖춰진 사람들이 아니라, 능력은 좀 모자라지만 뛰어난 의욕과 강한 집념을 가진 사람이라고 한다.

예를 들면 나폴레옹, 시저, 헬렌 켈러, 에디슨, 프랭클린, 링컨 등이 그런 사람들이다. 나폴레옹이나 시저도 육체적으로 남보다 뛰어나서 위대한 장군이 된 것은 아니다. 그들은 강한 의지와 집념의 소유자였다.

에디슨은 어떠했는지 살펴보자. 그는 학교라고는 초등학교를 세 달밖에 다니지 못했고, 지능지수도 보통사람에 지나지 않았다. 그런 그가 발명한 제품이 1,300가지나 된다고 한다.

어떤 사람들은 에디슨은 천재이기 때문에 마술 부리듯 쉽게 발명했을 거라 생각한다. 정말 그럴까? 그 발명품 중에서 우리 생활에 획기적인 변화를 가져다준 백열전등을 예로 들어보자.

그의 전기傳記에 따르면 그는 전구를 발명하기 위해 수많은 실패를 거듭했다. 정확한 기록으로 1,236번의 실패를 하고 1,237번 째 실험 만에 발명했다고 한다.

보통 사람들은 몇 번 해보고 안 되면 금방 포기하는 것이 일반적인데, 말이 쉽지 1,237번이나 여러 가지 재료를 써서 거듭거듭 실험했다는 것이 믿어지지 않을 정도다. 그의 좌절하지 않는 끈질긴 집념과 노력에 그저 탄복할 뿐이다.

더욱 놀라운 것은 그 자신은 실패를 인정하지 않는 것이다. 그는 가까운 사람에게 말하기를 "나는 1,236번을 실패한 것이 아니라 그 1,236가지의 방법으로는 되지 않는다는 사실을 발견한 것이다"라고 했다니 과연 발명왕다운 무서운 집념이 아닐 수 없다.

사실 그는 어떤 의문을 갖고 실험에 착수했다 하면 먹고 자는 일을 잊고 그 일에 매달렸다고 한다. 끝끝내 해내고야마는 끈질긴 집념과 노력과 인내심을 지니고 있었던 것이다. 그렇기 때문에 온갖 어려움을 이겨내고 마침내 빛나는 발명왕이 된 것이다.

우리는 에디슨의 끈질긴 집념과 좌절하지 않는 용기 그리고 피땀 어린 노력과 끝까지 견디는 인내심을 배워야 한다.

| 의지 |

의지가 있는 곳에 길은 열린다

사람이 하고자 하는 일을 가능케 하는 것은 의지, 즉 목적의식의 힘이다.

데이비의 결연한 의지의 힘

미국 메릴랜드주에 살던 젊은 농부인 데이비는 일찍이 온 미국을 휩쓴 황금광의 선풍에 휩쓸려서 얼마간의 재산을 정리하여 콜로라도주의 금광지를 찾아갔다. 운 좋게도 그는 굉장한 금광을 발견했다. 그는 그 사실을 숨기고서 고향으로 돌아와 친구들을 설득해서 모은 자금으로 기계를 구입해서 다시 콜로라도 현지로 돌아갔다.

금은 자꾸만 쏟아져 나왔다. 투자액은 전부 회수되고, 손에 꼽히는 부자가 되는 것은 이제 시간 문제였다.

그런데 어찌된 일인지 갑자기 금맥이 끊어지더니 흙덩이만 나오는 것이었다. 그럴 리가 없다고 필사적으로 파 봤으나 헛일이었다. 그의 무지개 꿈은 순식간에 사라져버렸다. 그는 결국 단념하여 기계를 헐값으로 고물상에 팔아 치우고 맥없이 고향으로 돌아왔다.

한편 기계를 헐값에 사들인 고물상은 궁금했다. 그 좋은 금맥이 그처럼 허망하게 사라질 수 있는지 의문이 들었다. 그는 광산 기사를 고용해서 전문적으로 조사하게 했다. 그 결과 데이비는 단층 광맥의 성질을 몰랐다는 것이 밝혀졌다.

고물상이 찾아낸 금맥의 단층은 데이비가 중도에 포기했던 바로 1미터 밑에 있었다. 결국 그 고물상은 마침내 엄청난 부자가 되었다. 데이비는 큰 성공을 이룰 수 있는 기회를 잡았지만, 마지막 단계에서 그만 끈기가 모자라 아깝게도 크나큰 부자의 꿈을 놓치고 만 것이다.

뒤늦게 신문보도로 이 사실을 알게 된 데이비는 원통해했지만 어쩔 수 없었다. 하지만 그도 보통 인물은 아니었다. 그는 생명보험 외판원이 되어 그 쓰라린 경험을 살렸다. 그는 보험에 들기를 권유해서 거절당할 때마다 언제나 스스로에게 다짐했다.

"나는 의지가 약했기 때문에 1미터 밑에 있는 황금을 놓치고 말았다. 이제 두 번이고 다섯 번이고 거절당할 때마다 결코 단념하지 말자."

그는 끈기와 인내로 밀고 나가 보험 가입을 권유하여 한 달에 백만 달러 이상의 보험금을 유치하여 수백만 달러의 재산을 모았다.

의지의 힘은 곧 성공의 동력

실패와 성공을 오가며 체험한 데이비의 이야기는 실패로 좌절하고 있는 젊은이들에게 "굳은 의지만 있으면 얼마든지 실패를 만회할 수 있다"는 것을 일깨워준다.

그는 어마어마한 부자가 될 수 있는 기회를 잡았으면서도 마지막 단계에서 그만 끈기가 모자라 아깝게도 그 꿈을 놓치고 말았다. 하지만 심기일전, 분연히 일어나 결국 실패를 성공의 원동력으로 만들어놓은 결연한 의지의 힘을 보여주었다.

아마도 여러분 중에는 데이비처럼 조금만 더 해보지 않은 탓에 실패를 경험한 사람이 있을 것이다. 살다 보면 한계에 부딪혀 절망할 때가 있다. 그러나 그 한계를 넘어설 수 없는 벽으로 간주해서는 안 된다. 넘을 수 없는 한계란 없다. 누구든 조금만 더 노력하면 그 한계는 넘어설 수 있다. 한계에 부딪치면 데이비를 떠올리며 "조금만 더하면 성공할 수 있다"는 결연한 의지로 일에 매달리면 마침내 뜻을 이루어낼 수가 있다.

어떤 일을 해내고야 말겠다는 굳은 의지를 가진 사람은 바로 그 의지의 힘으로 모든 장벽을 뚫고 마침내 일을 성취한다. 의지의 힘은 곧 성공의 동력인 것이다.

의지가 있는 곳에서 길은 열린다

사람이 하고자 하는 일을 가능케 하는 것은 의지, 즉 목적의식의 힘이다. 의지란 말에는 지칠 줄 모르는 불굴의 정신, 역경을 이겨내는 용기와 목적한 바를 꼭 달성하고야 마는 집념의 뜻이 담겨 있다. 또 그것은 결단력을 뜻하기도 하고, 끈기 있는 열의와 집념을 말하기도 하고, 역경을 참고 견디는 인내력을 의미하기도 한다.

이렇게 의지란 말은 조금씩 다른 의미로 사용되지만 모든 경우에서 공통적인 것은 자신의 생각을 관철시키는 정신력이라는 뜻이다. 그러므로 의지는 곧 목적추구의 행동이며, 성공의 동력이라고 할 수 있다.

이러한 의지는 성공적인 인생을 살아가기 위해서는 반드시 갖춰야 할 자질이다. 아무리 머리가 명석하고 박식하며 인품이 성숙한 사람이라 하더라도 의지가 약하다면 개인적으로나 사회적으로 큰일을 성취할 수는 없다.

여기 굳은 의지로 실패를 성공으로 바꿔놓은 또 하나의 이야기가 있다.

영국 해협을 최초로 횡단한 의지의 여걸

1952년 7월 4일, 영국의 수영선수 플로렌스 채드윅은 TV가 생중계하는 가운데 역사적인 도버해협 횡단에 도전했다.

당시 바닷물은 얼음처럼 차가웠고 안개마저 자욱했다. 그녀는 무려 열여섯 시간 가까이 먹지도, 쉬지도 않은 채 수영을 했다. 수영을 하다가 기진맥진 상태로 그녀는 주위를 둘러보았지만 온통 안개뿐이었다. 얼마나 왔을까? 그녀의 짐작으로는 거의 프랑스 해안에 다다른 것 같았지만, 앞이 전혀 보이지 않았다. 아직도 해안이 보이지 않는 것을 보니 아무래도 완주는 포기해야 할 것 같았다. 이런 생각이 들자 갑자기 기운이 빠졌다.

"저 좀 올려주세요, 포기해야겠어요."

그녀는 옆에서 보트를 타고 따라오던 코치에게 말했다.

"그게 무슨 소리야? 이제 1.5킬로미터밖에 남지 않았어."

코치가 그녀를 격려했지만, 그녀는 작심한 듯 막무가내였다.

"거짓말 말아요. 1.5킬로미터밖에 안 남았다면 당연히 해안이 보여야 하잖아요. 그런데 아무것도 보이지 않잖아요. 그만 포기해야겠어요. 저 좀 올려주세요."

결국 그녀는 15시간 55분 만에 완주를 포기하고 보트에 몸을 실었다. 보트가 전속력으로 달렸다. 그녀가 모포를 덮고 뜨거운 차 한 잔을 마시는 사이, 짙은 안개 속에서 해안선이 희미하게 그 모습을 드러냈다. 그리고 조금 더 가자 해안가에서 그녀를 기다리며 환호하는 군중의 모습이 보이기 시작했다. 그제야 그녀는 코치가 한 말이 사실이라는 것을 알았다.

힘들어도 코치의 말대로 계속 헤엄쳤어야 했는데……. 뒤늦게 후회했지만 소용없는 일이었다. 그녀는 한숨만 쉴 뿐이었다.

다행히 두 달 뒤 그녀는 다시 도전했다. 이번에는 지난번보다 바닷물이 더 차가웠고, 출발할 때부터 안개가 끼었다. 하지만 열여섯 시간 만에 그녀는 성공했다. 수영 횡단에 성공한 그녀에게 기자가 질문했다.

"이번엔 첫 도전할 때부터 안개가 끼는 등 상황이 좋지 않았는데 성공한 비결이 무엇입니까?" 그녀가 말했다.

"포기하고 싶은 마음이 들 때마다 마음속으로 '조금만 더, 조금만 더'를 외치며 헤엄쳤기 때문입니다."

그녀는 다시는 실패하지 않겠다는 굳은 의지로 도전하여 마침내 도버해협을 수영으로 횡단한 최초의 여성이 되었다. 의지가 있는 곳에서 길은 열리기 마련이다.

이른바 입지전적인 인물에서 발견되는 공통적인 특성은 역시 강인한 의지다. 어떤 일에서 성공을 거두는 데에 필요한 자질은 특출한 재능이라기보다는 굳은 의지의 힘, 곧 목적의식이다. 우리는 성공하기 위해 의지의 인간이 되어야 한다.

끈기가 있어야 일을 성취할 수 있다

끈기는 사업을 성취케 하는 성공의 비결이요, 승리의 원동력이다.

393통의 취직청원서

미국 펜실베이니아주 동부의 작은 농촌에 사는 월터 하터는 고등학교를 졸업한 평범한 청년이었다. 그는 자기가 사는 지역뿐만 아니라 다른 지역에서도 좀처럼 일자리를 찾을 수 없었다. 생각다 못한 그는 도시에서 일자리를 찾아보기로 했다. 뉴욕에 있는 여러 회사를 조사한 뒤 그는 유명한 체인점에 취직하기로 마음을 정했다. 그리고 구체적인 목표를 세웠다. 우선 체인점을 파악하기 위해 전화번호부를 살펴보았더니 무려 393개가 있었다.

그 많은 체인점 중 한 군데에는 틀림없이 일자리가 있을 것이라고 생각하고 그는 각 지점의 주소를 기록했다. 그러고는 하루에 열다섯 통씩 매일같이 모든 지점의 지배인에게 "어떤 일이라도 좋으니 고용해주시기를 부탁합니다"는 내용의 자필로 쓴 편지를 보냈다. 경력이나 학력, 배경이 없는 젊은이에게 그것은 터무니없는 시도였는지도 모른다.

아니나 다를까 아무 곳에서도 답장을 보내주지 않았다. 단 한 통의 응답도 없었지만 그는 체념하지 않았다. 그에게는 열심히 구하면 반드시 성과가 있으리라는 확신이 있었다. 심사숙고 끝에 그는 체인점을 직접 찾아가 보기로 결심했다. 그는 뉴욕의 맨해튼에 도착하여 체인점의 대형 지점을 찾아내고 지배인과의 면담을 청했다. 그러나 체인점의 지배인은 이렇게 말해주었다.

"그런 편지를 받았다고 하더라도 이 지점에서는 채용권한이 없어요. 본사 인사과에 가보세요!"

월터는 본사를 찾아갔다. 안내원의 안내를 받아 들어간 곳은 예상보다 굉장히 큰 사무실이었다. 그는 가장 커다란 책상 앞에 위엄 있는 표정을 짓고 있는 사람 앞으로 안내되었다. 그 사람은 모든 권한을 갖고 있는 것처럼 보였다. 그 사람은 월터를 뚫어지게 쳐다보더니 이윽고 책상 위에 여러 뭉치의 편지 다발을 올려놓으면서 미소를 지으며 말했다.

"자네가 보낸 취직원서야. 모든 363통이더군, 언젠가 여기를 찾아올 줄 알았지. 정말 대단한 열정이야. 원한다면 자네한테 사무 일을 맡기고 싶은데 어떤가? 오후부터 시작할 수 있겠나?"

그 후 그는 인내력과 치밀성을 인정받아 훗날 지배인으로 승진하게 되었다.

끈기가 하는 작용

이 이야기는 '끈기만 있으면 어떠한 어려움이 있어도 일을 성취할 수 있다'는 교훈을 준다. 그러면서 '백번 찍어 안 넘어가는 나무 없다', '정성이 지극하면 돌 위에도 풀이 난다'는 우리 속담을 떠올리게 한다. 하루 열다섯 통씩 자그마치 363개 지점 지배인에게 편지를 보냈는데도 아무런 응답이 없었다면 보통 사람 같으면 일찌감치 단념하고 포기했을 것이다. 하지만 그는 달랐다. 그는 꼭 이루고야 말겠다는 굳은 의지와 끈질긴 집념으로, 목표를 달성하기 위한 온갖 노력을 시도하여 마침내 뜻을 이룰 수 있었다.

끈기는 사업을 받쳐주는 일종의 자본이라는 말이 있다고 하는데, 끈기야말로 사업을 성취케 하는 성공의 비결이요, 승리의 원동력이다.

그럼 끈기란 대체 무엇을 말하며, 어떤 작용을 하는가?

끈기는 한 번 세운 목표를 달성할 때까지 참을성 있게 꾸준히 밀고 나가는 힘이다. 또한 한 번 결심한 일은 어떠한 어려움이 있어도 쉽사리 단념하지 않고 끈질기게 참고 견뎌 끝끝내 성취하고야 마는 아주 끈끈한 기운을 말한다. 끈기는 곧 참고 견디는 인내력이요, 끈질기게 버티는 지구력이요, 끝까지 관철하는 의지력이다. 이 같은 '처음부터 끝까지 변함없이 한결같다'는 뜻의 '시종여일始終如一'한 태도와 '처음에 세운 뜻을 끝까지 밀고 나간다'는 뜻의 '초지일관初志一貫'의 자세로 뜻한 바를 성취해나가는 것이 끈기가 하는 작용이다.

끈기는 누구나 키울 수 있다

우리 주변에는 끈기가 없다고 걱정하는 사람들이 적지 않다. 무슨 일이든 끈질기게 이어나가지 못하고 사소한 장애나 난관에도 쉽사리 단념하고 포기해버린다.

끈기는 일을 성취케 하는 뒷받침이 되는 힘이라는데, 끈기가 없으면 앞날에 어떤 희망도 걸 수 없는 것 아닌가. 아닌 게 아니라 '작심삼일作

心三日'속에서는 어떠한 성공도 기대할 수가 없다.

그렇다면 끈기 없는 사람은 구제 불능인가? 결코 그렇지는 않다. 끈기는 얼마든지 발전시켜나갈 수 있기 때문이다.

끈기는 일종의 마음의 상태다. 마음의 상태는 언제라도 변할 수 있다. 따라서 끈기는 마음가짐에 따라 얼마든지 발전시켜나갈 수 있는 것이다.

문제는 끈기를 꾸준히 발휘할 수 있는 여건을 만들어줄 수 있느냐 없느냐에 달려 있다.

많은 사람들이 마음속에 품고 있는 자기의 뜻을 계속 추진하지 못하고 중단해버리는 것은 그것을 지탱해줄 수 있는 확고한 동기가 부여되지 못했기 때문이다.

끈기는 목적한 바를 성취하고자 하는 의욕을 불러일으킬 수 있는 동기 유발이 이루어질 때, 비로소 발휘될 수 있는 것이다. 따라서 동기 유발만 제대로 이루어질 수 있다면 누구나 끈기를 키울 수 있는 것이다.

동기를 유발할 수 있는 조건으로는,

첫째, 적성에 맞는 일을 하게 되면 하는 일이 즐겁고, 재미가 있어 싫증이 나지 않고, 끈질기게 그 일에 매달리게 된다.

둘째, 목적의식이 명확하고 그것을 성취하겠다는 강한 욕망이 있으면 끈질기게 밀고 나갈 수 있는 힘도 배가된다.

셋째, 성취하겠다는 집념이 강하면 끈질기게 일을 추구해나갈 수 있는 힘이 생긴다. 인간은 집념을 품을 때 그것을 성취하기 위한 온갖 노력을 시도한다. 이 집념이 끈질기게 일을 추구해나가는 끈기 있는 사람을 만들고, 또 목적한 바를 성취케 한다.

끈기가 없다고 걱정하지 말라. 의욕을 불러일으킬 수 있는 동기만 부여해준다면 끈기는 누구나 키울 수 있는 것이다.

조금만 더, 한계를 넘어서야 성공할 수 있다

세상에는 자신의 한계를 뛰어 넘어서는 사람과 중도에 포기하는 사람이 있다. 한계를 넘어서는 사람은 어떤 일을 하다가 한계에 부딪치면 "조금만 더하면 성공할 수 있어", "지금까지 고생했는데 여기서 포기할 순 없어"라며 긍정적인 생각을 한다.

그러나 중도에 포기한 사람은 "너무 힘들어서 더는 못 하겠어", "처음부터 내겐 무리한 일이었어", "이쯤에서 포기하자"며 부정적인 반응을 보인다.

두 사람의 차이는 '조금만 더 해보느냐, 포기하고 마느냐'에 있다. "힘들지만 조금만 더" 하고 끈질기게 도전하는 사람은 성공할 확률이 높다. 그러나 한계를 뛰어넘지 못하고 중도에 포기하는 사람은, "도저히 안 되겠어" 하고 등을 돌리고 만다. 결국 얻게 되는 것은 실패뿐이다.

그런데 사람들은 대부분 열심히 일하더라도 한계점 바로 앞에서 멈춰버리고 만다. 조금만 더, 10%만 더 노력한다면 평범한 세계에서 특별한 세계로 자기를 끌어올릴 수 있는데도 끈기가 없어 중도에서 포기하고 마는 것이다.

만약 목표 지점까지 남아 있는 거리가 매우 가깝다는 것을 깨닫게 된다면 우리는 그곳에 도달할 수 있는 충분하고도 새로운 활력을 끌어내 끝까지 달릴 수 있을 것이다. 그래서 조금만 더 끈기 있게 해보자는 것이다.

시련 속에서 더욱 강해진다

시련은 인간을 단련하게 하고 지혜를 가르쳐주는 고마운 스승이다.

안일 속에 멸종된 도도새의 운명

인도양의 모리셔스 섬에 도도새라는 새가 살고 있었다. 섬에는 포유동물 같은 천적이 없었고, 굉장히 다양한 조류들이 울창한 숲에서 서식하고 있었다. 도도새에게는 모리셔스가 지상낙원과도 같았다. 먹이가 풍부한 데다가 천적도 없으니 힘들게 날아오를 필요도 없었다. 이곳에서 도도새는 오랫동안 아무런 방해 없이 살았다. 하늘을 날아야 할 필요가 없었다. 차츰 하늘을 날아오르는 도도새가 없어지더니 어느 날 도도새는 날 수 있는 능력을 잃었다.

1505년 포르투갈인들이 최초로 섬에 발을 들여놓게 되었다. 그런데 도도새들은 사람이 다가가도 날아갈 줄을 몰랐다고 한다. 그래서 포르투갈인들이 '바보, 멍청이'라는 의미로 붙여준 이름이 도도였다. 시간이 지나면서 모리셔스 섬은 향료 무역을 위한 중간 경유지가 되었다. 23킬로그램 정도 무게가 나가는 도도새는 신선한 고기를 원하는 선원들에게 더없이 좋은 사냥감이었다. 이 때문에 수많은 도도새가 죽어갔다.

이후 네덜란드인들은 이 섬을 죄수들의 유형지로 사용했다. 이에 따라 죄수들과 함께 돼지, 원숭이 등이 유입되었다. 생쥐, 돼지 그리고 원숭이들은 바닥에 둥지를 트는 도도새의 알을 쉽게 집어먹었다. 도도새의 알은 위험에 빠지게 되었다. 인간의 남획과 외부에서 유입된 종들로 인해 도도새의 개체 수는 급격하게 줄어들었다.

모리셔스 섬에 인간이 발을 들여놓은 지 100년 만에 한때 많은 수를 자랑하던 도도새는 희귀종이 되어버렸다. 1681년에 마지막 새가 죽임을 당함으로써 이 세상에서 완전히 사라지고 말았다.

학자들은 도도새는 모리셔스 섬에 천적인 포유류가 없었기 때문에 멸종되었다고 말한다. 사방에 먹이가 풍부했을 뿐 아니라 천적이 없었기 때문에 날아오를 생각을 하지 못한 것이 멸종의 결정적인 요인이라는 것이다.

시련이 필요한 이유

이 도도새의 이야기는 우리 인간에게 시련이 없는 평안한 삶은 행복과 발전은커녕 오히려 재앙을 가져다주는 원인이 된다는 것을 일깨워준다.

만약 도도새가 살았던 모리셔스 섬에 천적이 되는 늑대 같은 포유동물이 서식하고 있었다면 도도새는 먹히지 않기 위해 태어난 본성대로 하늘에 날아올라가 생존을 유지할 수 있었을 것이며, 멸종은 되지 않았을 것이다. 그러나 위기감이나 자극이 없는 현실에 안주하게 되어 날아오를 능력을 잃어버리고, 마침내 멸종을 자초하게 된 것이다.

사람이 모든 것이 충족된 안일한 환경에 안주하게 되면 예상치 못한 고난이 닥쳤을 때 그 어려움을 극복할 힘이 없어 좌초할 수밖에 없게 된다. 그렇기 때문에 고난과 시련은 결코 재난이 아니며, 오히려 인간을 단련케 하는 계기가 되어준다. 적당한 스트레스는 신체나 정신에 활력을 준다. 때문에 적당한 스트레스로 인한 위기감이나 자극은 바람직한 현상으로 받아들여야 한다.

다음 이야기는 자극이나 위기감이 건전하게 생존을 유지하는 데 왜 필요한가를 설명해준다.

수십 년 전 알래스카의 자연보호구역에서는 사슴과 늑대가 함께 살았다. 그런데 당국은 사슴의 안전을 위해 천적인 늑대를 모조리 없애버렸다. 그 후 절대적인 안전 속에서 살게 된 사슴은 그 수가 10년 동안 4천 마리에서 무려 10배가 넘는 4만2천 마리로 늘어났다.

그러나 여기에 예기치 않은 재앙이 닥쳐왔다. 사슴의 편안하고 게으른 삶은 운동의 감소와 체질의 약화를 불러왔다. 생명력까지 약해진 사슴은 마침내 4천 마리도 남지 않는 지경에 이르게 됐다.

당국은 이 위기를 타개하려고 다시 늑대를 투입시켰다. 그러자 사슴은 늑대에 잡아먹히지 않으려고 필사적으로 움직이기 시작했고, 다시 건강을 되찾게 되었다.

건전한 생존을 위해서는 고난이나 위기감 같은 시련이 필요하다. 사슴은 천적인 늑대에게 먹히지 않으려고 부지런히 도망치면서 몸이 단련되어 살아남을 수 있었다. 이러한 사실에서도 알 수 있듯이 사람은 끊임없는 시련이 있어야 그 고난을 경험하며 극복할 수 있는 힘을 기르는 방법을 배우게 된다. 그 과정을 겪으며 자기의 재능을 발휘하게 되는 것이다.

거듭되는 시련 속에서 더욱 강해진다

인간의 감추어진 재능을 일깨우는 것은 안일함이 아니라 쓰라린 시련과 어려움들이다. 역경은 인격 형성을 위한 밑바탕이다. 옥도 갈아야 빛이 나듯 자신이 지닌 장점을 최고로 발휘하기 위해서는 시련을 경험해야 한다. 시련이 있음으로 해서 비로소 그 사람의 장점이 밖으로 드러나고 감춰져 있었던 아름다운 빛이 빛나기 시작한다.

보기에는 미덥지도 못하고 결단력도 없어 보이는 사람도 어려움을 마주하고 책임감에 눈뜨게 되면 그 자신도 몰랐던 강인한 성격을 드러내기도 한다. 이렇듯 사람은 시련을 겪음으로써 더욱 강해지고 빛을 발하게 되는 것이다.

시련은 용기를 키워주고 인내하는 마음과 체념할 줄 아는 지혜를 가르쳐주는 고마운 스승이다. 시련은 한 인간을 향상시키기 위한 숙명적인 과정인지도 모른다. 인생의 최종 목적이 행복의 달성이라고 하면 불행이라는 시련은 행복에 이르기까지 반드시 통과해야만 하는 관문이다. 그러한 의미에서 시련을 감사하는 마음으로 기꺼이 받아들여야 한다. 불행 뒤에는 행복이 있듯이 슬픔이 있기에 그 기쁨은 더더욱 커지는 것이다.

자신감은 누구라도 키울 수 있다

자신감은 하고자 하는 의욕과 신념 그리고 용기와 패기를 만들어준다.

자신감, 분발하게 하는 힘

미국 콜로라도주 스프링필드 근처에는 아주 험한 고갯길이 하나 있다. 지형이 높고 험악해서 차가 통과하기가 상당히 어려운 길이다. 사고도 종종 일어났다. 그래서 이곳에 온 차들은 입구에서 이 고갯길의 생김새만 보고도 겁을 먹고 돌아가기가 일쑤였다.

도시와 도시를 잇는 중요한 도로였지만, 사람들이 가기를 꺼리기 때문에 이 길은 폐쇄 위기에 처하게 되었다.

그런데 이 험악한 고갯길 입구에 "Yes, You can!"이란 팻말이 세워졌다. 고개 입구에 들어서는 모든 차량들은 먼저 이 커다란 팻말부터 보게 되었다. 그러더니 참으로 놀라운 변화가 일어나기 시작했다.

처음부터 겁을 먹고 고갯길을 넘기를 주저하던 운전자들이 예전과는 달리 이 팻말을 보고 '그래, 나도 할 수 있을 거야' 하는 자신감을 갖고 고개를 무사히 넘어갈 생각을 하게 되었다.

"당신도 할 수 있다"는 낱말 하나는 대단한 반응을 불러일으켜 마침내 그 고갯길은 더 이상 두려운 도로가 되지 않은 것이다.

"Yes, You can!"이란 이 신념에 찬 한마디는 사람들을 분발하게 하는 거대한 위력을 지닌 마력의 언어가 된 것이다.

자신감은 이렇듯 놀라운 힘을 발휘하여, 두렵기만 했던 험한 고갯길을 웃고 넘는 고갯길로 바꾸어놓았다.

열등감은 자기의 행동을 억제하고 자기의 능력을 발휘하지 못하게 하지만, 자신감은 하고자 하는 의욕과 신념 그리고 용기와 패기를 만들어준다.

우리가 일을 성취하는 데 가장 중요한 것은 자신감을 갖는 일이다. 사람은 자신감을 가질 때 두려움이 없어지고 당당해진다. 하고자 하는 일에 의욕이 생기고, 어떠한 고난도 뚫고 나아가려는 패기가 생긴다. 그러나 자신감이 없으면 언제나 두려운 마음이 앞서서 의욕을 잃고 의기소침한 채 아무 일도 해내지 못한다.

대체 자신감이란 무엇인가?

자기가 하는 일에 자신이 있다고 믿는 마음이다. 원래 '자신自信'이란 글자 그대로 '자기 자신을 믿는 것'이다. 자기의 능력과 가치를 믿는 것이다. 자기에게는 무엇이나 할 수 있는 능력과 용기가 있다고 믿는 것이다.

미국의 철학자 에머슨은 "자신감은 성공에 제일가는 비결"이라 했고, 나폴레옹은 "지혜보다 자신감을 갖는 곳에 늘 승리가 있다"며 일을 성취시키고 성공으로 이끄는 힘은 자신감에 있다고 말했다. 자신감은 성공의 원동력이요, 승리의 비결이다. 자신감은 하고자 하는 의욕과 신념과 용기에 패기를 만들어준다. 자신감은 힘의 원천이요, 인생의 가장 큰 활력소이자, 용기를 가지고 과단성 있게 나아가는 강력한 추진력이다. 우리는 자신감을 길러 두려움 없이 용감하게 자기의 앞날을 개척해나가야 한다.

자신감은 누구든지 키울 수 있다

자신감이란 자기가 하는 일에 자신이 있다고 믿는 마음이다. 자기의 능력과 가치를 믿으며 자기에게는 그것을 감당할 수 있는 능력이 있다고 믿는 것이다. 또 자기는 무가치한 존재가 아니라 쓸모 있는 사람이라고 믿는 것이다. 이러한 자신감은 용기와 신념을 갖게 하고 목적한 일에 용감하게 도전할 수 있는 힘을 만들어준다.

자신감은 후천적으로 생기는 것이다. 자신감을 가지고 태어난 사람은 아무도 없다. 자신만만하고 어디를 가든 당당해 보이는 사람일지라도 그러한 자신감은 모두 자신이 몸으로 익힌 것이다.

누구든지 자신감을 키울 수 있다. 그러므로 성공하고 싶다면 지금부터라도 자신감을 키울 수 있는 방법을 배워 자신감을 키워나가야 한다.

자신감을 키우는 방법

《크게 생각하는 사람이 크게 성공한다》의 저자 D. J. 슈바르츠는 "자신 있는 생각을 갖고 싶다면 자신 있는 행동을 하라"고 권한다. 그는 우리에게 육체적 행동의 변화로 우리의 태도를 변혁시킬 수 있다고 말한다. 예를 들어 자신이 미소 짓고 있으면 마음도 미소를 느끼게 되며, 또 몸을 구부리지 않고 반듯하게 유지하면 자신이 보다 의젓하게 느끼게 된다는 것이다. 이것은 동작 자체를 조절함으로써 감정을 바꿀 수 있다는 사실을 입증한다.

슈바르츠는 자신감을 가져다주는 다섯 가지 행동지침을 다음과 같이 제시하면서 이것을 실행하기 위해 의식적인 노력을 기울인다면 반드시 자신감에 찬 사람이 될 수 있을 것이라고 강조한다.

첫째, 어떤 자리에서든 앞자리에 앉도록 노력해라.

학교에서나 어떤 집회에서나 모임에서도 많은 사람들이 뒷줄에 앉으려고 하는 것은 남의 눈에 띄고 싶지 않기 때문이다. 남의 눈에 띄기를 꺼리는 이유는 자신감이 결여되어 있기 때문이다.

앞에 앉는다는 것은 자신감을 마련하는 길이다. 남의 눈에 띄는 것이 성공할 수 있는 길이다.

둘째, 상대방의 눈을 바라보는 습관을 가져라.

상대방의 눈을 똑바로 보지 못하고 피하는 것은 상대방에게 자신의 열등감이나 죄의식을 나타내 보이고 있거나 두려움이나 자신감이 없음을 보여주는 것이다. 상대방의 눈을 정면으로 바라봄으로써 이 같은 공포에서 벗어나야 한다. 상대방의 눈을 똑바로 바라보는 것은 자신감을 줄 뿐만 아니라 자신감을 쟁취하는 일이 되기도 한다.

셋째, 25% 정도 빨리 걸어라.

맥이 빠진 걸음걸이나 완만한 걸음걸이는 생기가 없는 자기 자신의 위축된 마음과 패배의 불안감을 나타내 보이는 것이다. 자신감을 갖고 싶다면 보통 사람보다 25% 정도 빨리 씩씩하게 걷는 테크닉을 갖도록 해야 한다. 어깨를 펴고 머리를 들고 보통 사람보다 좀 더 빨리 걸으면 자신감이 차차 확대되는 것을 느낄 수 있을 것이다.

넷째, 적극적으로 토론에 참여해라.

토론에 참가하는 것을 두려워하는 것은 토론 능력이 없어서가 아니라 자신감이 없기 때문이다. 침묵을 지킬 것이 아니라 적극적으로 참여해서 질문하고, 비판하고, 의견을 제시해보자. 그렇게 하면 아무리 소심한 사람이라도 여러 사람들과 이야기를 나누는 사이에 점차 자신감을 얻게 될 것이다.

다섯째, 크게 웃어라.

크게 웃는 것은 자신감의 표현이다. 크게 웃도록 하라. 이가 보일 정도로 크게 웃어야 한다. 조용한 미소는 소극적인 태도를 보이지만, 크게 웃는 것은 적극적인 태도를 보여주는 것이다. 큰 웃음은 공포를 제거하고 괴로움을 없애주며 의기소침한 마음을 없애준다. 크게 웃어라, 대담하게 웃어라. 그리하면 자신감이 생길 것이다.

자신감은 위대한 힘의 원천이자, 인생의 가장 큰 활력소다. 또한 용기를 가지고 과감하게 앞으로 밀고 나가는 강력한 추진력이다.

우리는 자신감을 길러 두려움 없이 용감하게 자기의 앞날을 개척해 나가야 한다.

열등감에 구속되지 말라

열등감은 마음자세에 따라 자기를 파괴하기도 하지만, 인간을 크게 만들어주기도 한다.

말더듬이가 명강사가 된 사연

한국잠재능력개발원의 전성일 원장은 어린 시절 절름발이에다가 말더듬이라는 신체적 결함으로 심한 열등감을 느끼며 살았다. 좌절과 절망이 가득했다. 성장해서도 스스로의 힘으로 살기가 어려워 몇 번이나 자살을 시도했다.

집안이 지독하게 가난했던 그는 초등학교를 겨우 졸업한 뒤 밥이라도 배불리 먹고 싶어 어린 나이에 무작정 서울로 올라왔다. 여기저기 기웃거리며 일거리를 찾았지만, 깡패에게 붙잡혀 갖은 고생을 했다. 겨우겨우 풀려나 구두닦이를 했는데, 어느 날 단골손님에게 받은 위인전 몇 권이 그의 운명을 바꿔놓았다.

특히 링컨과 루스벨트 그리고 헬렌 켈러의 이야기는 그에게 깊은 감동과 자극을 주었다. 링컨은 1년밖에 공부를 못했지만 나는 6년 동안이나 초등학교에서 공부할 수 있었고, 루스벨트는 지팡이에 의지해야 했지만 나는 지팡이 없이도 살 수 있으며, 헬렌 켈러는 듣지도 못하고 보지도 못하고 말하지도 못했지만 나는 모든 것이 멀쩡하지 않은가.

'그들은 나보다 여건이나 신체적 결함이 훨씬 불리했는데도 보란 듯이 성공했는데, 나라고 성공하지 못할 이유가 없다'는 자각이 움트기 시작하면서 세상을 긍정적으로 볼 수 있게 되었다.

새로운 희망과 용기와 의욕이 생긴 그는 무엇보다도 배워야겠다는 일념으로 돈을 벌면서 책도 읽을 수 있는 서적행상을 시작했다. 그는 이 서적행상을 하는 동안 무려 1천 권이 넘는 책을 읽었으며, 이를 통해 많은 지식을 얻을 수 있었다.

그는 많은 책을 읽는 가운데 특히 정신력의 위대함을 절실히 느꼈으며, 능력계발을 체계 있게 공부하면 무엇인가 자기 앞날을 개척할 수 있는 길이 열릴 것만 같았다. 그는 능력계발을 깊이 있게 연구하는 동안 발표력만 있으면 무엇이든 할 수 있겠다는 확신이 생겨, 이때부터 화술과 웅변을 배우기 시작했다.

말더듬이가 말씨를 교정하기도 쉽지 않은데, 웅변가가 된다는 것은 상식적으로 불가능한 일이었다. 하지만 그는 불가능에 도전했다. 그렇기에 그는 다른 사람보다 몇 배의 피나는 노력을 해야만 했다.

마침내 그는 전국웅변대회에 도전해서 다섯 번 만에 최고상인 특상을 수상했다. 참으로 놀라운 집념이요, 성취였다. 이 같은 성취는 그로 하여금 모든 일에 자신감을 가질 수 있게 하였고, 미래에 대한 확신을 갖게 만들었다.

그는 자신감을 계발함으로써 지금까지 자기를 짓눌러왔던 열등감에서 벗어나 마음속에 숨어 있는 잠재 능력을 끄집어냈다. 억압되었던 능력을 새로운 힘으로 전환시킴으로써 사회 진출에 성공한 본보기 인생을 살게 되었다. 지금 그는 성공철학을 열심히 강의하는 명강사가 되어 주목의 대상이 되었다.

열등감은 극복할 수 있다

이 이야기는 자신의 열등감에서 비롯된 부정적인 감정 때문에 인생을 포기할 수 없다고 다짐한 장애 소년이 사회에서 성공한 사례로, 열등감으로 주눅 들어 무기력하게 살아가는 많은 사람들에게 용기와 희망을 안겨준다.

열등감이 있는 사람은 언제나 먼저 앞서는 두려움 때문에 의욕을 잃고 의기소침한 채 아무 일도 해내지 못하는 것이다. 이렇듯 열등감은 자기실현을 가로막는 심각한 장애물이 된다.

그러나 너무 걱정할 일이 아니다. 심리학자들에 따르면 95%의 사람들이 열등감을 느낀다고 한다. 그렇다면 거의 모든 사람들에게 열등감을 극복할 수 있느냐 없느냐는 의지의 문제라고 할 수 있다. 어떻게 마음먹느냐에 따라 얼마든지 극복할 수 있는 것이 열등감이다.

크든 작든 열등감이 없는 사람은 없다. 천하를 호령하던 나폴레옹도 젊은 시절 자신의 왜소한 키와 가난 때문에 열등감에 빠졌고, 노예해방을 실현한 위대한 정치가 링컨도 학교교육을 1년밖에 받지 못하고 농사일이나 거들어야 했던 자신의 신세 때문에 열등감에 빠져 있었다. 그러나 이들은 분발하여 어려움을 극복하고 성공할 수 있었다. 이것은 스스로를 믿고 자신을 변화시키고자 마음만 먹으면 누구나 열등감에서 벗어나 성공할 수 있다는 사실을 보여주는 것이다.

만약 지금 열등감에 시달리고 있다면 앞의 사례를 보고 분발하기 바란다. 누군가가 해냈다면 여러분도 또한 해내지 못할 이유는 없다.

열등감이 생기는 원인

열등감이 생기는 원인에는 여러 가지가 있다. 청소년들에게 가장 많은 비중을 차지하는 열등감은 어려서부터 자신이 변변치 못하다는 생각에서 비롯된 부정적인 감정이다.

예를 들어 어릴 때부터 어려운 환경 속에서 자랐기 때문에 충분히 교육을 받지 못했다거나 성장과정에서 억압을 많이 받아 주눅이 들어 있거나 신체적 결함으로 남의 조롱을 받으며 살아왔기 때문에 기를 펴지 못하고 위축되어 있는 경우다. 그래서 자기는 남보다 못났고 무능해서 무엇을 해도 되는 일이 없다고 생각하고, 자포자기하게 된다.

그런데 열등감 그 자체는 해로운 것도, 이로운 것도 아니다. 왜냐하면 열등감은 마음자세에 따라 자기를 파괴하기도 하지만, 반대로 인간을 크게 만들어주기도 하기 때문이다.

열등감에서 벗어나는 방법

첫째, 작은 일에도 목표를 이루는 경험이 쌓이면 열등감이 해소된다. 어떤 일을 성공적으로 해내는 경험이 거듭되면 자기의 능력을 믿게 되어 자신감이 생겨난다. 이 같은 성공 체험을 통해 스스로 자신에 대한 자부심을 가질 수 있게 되며, 자신의 힘으로 사물을 변화시킬 수 있다는 자신감을 가질 수 있게 된다.

그러므로 자신감을 갖게 하기 위해서는 자기가 잘할 수 있는 일을 찾아내 성공적으로 해내는 경험을 많이 쌓아나가는 것이 필요하다.

둘째, 남보다 뛰어난 점을 자각하게 되면 자신감이 생겨난다. 어떤 한 가지 일에 남보다 뛰어난 점이 있다는 것을 깨닫게 되면 다른 일에도 자신감이 생겨난다. 이것을 계기로 자부심을 갖게 되어 놀라운 결과를 가져오게 된다.

그러므로 아무리 사소한 것이라도 자기가 남보다 뛰어나게 잘하는 것이 있으면 그것을 잘 키워 자부심을 갖자. 열등감에서 벗어나 다른 영역에서도 자신감을 확대해나가자.

셋째, 자신의 열등감으로 생긴 부정적인 감정 때문에 인생을 포기할 수 없다는 자각이 생겨 분발하게 되면 자신감을 회복할 수 있게 된다.

이것은 앞에서 본 이야기처럼 지금까지 지녔던 마음과 태도를 바꿔 분발함으로써 열등감을 극복하고 자신감을 되찾게 되는 것이다.

그러므로 스스로를 믿고 자신을 변화시키고자 하는 마음만 먹는다면 누구나 열등감에서 벗어나 성공할 수 있는 것이다.

| 집중력 |

누구나 집중력을 발휘할 수 있다

정신을 한곳에 집중시키면 불가능한 일은 없다.

정신을 집중시키면 불가능한 일은 없다

뉴욕대학의 학장이었던 로빈슨 박사는 한 모임에서 자신이 해내고
자 생각한 일은 그 일이 무엇이든 간에 잘할 수 있다고 장담했다. 이 말
을 들은 많은 참석자들은 의아해하며 그에게 물었다.

"저희가 알기로는 박사님께서는 음악적인 소양이 전혀 없는 것으로
알고 있는데, 박사님은 그 자신감만으로 어떤 악기든지 잘 연주할 수
있단 말입니까?"

"물론입니다. 하지만 어느 정도의 시간은 반드시 필요하겠지요. 여
러분은 제가 무슨 악기를 연주하길 원하십니까?"

마침 그 모임에 참석한 음악가들이 여섯 달이란 시간을 줄 테니 첼
로를 연주해볼 것을 제시했다. 첼로는 고도의 훈련이 필요한 악기라서
그들이 생각하기에 이것은 불가능한 일이었다.

그러나 박사는 웃으며 말했다.

"감사합니다. 그런데 여섯 달은 너무 길군요. 보통 때 같으면 한 달이면 충분하겠지만, 제가 좀 바쁜 일이 있어 넉넉잡아 두 달이면 되겠습니다."

이 말을 들은 사람들은 어이없다는 표정을 지었다. 몇몇은 박사가 너무 큰 소리를 친다고 비웃기까지 했다. 음악에는 문외한인 박사가 그 어려운 첼로를 그것도 두 달 안에 마스터하여 연주하겠다니, 참으로 믿을 수 없는 장담이었기 때문이었다.

하지만 두 달 후, 그들은 너무나 놀라 입을 다물 수가 없었다. 로빈슨 박사는 두 달 전에 모였던 손님들과 음악 애호가들까지 합해 5천여 명의 청중이 지켜보는 가운데 첼로를 능숙하게 연주해 보였던 것이다.

사람들은 박사에게 어떻게 그렇듯 속성으로 첼로를 마스터할 수 있었느냐며 그 비결을 물었다.

"저는 바이올린을 잘 켜는 친구들에게 초보적인 연주법을 배운 다음, 책을 보면서 두 달 동안 쉬지 않고 연습했을 뿐입니다. 가끔 친구가 와서 틀린 부분을 체크해주었지요. 이런 종류의 성공은 별것 아닙니다. 저는 꼭 해내고야 말겠다는 굳은 결심을 한 다음, 열심히 연습했습니다. 하나의 목표를 설정하고 거기에 정신을 집중하면 결국 그 목표가 이루어지는 것은 당연합니다."

이 말은 정신을 집중시킨다면 불가능한 일은 없다는 뜻이다.

누구나 집중력을 발휘할 수 있다

인간의 가능성은 누구나 거의 비슷하다고 한다. 그런데 누구는 그 가능성을 발휘할 수 있고, 누구는 발휘할 수 없는 까닭은 무엇일까? 그것은 두뇌가 좋고 나쁨의 문제가 아니다. 원래 우리에게 갖추어져 있는 집중력을 어디까지 발휘할 수 있는가에 따라 차이가 생기는 것에 지나지 않는다고 한다. 다시 말하면 자신의 에너지를 한 점에 집중해서 일을 했는가 안 했는가에 달린 것이다.

앞의 이야기는 정신의 위대함, 특히 집중된 정신력이 얼마나 큰 힘을 발휘하는가를 잘 보여준다. 집중력은 이처럼 불가능을 가능으로 만드는 놀라운 힘이 있다.

이 집중력은 흔히들 천재들만이 가질 수 있는 것으로 알고 있지만, 결코 그런 것은 아니다. 사람은 누구나 집중할 수 있는 능력을 가지고 있다. 다만 그 힘을 어떻게 발휘하느냐에 따라 천재가 될 수 있고 평범한 사람이 될 수 있는 것이다.

집중력은 순발력을 낳고, 또 그것은 순간적인 폭발력과도 같은 방대한 에너지의 근원이 되기도 한다. 태양 광선은 그 자체로 종이를 태울 수 없지만, 볼록렌즈로 초점을 맞추어주기만 하면 곧 종이를 태울 수 있다.

인간의 정신력도 비슷하다. 그 자체로는 대단한 것이 못 되지만, 일단 집중력이라고 하는 에너지를 한곳에 모으기만 하면 천재와 같은 위대한 일을 할 수 있을 뿐만 아니라 능력이 부족한 사람도 가장 유능한 사람으로 바뀌놓을 수 있다.

집중력을 갖추지 않은 사람은 아무도 없다. 어떠한 사람도 적절한 조건이 갖추어졌을 때에는 자기도 모르는 사이에 고도의 집중력을 발휘한다. 중요한 것은 자기가 가지고 있는 집중력을 최대한으로 발휘할 수 있게 하는 방도를 터득하기만 하면, 공부든 일이든 자기가 원하는 것을 성취할 수 있다는 것이다.

집중력을 방해하는 요인과 집중력을 얻는 방법

"책을 읽어도 무엇을 읽었는지 잘 기억이 나지 않는다", "몇 번이고 계산을 해보았지만, 할 때마다 답이 틀리게 나온다", "할 일은 많은데 무엇부터 손을 대야 할지 도무지 엄두가 나지 않는다"와 같은 말을 하는 이유는 한 마디로 정신을 집중시키지 못했기 때문이다.

정신이 집중되지 않으면 무슨 일을 해도 능률이 오르지 않을 뿐만 아니라 실수를 저지르게 된다.

일반적으로 집중력을 깨트리는 원인 중 가장 큰 것은 자기가 하는 일과는 관계없는 다른 것에 마음을 뺏기는 잡념이다.

마음의 안정을 해치는 이 잡념을 어떻게 해서든 물리치지 않는 한 집중력은 나타나지 않는다. 이러한 곤란을 어떻게 해서라도 극복하고 공부나 일에 집중할 수 있는 정신상태를 만들지 않으면 안 된다.

그럼 집중력을 방해하는 요인은 무엇이며, 집중력을 얻는 방법에는 무엇이 있는지 살펴보자.

첫째, 정신을 산만하게 만드는 물리적 환경이 정신 집중을 방해하는 경우다.

일상생활에서 흔히 경험하는 것이지만, 우리를 둘러싸고 있는 주위의 물리적 환경으로 인해 마음이 산만해지고 집중이 안 되는 심리적 상태가 이에 해당된다. 예컨대 실내 온도가 너무 높거나 낮으면 만사가 귀찮고 잠이 오거나 너무 추워서 집중이 되지 않는다. 또 방 안의 조명도가 너무 밝아도 안 좋고, 너무 어두워도 기분이 나지 않는다. 마찬가지로 소음의 문제도 신경질적인 사람에는 대단한 방해가 되고, 반대로 지나치게 조용한 분위기가 오히려 마음의 안정을 저해하기도 한다.

이렇듯 물리적 환경이 각 개인에게 끼치는 작용은 사람에 따라서 대단한 차이가 될 수 있다.

그러므로 여러 가지 물리적 환경 중 어느 경우에 자신의 집중력이 발휘되는지 잘 파악하고, 자신에게 맞는 환경을 만들어 집중력을 높여나가야 한다.

둘째, 중단 행동으로 인한 긴장의 잔류현상殘留現象 때문에 정신 집중이 되지 않는 경우다.

어떤 일을 하다가 중간에 그만두면 그것이 언제까지나 머리에 남게 된다. 다른 일을 시작했는데도 그 일이 자꾸만 생각나게 되어 마음을 흐트러지게 하는 심리적 상태다.

이로 인해 우리 마음속에 일어나는 초조함, 께름칙함 그리고 불안하게 만드는 잡념의 대부분은 이 같은 석연치 않은 기분 때문에 마음을 뺏겨 정신 집중이 되지 않는 것이다. 예를 들어 숙제를 하다가 중단했다든가, 고장 난 라디오를 수리하다가 말았다든가, 친구와 다투고 화해하지 못하고 헤어졌다든가, 빌린 돈을 제때에 갚지 않아 상대방에게 큰 손해를 끼치게 되었다는 등 마음에 걸리는 일 때문에 집중력이 떨어지게 된다.

작은 일이라도 중간에 그만두면 그것이 마음에 걸려 집중할 수 없다. 그러므로 마음에 걸리는 일은 되도록 마무리를 잘해놓자. 애초에 중단하는 일이 없도록 노력하는 것이 잡념으로부터 벗어날 수 있는 최고의 방법이다.

셋째, 일에 대한 목표가 없어서 정신 집중이 안 되는 경우다.

공부를 하는 데 흥미를 가질 수 없거나 일을 하면서도 보람을 가질 수 없을 때에 집중력을 발휘하지 못하는 심리적 상태다. 입시 공부에 뜻이 없는 수험생이 억지로 공부를 하는 것처럼 자신이 하는 일에 아무런 흥미도, 의미도 느끼지 못하여 싫증과 권태를 느끼는 경우다.

이런 경우 왜 그 일을 하지 않으면 안 되는지 목적의식을 일깨워 그 일의 의미를 명확하게 인식해야 한다. 즉 스스로 자기가 하는 일에 집중할 수 있도록 의미를 찾는 것이 필요하다.

넷째, 하는 일에 진력이 나서 집중력이 떨어지는 경우다.

집중력이라는 것은 순발력과 비슷하다. 이것을 장시간에 걸쳐서 지속한다는 것은 매우 어렵다. 아무리 정신 집중이 잘되던 일도 시간이 흐르면 집중력이 떨어지는 것이 당연하다. 문제는 어떻게 하면 집중력이 떨어지는 것을 막고, 짧은 시간에 다시 집중할 수 있도록 하느냐는 것이다.

대부분 사람들은 두 시간 정도 어떤 일에 집중하다 보면 자연스럽게 몸이 나른해지고 주의가 산만해진다. 이럴 때에는 휴식이라든가 긴장을 해소할 수 있는 시간을 보내는 것이 필요하다.

휴식이란 아무것도 하지 않는 것이 아니다. 휴식은 일종의 수리다. 짧은 시간의 휴식에도 매우 커다란 효과가 있다. 때문에 집중이 안 되거나 피곤해지면 단 5분 동안이라도 쉬는 것이 좋다.

| 결단력 |

결단 없는 승자는 없다

결단을 실천에 옮길 수 있는 용기가 있느냐 없느냐에 따라 인생의 성패가 좌우된다.

페탱 원수와 드골 장군의 차이

여기 결단력과 관련해서 대조적인 두 인물이 있다. 바로 프랑스의 페탱 원수와 드골 장군의 이야기다.

페탱 원수는 제2차 세계대전 때, 독일의 히틀러에 협조한 죄 때문에 전쟁 후 사형선고를 받았다. 그러나 페탱 원수는 마음속으로부터 프랑스를 사랑하였으며, 프랑스 국민을 위해 최선을 다한 인물이었다. 국민들에게도 큰 지지를 받아 온 영웅이었다.

그런데도 그는 매국노로 매도되고, 국가 반역죄의 오명을 뒤집어쓰게 되었다. 왜 그랬을까? 그 이유는 단 하나, 결단력이 없었기 때문이다.

독일의 기갑군단은 기동력이 부족한 프랑스군을 순식간에 격파했고, 프랑스 정부는 항복했다. 페탱은 독일과의 휴전협정에 조인하고 의회의 지지를 받아 국가 주석이 됐다. 그는 프랑스 정부를 보존함으로써 독일군정을 거부하고 국민의 생명과 재산을 지키려고 노력했다.

연합군이 북아프리카에 상륙했을 때 페탱은 독일군이 휴전협정을 파기하고 쳐들어올 것으로 판단하고, 휘하에 있는 10만 군대를 지휘하여 독일군과 싸울 결의를 했다. 그는 전투 배치에 임하도록 전군에 비밀명령을 내려두었다.

그러나 페탱은 끝내 결단을 내리지 못했다. 10만의 병력으로 독일군과 싸운다는 것은 마치 달걀로 바위를 치는 것과 같으며, 또한 그 보복으로 일반 국민이 겪어야 할 고통을 생각하면 망설이지 않을 수 없었다.

페탱에 비해 드골 장군은 결단에 뛰어나다. 그는 철두철미한 항전을 외치며 영국으로 망명하여 임시정부를 수립하고 '자유프랑스군'의 지도자가 되었다.

미국이 프랑스에 진주했을 때 그는 미국의 반대를 무릅쓰고 자유프랑스군의 단 하나뿐인 기갑사단을 동원하여 파리에서 성대한 입성식을 단행했다. 이를 본 백만 군중은 성대한 축하를 보냈다. 드골은 구국의 영웅으로 화려하게 귀국한 것이다.

실천 없이는 승리가 없다

성공과 실패는 결단을 내리는 용기에 의해서 결정되는 것이다. 생사가 엇갈리고 승패가 엇갈리는 결단의 시기를 누가 더 확실하게 실천해 나가느냐에 따라 성공을 이루기도 하고 실패의 나락에 빠지기도 한다.

페탱은 결단을 주저하다가 굴욕 속에서 죽어갔고, 드골은 강력한 결단으로 구국의 영웅이 되었다. 이 두 사람의 극적인 삶은 확실한 교훈을 준다.

목적을 달성하기 위해서는 냉정한 판단력이 필요하다. 그러나 아무리 정확하게 앞을 내다보고 냉정하게 판단하더라도, 그것을 실천하는 결단성이 없으면 아무런 의미가 없다. 결단을 실천에 옮길 수 있는 용기가 있느냐 없느냐에 따라 인생의 성패가 좌우되는 것이다.

예나 지금이나 위인들은 변함없이 위인으로, 영웅들은 항상 영웅으로 역사에 기록되는 이유가 있다. 이들은 모두 중요한 순간에 상황을 꿰뚫어보고 역사의 흐름을 헤아릴 줄 아는 능력을 지녔고, 특히 결단력으로 자기에게 주어진 기회를 놓치지 않고 용기 있게 행동한 사람들이다.

결단은 빠를수록 좋다

내가 마주한 어떤 상황이나 사건에 대해 옳고 그름을 파악하고 판단하는 것을 결단이라고 하면, 내 판단을 마음속으로 결심하고 실천에 옮기는 힘을 결단력이라고 한다.

결단을 내릴 때 신중을 기하여 잘못 판단하는 일이 없도록 깊이 생각하는 것은 필요하다. 그런 과정을 통해 판단을 했다면 망설임 없이 실행에 바로 옮겨야 한다. 우물쭈물 시간을 끌며 주저하게 되면 기회를 놓치게 된다. 그런 사람은 결코 큰일을 할 수 없다.

어떤 문제에 맞닥뜨리면 사람들은 보통 두 가지 행동을 보인다. 과감하게 처리하여 곧바로 문제를 해결하는가 하면 확실하게 결론을 내리지 못하고 나중에 해결하려고 하기도 한다. 아쉽게도 대다수는 눈앞의 문제를 회피하려고 한다.

결단력 있는 사람은 절대로 시간을 끌지 않고 해결한다. 그 덕에 기회를 놓치지도 않는다. 우물쭈물 망설이는 게 습관이 되어버린 사람은 기회가 있어도 잘 붙잡지 못한다. 이런 사람은 겉으로 보기에는 유순해

보이지만, 사실은 자신감이 많이 부족한 사람이다. 실패 속에서 교훈을 찾지 못하고, 위기를 극복하지 못하게 되면 점점 결단력 있는 행동을 하지 못하게 된다.

먹이를 사냥할 때 동물들은 목표물을 얻기 위해 과감하게 행동한다. 그래야 먹잇감을 놓치지 않는다는 걸 본능적으로 알고 있다. 우리도 사냥감을 향해 과감하고 맹렬하게 돌진해야 하지 않겠는가?

인생을 살아가면서 우리는 꽤 많은 기회를 마주하게 된다. 그런 기회가 찾아오면 망설이지 말고 곧바로 행동에 옮겨야 한다. 그것이 성공으로 가는 지름길이다. 기회는 순간 찾아왔다가 순간에 사라져버린다. 곧바로 행동에 옮기지 않고 우물쭈물하면 원래 쉽게 얻을 수 있는 것도 놓치고 만다. 그래서 결단은 빠를수록 좋다는 것이다.

하지만 이렇게 과감하고 결단력 있게 행동할 줄 아는 사람은 소수밖에 없다. 그 때문에 성공한 사람들 역시 적을 수밖에 없는 것이다.

중요한 순간을 마주하게 된다면 반드시 때와 형세를 살피고 즉시 행동에 옮기는 결단이 있어야 한다. 그것이 곧 성공으로 가는 지름길이다.

제4부

지혜의 샘터

인생을 바르고 행복하게 살아가려면 무엇보다 지혜가 필요하다. 하지만 현대 교육은 지식은 가르치지만, 지혜는 가르치지 않는다. 지혜는 스스로 배우고 깨우쳐서 얻는 것이다.

지혜는 경험을 통해서 얻어지는 것이므로, 앞서 살아온 사람들의 성공적인 삶의 경험을 통해 그 속에서 배우고 되새겨 자기의 체험으로 삼아야 한다. 그것은 곧 성공한 사람들의 인생 경험담일 수도 있고, 인생 성공담일 수도 있기 때문이다.

책이 사람을 만든다

한 권의 책이 한 인간의 운명을 바꾸고 생애의 방향을 전환하게 한다.

출세의 발판이 되어준 독서의 힘

해마다 연초에 〈매일경제〉에서 소개하는 '자랑스러운 대한의 딸' 기사가 사람들의 눈길을 끌었다. 그것은 지구촌 대학 중 1위로 평가받은 미국 하버드대학교 법과대학에서 아시아 여성으로는 처음으로, 그것도 30대(37세)에 종신 교수라는 영예를 안게 된 석지영 박사의 이야기였다.

그는 오늘의 성공은 '어머니와 책의 힘'이었다고 말했다. 영어 한마디도 못하던 자신이 오늘날 이 자리에 서게 된 것은, 책을 통해 갈 길을 스스로 깨닫게 한 엄마의 힘에 크나큰 도움을 받았다고 소감을 밝혔다.

우리나라 엄마들 대다수가 학원이나 과외선생님에게 자녀를 맡겨 지도한 것과는 정반대로, 석 교수의 어머니는 좋은 책을 자유롭게 선택하여 많이 읽게 함으로써 스스로 갈 길을 찾도록 지도한 것이다. 말하자면 자기주도 학습 방법으로 자신의 딸을 지구촌에서 제일가는 대학교의 종신교수로 성공시킨 것이다.

참으로 자랑스러운 그 어머니에 슬기로운 그 딸이라는 생각이 든다. 그 어머니는 좋은 책을 자유롭게 선택하여 많이 읽도록 지도했고, 그 딸은 독서를 통해 풍부한 지식과 지혜를 갖춰 출세의 발판으로 삼아 뜻을 이루어 나갔으니 우리 모두에게 귀감이 되는 일이 아닐 수 없다. 책은 이렇듯 사람을 만드는 힘이 있다.

자랑스러운 대한의 딸 석지영

석지영 박사는 젊은 나이에 세계 최고 대학의 종신 교수로 임명된 배경에는 독서의 힘이 크게 작용한 것이라고 밝혔다. 독서야말로 평범한 사람을 명석하게 만들어 입체적인 사고력을 길러주고 꿈꾸는 미래를 설계하게 한다.

에디슨, 윈스턴 처칠, 워렌 버핏, 빌 게이츠 등도 모두 어린 시절에는 평범한 아이였지만 독서교육을 통해 천재로 변화될 수 있었다. 이와 같이 위인들 가운데는 철학 고전을 비롯한 다양한 독서를 통하여 범재에서 천재로 거듭난 사람들이 많다. 그들이 성장하는 과정과 비전을 실현시키는 과정에서 독서는 분명히 많은 기여를 했다는 것을 확신할 수 있다.

책처럼 위대하고 값진 것이 없다. 책은 한 인간의 운명을 바꾸고 한 사람의 생애의 방향을 바꾸게 한다. 책 속에는 이처럼 무한한 힘이 있다. 우리는 석지영 박사처럼 폭넓은 독서를 통해서 꿈꾸는 미래를 설계해나가야 한다.

독서를 습관화할 가장 좋은 시기는?

어린 시절 책 읽기가 중요한 이유가 있다. 영·유아 때 인간의 두뇌는 폭발적으로 성장한다. 전문가들은 이 시기를 독서습관을 길들일 결정적인 시기로 본다.

물론 독서는 영·유아기뿐만 아니라 모든 연령에 걸쳐 중요하다. 하지만 전문가들은 뇌의 외형적 발달이 거의 완성돼 성인과 같은 수준이 되는 만 12세 무렵까지는 독서습관을 꼭 들여야 할 '골든타임'이라고 강조한다. 이 시기는 초등학교 5~6학년에 해당하는데, 이때까지 책을 많이 접하지 못하면 어휘력이 부족해 책을 멀리하는 악순환이 반복된다고 한다. 그러므로 독서를 습관화하려면 유아기에서 초등학교 시절까지 반드시 책 읽는 습관을 들이도록 힘써야 한다.

그럼 책을 어느 때에 가장 많이 읽어야 하는가?

요즘처럼 평생교육이 강조되고 있는 시대에는 평생을 두고 책을 읽어야 할 정도로 독서의 필요성이 절실하다. 하지만 일생에서 책을 많이 읽어야 할 시기는 아무래도 10대다. 이때가 감수성이 가장 풍부하고 흡수력이 왕성할 때라 이 시기에 많은 책을 읽어야 한다. 이때에 읽은 책은 인생의 방향과 성격 형성에 큰 영향을 끼친다.

나는 우리의 10대에 해당하는 중·고교생들이 입시에 매달려 필요한 책을 거의 읽지 못하고 있는 현실이 매우 안타깝다. 그렇다고 책을 안 읽을 수도 없다. 스스로 시간을 만들어서 매일 독서하도록 노력해야 한다. 꼭 읽어야 할 책을 미리 잘 선택해서 정독하는 것도 효과적인 방법의 하나가 될 것이다.

독서를 생활화하자

책을 읽고 싶지만 시간이 없다고 말하는 사람이 많다. 시간이란 있고 없는 것이 아니라 만들고 창조하는 것이다. 노력을 습관화하지 않는 한 독서할 시간은 생기지 않는다. 독서할 시간을 만들기 위해서는 자기의 생활을 독서에 맞는 시스템으로 바꾸어놓아야 한다.

미국의 심리학자인 윌리엄 윌리 박사는 '25분 독서법'을 강조한다. 이것은 별로 어려운 일이 아니다. 매일 시간을 정하여 25분만 독서하는 방법이다.

심리학상의 실험결과에 따르면 고도의 주의력은 25분 이상 지속될 수 없다고 한다. 따라서 25분은 인간의 정신을 최고도로 집중시킬 수 있는 시간이다. 또한 아무리 바쁜 사람이라도 하루에 이 정도는 자신을 위해 만들 수 있는 시간이다.

예를 들어 1분에 약 1천 글자를 읽는다고 하면 25분이면 2만5천 글자, 한 달에 75만 글자, 1년에 900만 글자를 읽을 수 있다. 4×6판 300페이지짜리 단행본으로 환산하면 50권, 문고판은 70권에 해당한다.

속도가 이보다 절반쯤 느리다고 해도 한 달에 2권, 1년에 24권은 읽을 수 있는 셈이다. 이 중 3분의 1은 전문서적을 읽는다고 하고 이런 식으로 3년 동안 계속하면 아마 그 분야에서 권위자가 될 것이 틀림없다.

독서는 자기계발에서 가장 중요하고 효과적인 방법이다. 앞에서 본 석지영 박사뿐만 아니라 성공한 사람들의 성공 습관 가운데 가장 큰 비중을 차지하는 것이 독서다. 이와 같이 독서를 통하지 않고는 사회에서 성공하기가 어려운 세상이 되어 있는데도, 우리 국민들은 점점 책을 읽지 않는다. 아닌 게 아니라 지하철에서 보면 독서하는 사람은 거의 찾아볼 수 없다. 학생이나 젊은 사람들은 남녀 가리지 않고 모두가 스마트폰에 몰입한 모습을 보게 된다.

국민의 독서율은 한 나라의 문화수준을 가늠하는 지표가 될 뿐만 아니라 미래의 성장률, 경쟁력과 직결된다. 독서의 부재는 참으로 걱정스러운 일이 아닐 수 없다.

한국인은 너무 바쁘고 경쟁적인 일상에 치여 깊이 생각하고 사유해야 하는 책읽기를 부담스러워하고, 즉흥적이고 감각적인 TV나 인터넷 그리고 스마트폰에 마음을 빼앗긴 것이다. 이 같은 책을 읽지 않는 현상은 창의성이 요구되는 지식기반 경쟁사회에서 개인과 국가에 치명적인 손상을 입힌다. 매우 걱정하지 않을 수 없다. 지금 선진국들은 앞다퉈 읽기혁명에 나서고 있다. 우리도 더 늦기 전에 독서를 생활화하는 데 특단의 노력을 기울여야 한다.

지식보다 현명한 지혜를

지혜는 올바른 방향감각이요, 종합적 사리판단력이요, 깊은 통찰력이다.

간사한 지혜

조선시대, 효종 때 임금의 친척 중 덕원령이라는 사람이 있었다. 그는 바둑 두는 실력이 나라의 으뜸이라는 뜻의 '국수國手'로 이름이 나 있었다.

한번은 시골에서 '향군상번鄕軍上番'으로 올라온 자가 찾아와 그와 한번 대국을 해보고 싶다고 청했다.

덕원령은 워낙 바둑을 좋아하는 데다가 마침 심심하던 참이라 쾌히 승낙하고는 그 시골 군사를 방 안으로 불러들였다. 바둑을 두기 전 시골 군사가 말했다.

"대국에 내기가 없을 수 있겠습니까?"

"그래, 무엇을 걸까?"

"나리께서 지시면 소인에게 양식을 대주시고, 소인이 지게 되면 저 마당에 매어 둔 말을 드리면 어떻겠습니까?"

"그게 좋겠구나."

덕원령이 허락하고는 바둑을 두는데, 시골 군사가 내리 두 판을 지고 말았다.

"소인이 졌으니 제 말을 드리겠습니다."

"아니다. 장난으로 한 걸 가지고 뭘……."

덕원령은 웃으며 거절했지만 그는 막무가내였다.

"소인을 보잘것없는 시골 무지렁이라고 얕보시는 것이옵니까? 내기는 내깁니다."

성을 발끈 내며 대드는지라 덕원령은 별수 없이 말을 받게 되었다.

여러 달이 지난 후 그 시골 군사가 다시 찾아와서 바둑 한판만 더 두어 달라고 거듭거듭 간청을 하는 것이었다. 덕원령도 거절할 수가 없었다.

그런데 이번 대국에서는 덕원령이 형편없이 지고 말았다. 그새 수가 늘었다 하더라도 여간 고수가 아니었다.

"이 사람아, 자네는 내 적수가 아닐세."

덕원령은 전에 받았던 말을 그에게 돌려주며 물었다.

"지난번 대국은 왜 졌는가?"

"소인이 말을 극진히 사랑하는데 번을 들게 되면 군영에서 먹일 것도 변변치 못할 것이고, 그렇게 되면 야윌 것이 걱정이 되어 나리께 맡겨둘까 했습니다. 달리 의탁할 것도 없고 해서 조그만 재주로 나리를 속인 것입니다. 황공하기 짝이 없습니다."

"참으로 간교한 놈이로구나."

덕원령은 화를 냈지만 어쩔 수가 없었다.

지식과 지혜는 어떻게 다른가

선한 바탕이 없는 잔꾀나 권모술수를 우리는 간사한 지혜, 즉 '간지妍智'라고 한다. 흔히 지혜라고 하면 이 같은 잔꾀 같은 간지를 일컫는 것으로 잘못 알고 있는 사람이 적지 않다. 하지만 간지는 신뢰를 떨어뜨리고 끝내는 인격까지 허물어뜨리게 한다. 사람이 바르게 살고 행복하게 살려면 지혜를 바르게 쓸 줄 알아야 한다.

그럼 지혜란 무엇인가? 지식과 지혜는 어떻게 다른가?

얼핏 보면 지식과 지혜는 같은 것 같다. 하지만 둘 사이에는 엄연한 구분이 있다. 어떤 어려운 상황에서 무엇을 어떻게 할 것인가는 지식이 가르쳐주지만, 어떻게 해야 좋을지 모를 때에 새로운 판단을 하게 하는 것은 단순한 기존의 지식이 아니라 현명한 지혜다. 지식이 '무엇'에 해당하는 것이라면, 지혜는 '어떻게'에 해당한다.

인생의 성공을 위해서는 물론 풍부한 지식이 필요하지만, 지식보다 더욱 중요한 것은 현명한 지혜다. 지식의 소유자는 어떤 문제가 있을 때 그것을 해결하는 데 필요한 여러 가지 정보를 가지고 있을지 모르나, 그 문제를 사전에 예방할 수 있는 방법이나 또 그 문제를 어떻게 해결하는 것이 현명하다는 판단력을 갖고 있지 못하다. 그것은 오직 현명한 지혜의 소유자만이 가능한 것이다. 이렇게 볼 때 인생을 살아가는 데 풍부한 지식보다 더욱 중요한 것은 현명한 지혜다.

한마디로 말해서 지식은 어떤 사물에 관해서 알고 있는 내용이고, 지혜는 인생의 올바른 종합적 사리 판단력이다. 지혜는 인생의 목적과 수단에 관한 올바른 자각이다. 그런 점에서 지혜는 잔재주나 꾀와 다르다. 지혜는 깊은 슬기요, 올바른 통찰력이다.

지혜 있는 사람이 되려면

지혜는 올바른 방향감각이요, 종합적 사리 판단력이요, 깊은 통찰력
이다. 인생을 바로 살고 행복하게 살려면 지혜가 필요하다. 공자는 밝
은 지혜는 우리에게 인생의 구원과 해탈을 가져다준다며 인생의 지혜
를 배울 것을 역설했다.

우리는 지식이 많은 사람보다도 지혜가 많은 사람이 되기를 힘써야
한다. 현대의 교육은 지식은 가르쳐주지만, 지혜는 가르쳐주지 않는다.
지혜는 스스로 배워서 깨우쳐야 한다. 지혜를 배우려면 지혜서를 많이
읽어야 한다. 지혜의 말씀은 천천히 그 내용을 음미하면서 여러 번 되
풀이해서 읽어야 그 참뜻을 헤아릴 수 있다.

인류에는 많은 지혜서가 전해 내려오고 있다. 중국에는《사서삼경》
이나《채근담》등이 있고, 우리나라에는《삼국유사》,《격몽요결》,《명
심보감》등이 있다. 또 기독교의《성경》이나 유대교의《탈무드》, 이슬
람교의《코란》, 힌두교의《베다》, 불교의 여러 경전 등은 이미 널리 알
려져 있는 지혜서다. 그리고 '속담'과 '격언'에서도 선조들의 지혜가 고
스란히 전승되어 오늘에 이르고 있다.

지혜의 말씀은 우리 내면의 어두움을 몰아내는 빛이 되어준다. 지혜
서를 많이 읽고 그 말씀을 암송하여 머리에 담아두면 어려움을 뚫어낼
수 있고 두려움을 없애고 마음을 다스릴 수 있다. 우리는 지혜를 사랑
하는 정신을 가져야 한다.

유대인의 지혜를 배우자

지혜 있는 민족으로 정평이 나 있는 유대인의 교육에서 빠뜨릴 수

없는 격언이 하나 있다.

"물고기 한 마리를 주면 하루를 먹고 살 수 있게 할 수 있으나, 물고기를 잡는 방법을 가르쳐주면 평생 동안 먹고 살게 할 수 있다."

이 격언은 지식과 지혜의 차이를 상징적으로 보여준다. 잡은 물고기를 그대로 준다는 것은 기존의 지식이나 재산을 물려주는 것과 다를 것이 없다. 그보다 지식이나 재산을 얻을 수 있는 방법을 터득하게 하는 것이 중요하다는 것을 깨닫게 해준다. 다시 말하면 물질보다는 정신을, 기존의 지식보다는 그 지식을 얻는 방법, 즉 지혜를 가르쳐주는 것이 중요하다는 뜻이다.

유대 민족은 지난 2천 년이라는 긴 세월을 나라 없는 민족으로 세계 여기저기 흩어져 살다가, 겨우 1948년 이스라엘공화국이 탄생하여 모여 살 수 있었다. 그들은 타민족의 박해와 천시를 받아오면서 겪었던 체험으로, 물질적인 재산은 물거품과도 같은 것이라는 것을 익히 알고 있다. 그렇기 때문에 그들에게 필요한 것은 재산이 아니라 세상 어디에 가도 살아남을 수 있게 해주는 지혜인 것이다.

그것은 곧 유대 민족이 생존을 유지할 수 있었던 힘이었다. 유대인의 교육에서 특히 지혜를 중시하는 이유가 바로 여기에 있다.

그런데 우리의 교육은 어떠한가? 가정에서나 학교에서나 지식을 무더기로 주입시키는 데 급급하고 있다고 해도 지나친 말이 아니다. 물고기를 낚는 현명한 지혜를 몸에 익히도록 교육하기보다는 부모가 잡아놓은 물고기를, 그것도 본인의 의사는 상관없이 강압적으로 먹으라고만 하고 있다. 어떻게 해서든지 많은 지식을 습득시켜 입학시험에 합격하도록 돕는 것이 가정교육의 전부라고 생각하는 부모는 자식들에게 일생 동안 먹고 살 수 있는 재산을 물려주면 부모의 책임을 다하게 되는 것이라고 생각하는 사람과 다를 바가 없다.

유대인의 교육방법은 우리에게 많은 것을 시사한다. 우리 교육의 현실을 보면 한심하다 못해 서글퍼진다. 그 어느 나라보다 교육열은 대단하지만, 엉뚱한 데로 흘러가고 있어 안타깝기 그지없다. 늦었지만 지금이라도 방향을 바꾸는 노력이 있어야 한다.

잡아놓은 물고기를 주기보다는 물고기를 낚는 방법을 터득하도록 깨우쳐주는 유대인의 지혜를 배워야 한다.

적성에 맞아야 대성할 수 있다

자기가 하고 싶은 일 또는 잘할 수 있는 일이 곧 적성이다.

적성에 맞는 일을 해야 성공한다

월드컵 본선에 여러 번이나 진출하고도 단 한 번도 이기지 못한 대한민국 축구대표팀을 맡은 거스 히딩크Guus Hiddink, 1946~ 감독. 그는 2002년 월드컵에서 '4강 신화'를 이룩해 세계를 놀라게 하고 우리의 사기를 한껏 드높인 명감독이다.

히딩크, 그는 어떤 사람일까?

히딩크, 그는 어려서부터 지는 걸 무척이나 싫어했다. 경기에서 지면 그 분함을 참지 못해 울었다. 그의 집안에서 그 같은 성격을 지닌 사람은 없었다. 큰형이 공부해서 지는 걸 싫어했지만 그렇다고 울지는 않았다. 그러나 그는 달랐다. 축구 경기에서 지고 나면 세상이 끝나는 것만 같았다.

열두 살 때 대회에 나갔다가 팀이 패배한 일이 있었다. 마치 자기 때문에 진 것 같아 눈물이 펑펑 쏟아졌다. 그리고 난 뒤 그는 이를 악물고 더 연습했다. 친구들을 탓하지도 않았다. 그저 자기가 졌다는 사실이 싫었을 뿐이었다. 이럴 때는 어디든 혼자 처박혀서 울분을 삭혀야 직성이 풀렸다. 그게 그의 타고난 성격이었다. 그가 후에 큰 사람으로 성장할 수 있었던 것은 바로 이 같은 성격, 곧 지고는 못사는 승부 근성의 덕분이라고 할 수 있을 것이다.

그런 히딩크가 세계적인 명감독으로 성공할 수 있었던 근본적인 비결은 어디에 있었을까?

그는 한마디로 "하고 싶은 일을 했기 때문에 성공할 수 있었다"고 말한다. 그는 아버지의 권유로 처음 일반 대학에 가기 위해 인문계 고교로 진학했지만, 축구하는 것이 더 좋았던 그는 학교생활에 적응하지 못했다. 결국 기술학교로 옮겨 자기가 소망했던 체육대학에 입학하여 축구에 온전하게 빠져들었다. 그리고 자기 인생을 성공으로 이끌어갈 수 있었다.

그는 자기의 개성과 적성에 맞는 일을 선택하여 그 한 가지 일에 최선을 다해 전문가가 되어 성공할 수 있었다. 그는 자신의 자서전인 《마이웨이》를 통해서 젊은이들에게 이렇게 권한다.

"하고 싶은 일을 찾으세요. 그러면 성공은 자연히 뒤따라오게 마련입니다."

적성이란 무엇인가

거스 히딩크는 네덜란드 동부의 작은 마을 파르서펠트에서 초등학교 교장인 헤르트의 6남 중 셋째로 태어났다. 그는 축구광이었던 아버지의 피를 타고났기 때문인지 네 살 때부터 축구에 빠져들어 평생을 축구와 함께했다.

이렇듯 그는 적성에 맞는 일을 해왔기 때문에 사는 것이 즐거웠고, 또 그 일을 통해 자기가 원하는 것을 성취할 수 있었다.

그럼 적성이란 무엇을 뜻하는 것일까?

적성이란 어떤 특수 분야에서 필요로 하는 기능을 쉽게 학습하고 그 기능을 성공적으로 성취할 수 있는 개인의 특수한 잠재능력이라고 학자들은 정의한다.

이렇게 학문적으로 설명하면 적성이 너무 어렵게 생각될지 모르겠다. 쉽게 말하면 적성이란 자기가 하고 싶은 일 그리고 자기가 잘할 수 있는 일이라고 할 수 있다. 비록 학교 공부는 잘하지 못하지만, 그림 그리기를 좋아하거나 노래를 잘 부르거나 글짓기를 잘하거나 손재주가 있는 등 사람마다 어느 분야에 특별한 재능이 있기 마련이다. 그 일이 하고 싶고 또 누구보다도 잘할 자신이 있다면 그것이 바로 자기의 적성이라고 볼 수 있다. 그러므로 평소에 어떤 일에 흥미와 관심이 있는지 또 하고 싶은 일이 무엇인지 그리고 자기가 남보다 잘할 수 있는 일이 무엇인지를 살펴보면 자신의 적성을 발견할 수 있을 것이다.

그런데 스스로 이러한 적성을 발견하고도 그것을 계발하려는 노력이 없다면 그 적성은 무익미하게 될 것이다. 발견한 적성을 계발하려는 노력이 뒷받침될 때만 무엇인가를 성취할 수 있는 능력으로 발전될 수 있다. 그렇기에 자기의 적성이 무엇인지를 빨리 찾고 그 일에 몰입해야 한다.

크게 성공한 사람들의 공통점

한 분야에서 최고의 자리를 차지한 사람들은 어떤 사람들이었을까?

크게 성공한 사람들도 처음에는 우리처럼 평범한 사람들이었다. 다만 그들은 남과 같이 살지 않았다. 그들은 하나같이 자신이 하고 싶은 일, 또 자신이 잘할 수 있는 일이 무엇인가를 정확히 찾아내 한 분야에서 전심전력을 다했던 사람들이다.

베토벤, 정명훈, 이미자 등은 음악에 적성과 재능이 뛰어나 성공했고, 우즈, 손기정, 박지성 등은 운동 기능이 뛰어나 성공했으며, 톨스토이, 이광수, 박경리 등은 문학적 소질이 탁월하여 성공했다. 하고 싶은 일을 해야 마음이 즐겁고 신이 나서 일을 하게 되기 때문에 능률이 오르고 보람도 생긴다. 그래야 자기가 일하는 분야에서 최고의 자리에 오를 수 있는 조건을 갖추게 된다.

러시아의 소설가이며 극작가인 막심 고리키는 "일이 즐거우면 인생은 낙원이다. 그러나 하는 일이 의무라면 인생은 지옥일 수밖에 없다"고 했다. 하고 싶은 일에 몰입한다는 것이 얼마나 행복하고 중요한가를 일깨워주는 말이다.

적성에 맞는 일에 자신의 모든 것을 쏟아부어라

직업의 선택은 인생의 가장 중요한 문제다. 거의 40년 동안 직업을 갖게 되는데, 자기가 하는 일에서 즐거움을 얻지 못하고 보람을 찾지 못한다면 그처럼 불행하고 비참한 것은 없다. 자기가 하고 싶은 일을 찾아야 한다. 자기의 개성과 적성에 맞는 직업을 선택해야 한다. 그래야 하는 일이 즐겁고, 신나고, 재미있어 싫증이 나지 않는다. 그래서 또 열심히 일하게 되고, 성과도 올리고, 보람도 느낀다.

우리 인생의 행복과 불행의 많은 부분이 직업생활과 깊은 관계를 맺는다. 직업을 선택하고 결정할 때 진지하고 신중해야 한다. 직업과 적성이 일치하고 직업과 자기의 꿈이 일치한 사람은 더할 나위 없이 행복한 길을 가고 있는 사람이다. 지금 잘못된 진로를 선택했거나 어떤 직업을 선택할지 고민하는 청소년이 있다면 당장 하고 싶은 일을 떠올려라. 그것이 자신의 자리가 아니라고 생각되면 과감하게 포기하고 자신이 원하는 일, 자신이 잘할 수 있는 일이 무엇인가를 정확히 찾아라.

적성에 맞는 일을 찾아라. 적성에 맞는 직업을 선택하고 몰입해야 한다. 그것이 자신의 꿈을 위해 살며, 꿈을 이루고 살고, 후회하지 않는 삶을 살 수 있는 지름길이다.

배웠으면 반드시 실천에 옮겨라

배우면서 사색하고 사색하면서 배우는 자세를 갖춰야 한다.

박사가 40년 만에 또 대학졸업

의학박사 학위까지 지닌 백발노인이 새로 대학 졸업장을 받았다. 충남 천안에서 개인의원을 하고 있는 의사 김숭경 씨는 방송통신대학교 졸업식에서 감개무량한 표정으로 학사모를 썼다. 67세 나이에 중문학과에 편입, 2년 과정을 마친 소감을 말했다.

"평생에 가장 힘든 공부였지만, 이제 겨우 첫 단계를 마친 셈입니다. 그저 재미있어서 시작했고 보람 있으니 계속할 따름이지요."

지난 1954년 서울대학교 의과대학을 졸업하고, 1963년에 박사 학위를 받은 김 씨는 남다른 만학晩學을 취미생활이라고 했다. 공부하는 재미에 빠져 지난 2년 동안 하루 평균 열 시간을 학업에 매달렸다. 요즘도 퇴근하자마자 책상머리에 앉는다. 9시 30분에 잠자리에 들었다가 1시 30분이면 어김없이 일어나 공부를 시작한다.

"앞으로 영어, 독일어, 프랑스어, 러시아어를 차례로 3년씩 공부할 계획"을 갖고 있다고 밝힌 김 씨는 중문학을 배우면서 노년에 모진 형벌을 받고도 13년 동안《사기史記》130권을 완성한 사마천에 깊은 감명을 받았다며 "목숨이 허락할 때까지 공부를 계속하겠다"고 다부진 포부를 밝혔다.

배움의 필요성

만학의 주인공 김 박사의 이야기는 일생을 부단한 학습의 과정으로 평생 동안 학생과 같은 마음가짐으로 살아가야 보람된 삶을 살 수 있다는 것을 일깨워준다.

우리 사회는 점점 고학력사회로 바뀌고 있다. 새로운 지식, 새로운 기술, 새로운 이론, 새로운 아이디어가 홍수처럼 쏟아져 나오는 현대사회에 효과적으로 적응하려면 계속 공부하고 따라갈 수밖에 없다. 새로운 지식과 기술은 인생의 가장 중요한 무기다. 우리는 이를 얻기 위해 부지런한 학습자가 되어야 한다.

지금과 같은 고도의 정보사회에서는 정보력과 기동력이 빨라야 성공할 수 있다. 이것이 뒤떨어지면 우리는 사회의 열등생이 되고, 패배자가 될 수밖에 없다. 항상 배우고 공부하지 않으면 격변하는 사회에서 창조적 적응력을 상실하고 만다.

독일의 철학가 칸트는 "유능한 사람은 언제나 배우는 사람"이라고 갈파했다.

사람은 배움을 통해서 세상 살아가는 방법을 익혀 생존할 수 있고, 또 배움에 의해 생각과 몸가짐을 바르게 하여 참된 인간이 될 수 있는 것이다. 그러므로 우리는 죽는 날까지 끊임없이 배워야 한다. 한평생 공부하는 마음으로 살아가야 한다.

배운다는 것이 결코 쉬운 일은 아니다. 하지만 배우는 것처럼 기쁘고 보람 있는 일은 없다. 배움은 우리를 젊게 하고 슬기롭게 만든다. 또 배움은 우리를 넓게 하고, 깊게 하고, 크게 만든다. 배우면 우리의 시야가 넓어진다. 그뿐이 아니다. 우리 정신이 깨어나 한 차원 높은 수준의 인간을 만들어내게 된다.

성공적인 인생을 살아가기를 원한다면 무엇보다 평생을 두고 배우는 일에 힘써야 한다. 배움이 인간을 성숙케 하고 발전시킨다.

배움의 바람직한 자세

우리는 어떠한 마음가짐으로 배워야 하는가? 올바른 배움의 자세는 무엇인가?

첫째, 모든 것에서 배운다는 마음가짐으로 배워야 한다.

우리는 모든 사람과 모든 사물에서 모든 것을 배운다는 겸손한 마음가짐으로 배움에 임해야 한다.

미국의 사상가인 에머슨은 "내가 만나는 모든 사람들은 반드시 어떤 점에서 나보다 나은 데가 있다. 그 점에서 나는 그 사람한테서 배울 것이 있다"고 말했다.

평범한 말이지만 깊은 지혜가 담겨 있다. 배우고자 하는 마음만 있으면 언제 어디서 누구한테나 배울 수 있다는 것이다.

'만물교아萬物教我'라는 고사성어가 있다. '이 세상의 모든 사물이 나를 가르친다'는 뜻이다.

배울 생각만 있으면 천하의 만물이 다 나의 스승이 될 수 있다. 자연도 나의 스승이요, 사회도 나의 스승이다. 역사도, 문화도 다 나의 스승이다. 우리는 책에서만 배우는 것이 아니다. 경험에서도 배우고, 생활에서도 배운다.

이 세상의 모든 사람들은 다 나의 스승이 될 수 있다. 훌륭한 사람만이 나의 스승이 될 수 있는 것은 결코 아니다. 어리석은 사람, 부족한 사람도 다 스승이 될 수 있다.

훌륭한 사람이나 뛰어난 사람을 보면 적극적으로 그 뛰어난 점을 배우고, 뒤지는 사람이나 좋지 않은 사람을 보면 그 잘못된 점을 반성의 거울로 삼으면 모두가 나의 스승이 될 수 있는 것이다. 우리는 겸손한 마음으로 항상 모든 것에서 배우고 공부하는 사람이 되어야 한다.

둘째, 배우면서 사색하고 사색하면서 배우는 자세를 갖춰야 한다.

배움이란 참다운 삶의 방법을 찾아가는 길이다. 또한 배운다는 것은 스스로의 지혜를 깨우치고 새로운 것을 창조하기 위한 것이다.

그러므로 배우고 난 뒤에는 사색하여 배운 지식을 자기의 것으로 만들어야 한다. 그렇지 않으면 배운 지식이 나의 것이 되지 않는다.

일찍이 공자는 "배우기만 하고 사색하지 않으면 어둡고, 사색하기만 하고 배우지 않으면 위태롭다"고 했다.

책을 많이 읽어 지식을 받아들이기만 하고 사색을 하지 아니하면 배운 지식이 분명치 않아 도리어 어두워지고, 반대로 공허한 사색만 하고 배우지 아니하면 생각을 합리적으로 뒷받침해줄 지식을 갖지 못해 그 생각이 편협해지고 독단에 빠져 위험하다는 것이다.

셋째, 배운 것은 반드시 실천한다는 자세로 배워야 한다.

우리가 배우는 것은 행동하기 위해서다. 지식을 배우고 이론을 탐구하는 것은 행동과 실천을 통해서 참다운 삶을 살기 위해서다. 배워서 아는 지식을 활용하지 않으면 의미가 없다.

배운 것이 행동으로 결실하지 않으면 공리공론空理空論이 될 수밖에 없다. 이 공리공론에 대하여 가장 신랄하게 비판하고 공격한 사람은 '무실역행務實力行'을 강조했던 겨레의 스승 도산 안창호 선생이다.

도산은 우리 민족성에서 공리공론의 병폐를 발견하고, 입으로만 떠들지 말고 저마다 참되기를 힘쓰고 행하기를 힘쓰자고 외쳤다.

일찍이 '지행합일知行合一'을 주장한 중국의 유학자 왕양명은 "배워서 얻었으면 실천하여 자신을 향상시키라"고 했다. 배운 것을 자기의 생활이나 하는 일에서 실천함으로써 자기 자신을 연마하라는 것이다. 실천이 따르지 않는 지식은 죽은 지식에 지나지 않는다.

배운 것을 실천하는 가운데 단련하는 것이야말로 지식도, 인간도 진짜가 되는 지름길이다. 배우고 나면 사색하고, 사색하여 학문을 이루면 이를 몸에 익혀 반드시 실천에 옮기는 사람이 되어야 한다.

위기는 또 하나의 기회

기회는 준비하고 기다리는 사람에게만 찾아오게 되어 있고,
또 그런 사람만이 포착할 수 있는 것이다.

포로생활 속에서도 기회는 있다

포로수용소의 생활, 그것은 누구에게나 잃어버린 시간일 뿐이다. 질곡 같은 생활 속에서 자포자기로 하루하루를 보낼 뿐이다. 그러나 이런 역경 속에서도 기회를 거꾸로 활용, 그 기회를 황금으로 바꾸어놓은 사나이가 있다.

미국 디트로이트의 핸슨자동차 판매회사 세일즈맨이었던 로버트 윌킨스는 1951년 한국전쟁 때 북한군의 포로가 되어 포로수용소에 갇혔다.

포로수용소에선 흔히 여자와 음식 얘기가 판을 치게 마련이지만, 가끔은 석방된 후의 생활설계나 희망을 얘기하는 때도 있다. 본국에 돌아가면 어떤 차를 사겠다는 등 얘기는 비록 내일이 어떻게 될지 모르는 운명 속에서일망정 윌킨스에게는 무심할 수 없는 말이었다.

그는 포로들의 주소를 일일이 수첩에 적었다. 그의 수첩에는 무려

3,272명의 주소와 이름이 적혀 있었다.

휴전이 되어 집으로 돌아와 다시 복직이 된 그는 포로수용소의 전우를 상대로 특별할인의 혜택을 주며 자동차 매입을 권유해서 무려 500여 대의 판매실적을 올렸다. 이렇듯 성공으로의 발판을 마련한 윌킨스야말로, 역경 속에서도 다가오는 미래를 위해 준비하고 있다가 찾아온 기회를 재빨리 자기의 것으로 만들어낸 기회 활용의 명수가 아닐 수 없다.

기회를 잘 포착해야 성공한다

로버트 윌킨스는 3년간이나 북한 포로수용소에서 고통스러운 시간을 보내야만 했다. 참을 수 없는 핍박과 영양실조로 내일을 기약할 수 없는 암울한 생활이었지만, 그는 언젠가 귀국하리라는 믿음을 가지고, 다가오는 미래를 대비했다.

그는 세일즈맨답게 자기의 직업적인 근성을 발휘하여 동료 포로들의 주소를 적어두기를 무려 3,272명, 그것은 훗날 자동차 판매실적을 크게 올리는 데 결정적으로 기여한 것은 두말할 필요가 없다. 어려운 환경에 처해 있을 때 오히려 그것을 기회로 삼고 새로운 활로를 여는 계기로 삼을 줄 알았던 그에게는 역경이나 위기는 분명히 또 하나의 기회였다.

성공한 사람과 실패한 사람의 차이는 역경을 어떻게 파악하고 대처해 나아가는가 하는 점에 있다. 역경은 성공한 사람이나 실패한 사람 모두 겪기 마련이다. 다만 그 역경을 어떻게 인식하고 대처하느냐에 따라 인생의 운명이 크게 달라진다.

따라서 사람은 기회를 잘 포착해야 뜻을 이룰 수 있고, 성공할 수 있다. 기회는 모든 사람에게 고루 찾아오지만 붙잡기가 어렵다. 그 이유는 기회는 마치 새와 같아서 잠시 머무르다가 금세 날아가버리기 때문이다.

그래서 기회는 항상 준비하고 기다리고 있는 사람에게만 찾아오게 되어 있고, 또 그런 사람만이 포착할 수 있는 것이다. 로버트는 자기에게 찾아온 기회를 재빨리 자기 것으로 만들어낸 기회 활용의 명수가 아닐 수 없다.

기회는 준비하고 기다리는 자에게만 찾아온다

일이 잘 풀리지 않는 사람들은 "자기에게는 기회가 없었다"든지 "운이 붙지 않았다"고 말하고 싶어 한다. 그러나 실제로는 기회가 있었으나 그것을 살릴 수가 없었던 것이 아닐까.

영국의 작가 이튼은 "기회는 모든 사람에게 찾아오지만, 이것을 활용하는 사람은 소수다"라고 말했다. 왜 그럴까? 맞아들일 준비가 안 되어 있기 때문이다.

미국의 16대 대통령 링컨은 초등학교밖에 다니지 못했다. 그래서 평생을 공부하는 정신으로 모든 사람한테서 무엇이든 배웠다. 그는 "나는 공부하고 준비하리라. 그러면 기회는 반드시 찾아올 것이다"고 다짐하며, 자기 앞에 반드시 기회가 올 것을 확신하고 그 날을 위해 꾸준히 공부하고 힘을 준비했다. 그는 마침내 대통령이 되었고 노예해방이라는 인류의 대업을 성취하여 역사에 빛나는 위인이 되었다. 좋은 기회라는 것은 그 기회를 어떻게 추구해야 하는지를 알고, 미리 준비하고 기다리고 있는 사람에게만 찾아오는 법이다.

기회가 오지 않으면 스스로 만들어야 한다

기회를 놓치지 않도록 항상 준비하고 기다리는 것은 매우 중요한 일이다. 하지만 더 중요한 것은 기회가 찾아오기만을 기다릴 것이 아니라 능동적으로 기회를 만들려는 자세다.

영국의 저술가 새뮤얼 스마일즈는 저서《자조론》에서 "만약 기회가 찾아오지 않는다면 스스로 기회를 만들어내라"고 했고, 영국의 철학자 프랜시스 베이컨은 "현명한 사람은 기회를 발견하는 것이 아니라 스스로 만들어낸다"고 하면서 지혜와 용기와 적극성을 가지고 기회를 만들라고 권고했다.

기회를 준비하고 기다리는 것도 중요하지만, 기회를 만드는 용기가 더 중요하다. 우리는 기회의 특성을 잘 살펴서 기회를 붙잡거나 창출하여 활용하는 능동적인 인간이 되어야 한다.

위기를 기회로 바꾼 사람들

토머스 에디슨은 한평생을 역경과의 투쟁에 바친 대표적 인물이다. 에디슨의 일생을 지탱해준 것은 위기감이었다. 에디슨은 발명을 거듭한 결과 무려 1,904건의 특허를 따냈다.

그러나 모처럼 수중에 들어온 특허료도 다음의 연구비로 쏟아부어야 했다. 얼마 안 되는 특허료만 가지고서는 만족할 만한 실험을 할 수 없어 빚을 얻기도 했다. 이렇다 보니 발명을 하면 할수록 빚 또한 늘어났다. 에디슨은 1년 내내 돈을 구하러 다녀야 했다.

뿐만 아니라 어렵사리 특허를 따내면 모방을 하는 사람이 늘 나타났다. 그러면 다시 법원으로 나가 자기 권리를 주장해야 했다. 이렇듯 에디슨의 하루하루는 발명과 재판의 연속이었다. 빚은 줄어들지 않았고, 그 탓에 에디슨의 연구소는 늘 도산 일보직전이었다.

그러나 바로 그 위기감이 발명의 싹이 되었고, 역사에 길이 남을 위대한 발명을 이룩하게 해주었던 것이다. 에디슨에게 위기는 분명 또 하나의 기회로 작용한 것이다.

러시아의 대문호 도스토옙스키는 도박광이었다. 그는 엄청난 빚을 지고 외국으로 도망쳤다. 객지에서 겪는 고생은 너무나 비참했다. 그는 아마 자살할 생각도 해보았을 것이며, 또 자포자기의 심정으로 시간을 보냈을 수도 있다.

그러나 그는 이러한 역경을 오히려 분발하는 계기로 삼았다. 지난날을 반성하고 자기의 문학적 소질을 살려 다시 소설을 쓰기 시작함으로써 역경을 기회로 바꿔놓았다. 그때 쓴 소설 《죄와 벌》, 《백치》 등은 불후의 명작으로 지금까지 문학사의 금자탑을 이루고 있다.

자신이 가장 비참했을 때 오히려 성공의 기회를 잡았다고 생각할 수도 있다. 더 이상 나빠질 것도 없다면 차라리 부담이 없다. 어려움이 왔을 때 기회를 포착하는 것이다.

어려운 환경에 있거나 위기에 처해 있을 때, 오히려 그것을 기회로 삼고 새로운 활로를 여는 계기로 삼을 줄 아는 사람에게는 역경이나 위기는 분명히 또 하나의 기회다.

기회는 여러 형태로 찾아온다. 역경 속에서도 기회는 찾아오고, 위기를 당했을 때에도 찾아온다. 그런가 하면 일상의 필요에 의해서 기회를 만들 수도 있다. 문제는 찾아온 기회를 어떻게 자기의 것으로 만들 수 있느냐 하는 것이다.

분노는 후회로 끝나는 광기

분노는 타인에게도 해롭지만, 분노에 휩싸인 당사자에게 더 해롭다.

의로운 분노

냇 킹 콜Nat King Cole, 1917~1965 하면 우리에게는 미국 영화《모정慕
情》의 주제곡을 부른 것으로 잘 알려진 세계적인 가수다. 열여덟 살 나
던 해 어느 봄날 오후, 그는 아버지와 함께 백인들이 살고 있는 거리를
걸어가고 있었다.

젊은 백인 청년이 다가와서 아버지에게 길을 물었다. 그의 아버지는
길을 알려주려고 입을 여는 순간, 느닷없이 젊은 백인에게 얻어맞고 땅
바닥에 쓰러졌다.

'미스터'라는 존칭을 안 썼기 때문이었다.

당시 미국 남부의 흑인을 박해하는 백인들은 흑인들에 대해 이렇듯
가혹했던 것이다. 냇 킹 콜의 아버지는 코피를 흘리는 와중에도 일어나
서 정중하게 사과했다.

"아이 앰 소리, 미스터. (미안합니다, 나리.)"

이 광경을 보고 있던 백인들이 낄낄거리며 웃었다.

눈이 뒤집힌 젊은 혈기의 냇 킹 콜은 불끈 주먹을 쥐고 백인에게 대들려고 했다. 그러나 아버지는 아들의 팔을 붙들며 나직하면서도 엄격하게 타일렀다.

"참아, 냇! 지금은 안 돼. 아직은 안 된다."

집에 돌아온 그는 한구석에서 분을 삭이지 못해 통곡하며 그 밤을 새웠다.

이튿날 그는 편지를 남기고 집을 떠났다.

"백인과 대등해지기 위해서는 우리 흑인이 백인 이상이 되지 않으면 안 됩니다."

그로부터 수년 후 그는 '백인 이상'이 되었다. 그는 미국에서 제일가는 가수가 되어 미국인의 우상이 되었던 것이다.

분노를 성공으로 승화시킨 냇 킹 콜

세상에 무슨 일이 어렵다 어렵다 해도 참는 일처럼 어려운 일은 없다. 치밀어 오르는 분노, 참을 수 없는 모욕 등 인간의 감정으로는 억제하기가 어려운 일을 당했을 때 참아낸다는 것은 여간 어려운 일이 아니다.

인간은 극도로 화가 나면 이성이 마비되어 자제력을 잃게 된다. 속이 뒤집히고 앞뒤를 가릴 수 없게 된다. 격정의 노예가 되고 흥분의 포로가 되어 물불을 가리지 않는 충동적 행동을 저지르게 된다.

아무리 흑인이라지만 존칭을 쓰지 않았다는 이유 하나만으로 얻어맞고 피투성이가 된 아버지를 보았을 때, 냇 킹 콜은 젊은 혈기에 그것을 참고 견디기가 어려웠을 것이다.

사실 분노처럼 무서운 감정은 없다. 분노가 치밀면 감정이 폭발해 살인까지도 하게 된다.

그러나 냇 킹 콜은 참을 수 없는 모욕과 끓어오르는 분노에 치를 떨며 몸부림쳤지만, 용케도 그 고비를 넘겼을 뿐만 아니라 오히려 그 분노를 자기의 성공으로 승화시켰으니, 그 인내력이 참으로 위대하다.

분노의 속성

분노처럼 무서운 감정은 없다. 이 감정을 누르고 참는다는 것은 매우 어려운 일이다. 분노가 치밀면 냉정한 정신을 지닐 수가 없다. 인내 중에서 가장 참기 어려운 인내가 분노의 감정이다.

분노를 품고 있는 동안에는 자기를 제어하지 못한다. 분노는 죽음이 앞을 가로막을지라도 부수고 나가는 폭발적인 속성이 있다. 분노는 이성을 잃게 만든다. 이 같은 분노의 기세 때문에 우리는 마음에도 없는 말이나 행동을 하게 된다. 그러나 시간이 지나 분노가 가라앉으면 어김없이 후회가 찾아온다. 그래서 벤저민 프랭클린은 "분노와 어리석은 행동은 어깨를 나란히 하여 걷고, 회한이 그들의 뒤꿈치를 밟는다"고 지적했다. 결국 분노는 어리석은 행동으로 시작해서 후회로 끝나고 마는 것이다.

분노는 하나의 광기다. "분노는 타인에게도 해롭지만, 분노에 휩싸인 당사자에게 더 해롭다"는 러시아의 대문호 톨스토이의 말은 깊이 새겨들어야 할 충고다. 분노를 드러내는 당사자는 쓸데없이 힘을 낭비하는 것은 물론이고, 마음속의 생각까지도 그대로 표현한다. 때문에 화를 내는 쪽이 더 손해를 보게 되는 것이다.

우리는 참는 마음, 참는 공부를 통해서 분노를 억제하는 힘을 기르는 데 힘써야 한다. 이에 바탕이 되는 것은 참고 견디는 강인한 의지력이다. 강인한 의지력 없이는 그 폭발적인 광기를 극복할 수가 없다.

분노를 삭히는 방법

조선시대 세조 때 홍계관이라는 유명한 점쟁이가 있었다. 그는 점을 잘 치고 관상을 잘 보았다.

어떤 젊은이가 점을 쳤는데 후일 높은 벼슬을 할 팔자인데 동시에 살인의 괘가 나왔다. 그 젊은이는 살인을 면할 방도가 없겠느냐고 물었다. 점쟁이는 집 구석구석마다 '참을 인忍'자를 수없이 붙이라고 일러주었다.

세월이 흘러 그는 점괘대로 대성하여 높은 벼슬자리에 올랐다. 어느 날 며칠 출타했다가 밤이 늦은 시간에 집에 들어와 보니 방에 불이 꺼져 있었다. 그런데 댓돌에 못 보던 신발이 놓여 있었다.

"아니, 감히 외간 남자를 끌어들여?"

분노가 온몸에 솟구쳤다. 거의 눈이 뒤집히다시피 한 그는 부엌에 들어가서 식칼을 손에 들었다.

부엌 벽에 붙여놓은 '참을 인忍'자가 눈에 띄었다. '참아야지' 하고 생각했지만, 참을 일이 따로 있지 이것은 도저히 참을 수 없다고 생각되었다. 그는 식칼을 들고 방에 들어갔다. 또 벽에 '참을 인忍'자가 눈에 띄었다. 그러나 그는 다시 마음을 되잡고 머리맡에 다가가서 아내의 머리를 내려치려고 손을 치켜들었다. 이번에는 천장에 붙어 있는 '참을 인忍'자가 크게 보였다. 순간 그는 멈칫했다.

그때 인기척에 놀란 아내가 잠에서 깨어났다. 자세히 살펴보니 아내와 함께 누워 있던 사람은 외간 남자가 아니라 바로 처제였다. 하마터면 살인을 하고 아내마저 잃는 불운을 '참을 인忍'자로 막아낸 것이다.

그렇다면 분노에 사로잡혔을 때 어떻게 해야 그 감정을 억제할 수 있을까? 앞에서 본 이야기 속의 젊은이처럼 가장 효과적인 방법은 시간을 버는 것이다. 시간을 더디게 하여 마음을 가라앉히는 것이다.

분노는 일시적인 광기이기 때문에 시간을 더디게 하면 자연히 어리석은 행동을 뉘우치게 되어 마음을 가라앉게 된다. 고대 로마의 철학자 세네카는 "지연은 분노의 가장 좋은 치료약이다"라고 갈파했다.

효과적이고 신중한 방법으로는 미국의 제3대 대통령이었던 토머스 제퍼슨의 다음과 같은 말이 있다.

"화가 나면 무엇인가 말을 하기 전에 열까지 셀 것. 그래도 화가 가라앉지 않으면 백까지 셀 것. 그래도 가라앉지 않으면 천까지 셀 것."

조금만 참고 견디면 아무 탈 없이 무사히 넘길 수 있는 일들이, 순간적인 격한 감정을 억제하지 못해 돌이킬 수 없는 불행을 몰고 온다. 우리는 앞뒤를 생각하는 지혜와 참고 견디는 인내력으로 불행한 재앙을 사전에 막아내야 한다.

황금만능사상의 병폐를 경계하라

돈, 그 자체는 선도 악도 아니다. 문제는 돈을 다루는 사람의 마음이다.

돈의 소중함을 일깨워준 록펠러

록펠러는 세계적으로 유명한 대재벌이다. 그는 보잘것없는 점원에서 시작하여 스탠다드 석유회사를 설립해 거대한 부를 축적한 인물이다. 그는 성공한 후에도 가난했던 시절을 잊지 않았다. 점심식사는 항상 싸구려 식당에서 해결했다. 메뉴는 언제나 로스트비프와 포테이토였다. 식사를 마치면 35센트의 음식 값과 15센트의 팁을 지불했다.

그러던 어느 날 종업원이 내민 계산서에 45센트가 적혀 있었다. 록펠러는 즉시 종업원을 불러 10센트의 오차를 지적하고 35센트로 정정하게 했다. 그리고 그 날 팁은 5센트만 주었다.

그러자 종업원은 기가 막히다는 표정으로 말했다.

"만약 내가 당신 정도의 갑부라면 창피해서라도 5센트를 내미는 일은 하지 않을 겁니다."

록펠러는 조용히 일어서며 말했다.

"만약 자네에게 5센트를 소중히 생각하는 마음이 있다면 이와 같은 착오는 일어나지 않았을 걸세. 그리고 그 나이에 여기 있지도 않을 것이고, 아마 기업가로서 명성을 날려 내 주목을 끄는 인물이 되어 있었겠지."

그렇게 말하고 음식점을 나서는 록펠러의 뒷모습을 종업원은 멍청하게 바라보았다. 록펠러가 돈거래의 소중함을 일깨워주었다는 사실을 비로소 깨달았던 것이다.

돈에 대한 올바른 인식

돈을 열심히 벌기도 하지만, 그 돈을 효과적으로 쓸 줄 아는 록펠러가 돈의 소중함을 모르는 식당의 종업원에게 따끔하게 훈계한 이야기는 우리에게도 돈에 대한 올바른 인식을 되새기게 한다.

돈은 인간의 욕망을 충족시키는 기본적 수단이다. 돈이 있어야 의식주를 마련하고 생활을 유지해나갈 수 있다. 돈은 우리의 생활을 윤택하고 편리하게 해주며, 안락과 쾌적한 삶을 제공해준다.

또한 돈은 우리에게 경제적 독립을 보장해준다. 경제적 독립은 인격적 독립의 근원이요, 기초다. 그렇기 때문에 경제적 독립이 없으면 양심과 정신과 인격 또한 독립할 수가 없다. 인격의 독립적 자존을 위해서 필요한 돈을 소유해야 한다. 돈은 이처럼 인간에게 매우 유용한 것이지만, 잘못 다루게 되면 매우 유해한 것이 되기도 한다. 우리는 먼저 돈의 가치에 대해 올바른 인식을 가져야 한다.

우리나라는 예부터 '청빈사상清貧思想'을 강조해왔다. 더러운 돈으로 부자 되기보다는 가난하지만 청렴하게 살기를 원했다. 돈보다는 양심의 가치를 더 높이 보았고, 재물보다는 인격의 가치를 더 존중했다.

그러나 시대는 변했고, 돈에 대한 인식도 변하고 있다. 돈의 위력이 한층 강화된 현대 자본주의 사회에서 청빈의 윤리는 설득력과 호소력이 약해졌다. 현대인은 청빈보다는 '청부淸富'를 원한다. 정당한 방법으로 떳떳하게 번 깨끗한 돈으로 부자가 되기를 원한다.

누구나 부자가 되기를 원하지만, 부자가 반드시 행복한 것은 아니다. 물론 재물이 있으면 필요한 재화를 얻어 풍요하게 행복한 삶을 누릴 수 있다. 그러나 과한 재물은 화를 불러들이는 요인이 될 수도 있다.

돈이란 많아도 걱정, 적어도 걱정이다. '재물이 많으면 그만큼 근심이 늘어나지만, 재물이 전혀 없으면 근심은 더욱 많아진다'란 유대인의 격언이 있다. 그렇다면 재물은 얼마만큼 소유해야 만족할까? 사람에 따라 만족의 척도가 다를 수 있겠지만, 먹고살기에 넉넉하면 만족할 줄을 알아야 한다. 재물은 그 이상 더 필요한 것이 아니다. 그런데도 인간의 재물에 대한 욕망은 끝이 없는 것 같다.

성경은 '욕심을 잉태한 즉 죄를 낳고, 죄가 장성한 즉 사망에 이르니라'고 경고한다. 적당한 선에서 욕망을 억제할 수 있어야 행복할 수 있다. 우리는 가난하게도, 부유하게도 살기를 원치 않는다. 너무 가난하면 살기에 벅차고, 너무 부유하면 덧날까 두렵다.

먹고살기에 만족할 만큼의 돈을 땀 흘려 떳떳하게 벌어서 보람되고 가치 있는 행복한 삶을 위해 유용하게 쓸 줄 아는 것이 현대인의 돈에 대한 바른 인식이요, 돈에 관한 기본 윤리다.

유대인의 돈에 대한 사고방식과 가치관 교육

유대인은 돈을 열심히 벌기도 하지만 돈을 효과적으로 쓸 줄 아는 민족이기도 하다. 그렇기 때문에 그들은 돈에 관한 한 어느 나라 사람들보다 일찍부터 올바른 인식을 가지고 있다.

돈에 대한 올바른 인식에 대해서는 유대인의 사고방식을 배울 필요가 있다. 유대인은 우리나라의 청빈사상이나 서양의 기독교적 전통과는 달리, 돈을 죄악시하거나 더러운 것으로 생각하지 않는다. 오히려 돈은 인생을 풍요롭게 하고 행복하게 해주며, 사람들에게 다양한 기회를 주는 것으로 생각한다.

이러한 사고방식은 그들의 격언이나 탈무드 같은 교훈에 잘 나타나 있다.

'돈은 저주 받아야 할 악의 씨가 아니다. 그것은 인간을 축복하는 것이다', '가난은 수치가 아니다. 그러나 명예라고 생각하지 마라', '돈은 만사를 좋게 만들지는 못한다. 그렇다고 돈이 모든 것을 썩게 하지도 않는다', '금전은 기회를 제공한다' 등의 이러한 격언에는 돈을 천시하거나 더러운 것으로 여기는 생각은 조금도 나타나 있지 않다. 그들은 자녀들에게 돈은 사람의 마음을 미혹케 하고 죄악으로 유혹하는 요물이니, 재물을 가까이해서는 안 된다고 가르치지 않는다. 오히려 돈은 유용한 것이기 때문에 적극적으로 돈을 벌어야 한다고 가르친다. 상당히 현실적인 가르침이다.

유대인의 금전에 대한 가치관 교육은 이른바 금전만능의 가치관의 위험성을 경계하고 돈을 정당하게 벌고 정당하게 사용하는 것이 중요하다는 점을 강조하고 있다. 그들의 교훈 중에는 이런 것들이 있다.

'돈은 인간에 대하여 옷이 인간에게 할 수 있는 정도밖에 하지 못한다', '돈을 쓰기는 쉽지만, 벌기는 정말 어렵다', '돈은 선한 사람에게 좋은 선물을 주고, 악한 사람에게 좋지 못한 선물을 준다', '자갈밭에 돈을 뿌리면 쭉정이를 거두게 된다', '부자에게는 자녀가 없다. 상속인이 있을 뿐이다' 등의 격언은 모두 황금만능주의를 경계한 것들이다. 돈은 선하게 사용되어야 하며 그럴 때에만 돈은 선한 열매를 맺게 된다고 가르치며, 돈에 지나치게 집착해서는 안 된다고 타이른다.

유대인의 가정에서는 돈의 가치를 가르치고, 인생에 유용한 돈을 적극적으로 추구할 것을 가르치는 일과 더불어 금전이 인간보다 위에 있지 않다는 것을 강조한다.

이와 같은 유대인의 돈에 대한 인식은 현대 자본주의 시대에 걸맞은 사고방식으로 평가되며 본받을 점이 많다고 생각된다.

황금만능사상의 병폐를 경계해야

돈에 대한 그릇된 인식 가운데 가장 위험한 것이 황금만능사상이다. 돈이면 무엇이나 다 할 수 있다는 금력만능주의는 갖가지 부조리와 부패를 낳게 한다. 돈을 인생의 목적으로 생각하고, 돈을 버는 것을 보람으로 여기고, 돈을 벌기 위해서는 수단과 방법을 가리지 않는다. 그래서 권력과 결탁하고, 양심을 팔고, 지조를 버리고, 신의를 저버린다.

돈 때문에 사회가 병들고 국민의 도덕적 기강이 무너진다. 돈에 대한 생각과 태도가 잘못되면 얼마나 무서운 결과를 가져오는지를 알아야 한다.

악의 근원은 돈 그 자체가 아니라 돈에 대한 사랑이다. 돈 그 자체는 마음 쓰기에 달린 문제다. 그러므로 돈에 대한 참된 가치와 올바른 태도를 가르치는 일은 매우 중요하다.

황금만능사상은 돈에 대한 관념과 자세와 태도가 잘못되는 것에서부터 시작된다. 그릇된 돈의 철학이 황금만능주의의 병폐를 낳은 것이다. 돈은 마귀 같은 물건이다. 인간의 타락의 원천이 되기 쉽고 부패의 온상이 되기 쉽다. 돈은 대부분의 경우에 그 소유자를 손상시킨다.

요즘 우리 사회는 권력만능, 황금만능의 망국적 병폐가 만연되고 있다. 이 병폐는 곧 우리 민족을 망치고 나라를 망치는 망국병이다. 우리는 황금만능사상을 제거하고 사회의 정의가 바로서는 사회를 건설해야 한다. 이것은 우리의 사활의 문제요, 또 우리 민족의 사명인 동시에 책임이다.

우리는 망국적 황금만능사상과 그 병폐에 대해서 깊은 경각심을 가지고 이에 빠져들지 않게 각성해야 한다.

창조력은 누구에게나 있다

하고 있는 일에서 효과적으로 일하는 방법을 찾아내는 것도 창조력이다.

깊이 생각하면 길이 열린다

미국의 발명가 사이러스 H. 맥코믹은 농작물을 수확하는 콤바인을 발명하여 농업생산의 기계화에 획기적인 공헌을 한 사람이다.

그의 아버지 로버트도 이러한 기계를 발명하기 위해 오랫동안 연구를 해왔다. 하지만 번번이 제작에 실패하면서 좀처럼 좋은 아이디어가 떠오르지 않아 애를 태웠다.

그러던 어느 날, 맥코믹은 머리카락을 자르러 이발소에 갔다. 이발사가 머리에 이발기를 갖다 대고 재깍재깍 머리를 깎는데, 그 소리를 듣는 순간 맥코믹은 무릎을 쳤다. 이발기가 머리카락을 자르는 원리를 응용하면 곡물을 베는 수확기를 만들 수 있으리란 생각이 떠올랐던 것이다.

결국 그는 이발기에서 힌트를 얻어 수확기를 발명했다. 이것은 농업생산에 일대 혁신을 가져왔다.

청진기를 발명한 라에네크라는 의사는 오래전부터 인체 속의 상태를 알 수 있는 방법은 없을까 하고 궁리를 하고 있었다. 어느 날 공원에 나가 산책을 하고 있었는데, 한 아이가 통나무 한쪽 끝을 돌로 딱딱 두드리면 다른 아이는 반대 쪽 끝에 귀를 갖다 대고 들으며 놀고 있는 모습을 무심코 바라보다가 문득 아이디어를 떠올렸다.

라에네크는 이와 똑같은 원리로 인체 속의 소리를 들을 수 있는 기계를 만들면 좋겠다는 생각을 했다. 결국 이 아이디어로 청진기를 발명할 수 있었다.

문제의식은 발상의 에너지

두 이야기는 창조는 문제의식을 가지고 끊임없이 사색하는 데서 얻게 되는 결과임을 알려준다. 재깍재깍하는 이발기의 소리는 누구나 이발소에 가면 들을 수 있다. 그러나 그것이 아무에게나 발명의 힌트가 되어주는 것은 아니다. 맥코믹처럼 뚜렷한 문제의식을 가지고 그 문제를 해결하고자 끊임없이 생각해온 사람만이 아이디어를 떠올릴 수 있는 것이다.

맥코믹이나 라에네크는 어떤 문제를 해결해야겠다는 문제의식을 가지고 그 해결방법을 찾고자 끊임없이 생각을 해왔다. 그랬기에 우연한 기회에 좋은 착상을 떠올려 그것이 머릿속의 문제의식과 결부되어 발명을 한 것이다.

문제해결의 열쇠는 깊이 생각하는 것에서 찾아야 한다. 반드시 해결해야겠다는 철저한 문제의식을 가지고 끊임없이 생각에 몰두하면 본인도 상상할 수 없었던 생각이 떠오르게 된다. 문제의식이야말로 발상의 에너지다. 생각하고 또 생각하면 아이디어가 솟아나고 방법이 나오면서 문제가 풀릴 것이다.

창조력은 누구나 가지고 있는 능력이다

과학적인 발명이나 발견을 한다거나, 예술작품을 만들어낸다든가 혹은 획기적인 기술을 개발하거나 새로운 제품을 만들어내는 것만이 창조력이 아니다. 우리가 하고 있는 일 속에서 보다 효과적인 방법을 찾아내는 것도 창조력이 발휘된 것이다.

창조력은 누구나 가지고 있는 능력이다. 결코 일부의 사람들에게만 있는 특별한 능력이 아니다. 다만 이를 충분히 살리고 있는 사람이 드물 뿐이다. 왜 그런가? 창조력이란 아무에게나 있는 능력이 아니라는 선입관으로 인해 자기에게는 그런 능력이 없다고 체념해버리기 때문이다.

아무것에도 의문을 가지지 않고, 또 깊이 생각하지 않는 사람에게는 창조력도 잠자고 마는 것이다. 그러나 평소에도 늘 이를 활용하고 훈련시키면 창조력이 끊임없이 발전하여 자기가 원하는 일을 성취할 수 있게 된다.

창조력을 발휘하려면

창조력을 발휘하려면 어떤 훈련이 필요한가? 창조력을 발휘하는 사람들에게는 대개 다음과 같은 공통점이 있다고 한다.

첫째, 강력한 문제의식을 가지고 있다.

문제의식이란 그 문제에 관하여 '무엇인가를 해결하지 않으면 안 된다'는 생각이 언제나 마음속에 끊임없이 제기되어 있는 것을 말한다.

'언제까지 이것을 해결해야만 한다'든지 '어떤 목표를 꼭 달성해야 한다' 는 것과 같이 늘 생각하고 있는 것은 모두 문제의식이라고 할 수 있다. 이러한 문제의식을 가지고 있는 사람은 그 필요에 쫓겨 연구하지 않을 수 없게 되는 것이다.

둘째, 융통성이 있다.

융통성이 없는 성격이나 그러한 사고방식의 습관이 배어 있는 사람 은 새로운 아이디어를 생각해내지 못한다. '이것이 아니면 안 된다'는 식의 고정관념에 사로잡혀 있는 사람도 마찬가지다. 융통성이 있어야 발상의 전환이 가능해져서 문제해결에 접근할 수가 있게 된다.

셋째, 생각하고 또 생각한다.

문제해결의 힌트를 얻는 비결은 끊임없이 생각하는 데 있다. 한두 번 생각하는 것으로 되는 일이란 거의 없다. 수없이 생각하고 생각하면 언젠가는 좋은 아이디어가 떠오르게 마련이다. 이처럼 창조력은 끊임 없이 생각하는 사람의 것이다.

우리는 보다 나은 삶을 위해서 창조력을 키워나가야 한다. 창조력은 우리의 생활을 향상시키고, 사회를 발전시키고, 국가를 부강하게 만든 다. 창조력은 발전과 진보의 원동력이기 때문이다.

메모는 창조력 개발의 수단이 된다

순간적으로 떠오르는 착상은 창조의 작은 씨앗이다. 동서고금을 막론하고 위대한 발명이나 발견들은 모두가 이러한 순간적인 착상에서 비롯되었다. 순간순간 포착된 착상이 메모를 통해 아이디어로 현실화될 때 당신의 성공 신화를 이룩하는 초석으로 활용될 것이다.

제일은행 상품개발팀의 박 팀장은 업무에 관한 제안을 하면 대부분 채택될 정도로 뛰어난 아이디어맨으로 유명하다. 그는 업무 효율을 높인 공로로 은행장은 물론 한국은행 총재의 최고상까지 수많은 상을 받으며, 일명 '히트상품 제조기'라는 명예로운 별명까지 얻었다. 이렇듯 발군의 실력으로 우뚝 설 수 있었던 원동력은 다름 아닌 메모의 덕분이었다.

메모란 어느 순간 불현듯 떠오르는 기막힌 아이디어나 정보를 잊지 않기 위해 기록하는 것이다. 인간은 망각의 동물이라 일정한 시간이 지나면 잊어버리기 마련이다. 그래서 메모가 필요하다. 정보가 돈이고 동시에 경쟁력인 정보화 사회에서 메모는 필요한 정보를 가장 확실하게 내 것으로 만들 수 있는 방법이다.

신문이나 책을 읽다가 관심 분야의 중요한 정보가 될 만한 내용이 있거나 또 강연을 듣거나 대화를 나누거나 산책을 하다가 어느 순간 불현듯 기막힌 아이디어가 떠오르면 언제나 몸에 지니고 다니는 볼펜과 종이를 꺼내 다른 일을 제쳐놓고 즉시 메모해두어야 한다.

그리고 메모한 것은 적당한 시기에 노트에 옮겨 적되, 필요할 때 언제라도 끄집어낼 수 있도록 주제별로 잘 정리해두어야 한다.

메모는 특별한 사람만이 하는 것이 아니다. 누구나 할 수 있으며 자신의 분야에서 한 단계 발전하기를 원한다면 반드시 시도해볼 만한 가치가 있다. 아마도 당신이 메모광의 경지에 다다를 때쯤이면 눈앞에 성공시대가 열리게 될 것이다.

깊이 생각하면 길이 열린다

사고력은 곧 문제해결의 열쇠요, 창조의 원동력이다.

깊이 궁리하면 문제가 풀린다

1991년 일본 혼슈의 북부 아오모리 지방에 사과 수확을 앞두고 태풍이 불어 닥쳤다. 그해 수확량의 90%가 태풍으로 떨어지고 말았다. 농민들은 하나같이 실의에 빠졌다. 어찌해야 좋을지 걱정이 태산 같았다.

"아니 하늘도 무심하시지 어떻게 이럴 수가 있지?"

"올해 사과 농사는 망쳤어, 이젠 뭘 먹고 살아야 할지……."

모두가 망연자실하고 있을 때 한 농부는 달랐다. 그는 지금의 어려움을 극복하기 위해 생각에 몰두했다.

'어떻게 하면 큰 손실을 만회할 수 있을까?'

'떨어진 사과를 활용하는 방법은 없을까?'

그는 무슨 묘안이 없을까 하고 날마다 곰곰이 궁리를 거듭했다.

그러던 어느 날, 마침내 좋은 아이디어가 떠올랐다. 그때는 마침 입시철이라 미신을 좋아하는 일본인의 심리를 활용한 기발한 홍보 전략을 세웠다.

"금년 태풍에 살아남은 10%의 아오모리 사과는 '절대로 떨어지지 않는 사과'입니다."

그는 이른바 '합격사과'라는 이름을 붙여 판매하기 시작했다.

그러자 전국 수험생 부모들에게 폭발적인 인기를 끌게 되었다. 심지어 태풍으로 상처를 입은 흠집투성이 사과마저 무난히 팔 수 있었다. 그리하여 그 사과밭 주인은 기발한 아이디어로 큰 손해를 만회하고도 엄청난 수익을 올릴 수 있었다.

문제해결의 열쇠는 깊이 생각하는 것

이 이야기는 문제해결의 비결은 깊이 생각하는 데에 있다는 것을 시사해준다. 세상을 살다 보면 어려운 문제에 부딪치게 마련이다. 이럴 때 난관을 극복하는 길은 깊이 생각하고 또 생각해서 문제를 풀어나가는 방법을 찾아내는 데 있다.

여기 나오는 사과밭 주인도 매우 난감한 처지에서 그 해결방법을 찾고자 깊이 생각하고 또 생각한 끝에 묘안이 떠올라 큰 손해를 줄일 수 있었다. 이렇듯 인간은 생각하는 힘, 즉 사고력을 갖고 있는 덕에 발전하고 성장해올 수 있었다.

사고력이란 지각하고, 상상하고, 추리하고 판단하는 능력을 말한다. 현대의 과학기술 문명은 이 같은 사고력에서 탄생했다. 사고력은 곧 문제해결의 열쇠요, 창조의 원동력이다.

그런데 의외로 많은 사람들이 자기는 머리가 나빠서 아이디어 같은 것은 생각나지 않는다고 여긴다. 인간의 두뇌는 태어나면서부터 좋고 나쁨이 정해진다는 그릇된 선입관을 가지고 있다. 그래서 학교성적이 나쁘면 지레 짐작으로 자기는 머리가 나쁘다고 단정해버리고 아예 깊이 생각하려고 하지 않거나 좀 생각하다가 금방 단념하거나 포기해버린다.

태어날 때부터 머리가 나쁜 사람은 없다. 공부 못한다고, 학교 성적이 나쁘다고 머리가 나쁜 것은 더더욱 아니다. 공부를 못해도 다른 방면에 뛰어난 능력을 발휘하고 있는 사람들이 얼마든지 있다. 이런 사람들을 머리가 나쁘다고 할 수 있겠는가.

문제는 두뇌를 활성화하는 노력이 있느냐 없느냐에 달려 있다. 좋은 아이디어를 생각해내기 위해서는 심혈을 기울여 그것에 몰두할 수 있는 정열이 있어야 한다.

머리는 쓸수록 좋아진다

일본 도쿄대학의 도키미 도시히코 교수는 "두뇌라는 것은 쓸수록 발달하는 특질을 가지고 있기 때문에 머리를 쓰면 쓸수록 좋아진다"고 강조한다. 그는 머리는 태어날 때부터 좋은 머리와 나쁜 머리가 정해져 있는 것이 아니라, 후천적으로 얼마든지 계발할 수 있다며 머리를 많이 쓰도록 노력해야 한다고 말한다.

머리를 좋게 한다는 것은 머리를 많이 쓰게 하는 것이요, 두뇌활동을 활발하게 하는 것이다. 두뇌의 활동을 활발하게 하려면 생각하는 능력을 기르고 발전시키는 노력이 있어야 한다. 이 같은 노력을 의도적으로 실시하여 많은 성과를 거두고 있는 회사가 있다. 바로 미국의 컴퓨터 회사인 IBM이다.

이 회사가 사원 훈련법으로 채택하고 있는 '생각하라Think'의 철학은 유명하다. IBM은 사원들에게 일상의 비즈니스에서 사고력 신장 방법으로 다음과 같은 다섯 가지 단계로 그 방법을 제시하고 있다.

① 생각할 재료(정보)를 읽어라.

② 생각할 재료를 들어라.

③ 막연한 생각을 수정하고 정리하기 위해 토론하라.

④ 상대방이나 대상의 상황을 관찰하라.

⑤ 읽고, 듣고, 토론하고, 관찰한 내용을 생각하라.

이와 같이 읽고, 듣고, 토론하고, 관찰하고, 생각하는 훈련을 평소에 끊임없이 계속하면 두뇌를 활발하게 움직이게 되어 사고능력을 발전시킬 수 있다는 것이다.

흔히 생각은 많이 했는데도 좋은 생각이 떠오르지 않는 까닭은 생각하는 데 도움을 줄 만한 자료가 없기 때문이다. 때문에 생각하려는 문제와 관련된 책을 읽고, 이야기를 듣고, 관찰한 내용을 기록하는 등 많은 관련자료(정보)를 만들어놓아야 한다. 그러고 나서 뚜렷한 문제의식을 가지고 끊임없이 생각을 하면 언젠가는 갖고 있는 자료와 결부되어 좋은 힌트나 아이디어가 떠오를 것이다.

머리를 어떻게 쓰느냐에 따라서 얼마든지 자기가 원하는 부분의 사고력을 신장시킬 수 있고, 또 원하는 해결책을 찾을 수 있다.

생각하고 또 생각하라! 그러면 빛이 솟고, 방법이 나오고, 문제가 풀릴 것이다.

생각을 바꾸면 삶이 달라진다

긍정적 사고는 해결의 길을 열어주지만, 부정적 사고는 모든 생각에 제동을 건다.

성공하는 사람과 실패하는 사람의 사고방식

미국의 극작가이며 소설가인 어윈 쇼Irwin Shaw가 쓴 단편소설 중 화제를 모았던 〈부자와 빈자〉가 있다. 이 소설에 나오는 두 형제는 똑같은 어려운 환경에서 자랐다. 형은 그 역경을 자기를 분발시키는 계기로 삼아 열심히 일하면서 찾아온 기회를 잘 활용하여 성공으로 올라가는 길에 들어서 마침내 대통령 후보에까지 오르게 되었다. 하지만 동생은 처음부터 꿈을 포기한 채 허송세월을 보내다가 사회의 낙오자가 되고 만다.

인생의 성공과 실패, 영광과 좌절 그리고 빛과 그늘이 선명하게 교차되는 삶을 보여준다. 똑같은 열악한 환경에서 출발했는데, 어째서 두 사람의 결과는 하늘과 땅만큼이나 차이가 났을까?

우리는 두 형제가 나눈 다음의 짧은 대화에서 성공하는 사람과 실패하는 사람의 차이가 어디서 나왔는지를 헤아려볼 수 있다.

동생이 형에게 이렇게 말한다.

"나는 형만큼 상황이 좋지 않은 걸 보니 분명히 이런 운명으로 태어났나 봐."

형은 슬픈 듯이 고개를 저으며 대답한다.

"잘 생각해봐. 나와 너는 별로 다르지 않아. 단지 인생에 대한 사고방식과 행동이 약간 다를 뿐이지. 같은 사물을 보고, 듣고, 만져도 나와 너는 전혀 다른 생각을 하고 있단 말이야."

바로 이 점이 성공과 실패의 차이를 만든 것이다.

긍정적 사고와 부정적 사고

우리는 두 사람의 사고방식에 큰 차이가 있다는 걸 알 수 있다. 형은 긍정적인 사고를 가지고 있었고, 동생은 부정적인 사고를 가지고 살아왔음을 알 수 있다. 형은 매사에 긍정적인 생각을 가지고 자기의 꿈을 실현하기 위해 최선의 노력을 기울였기 때문에 성공할 수 있었고, 동생은 모든 것을 운명의 탓으로 돌리고 자포자기한 채 허송세월을 보내왔기에 실패한 것이다. 이렇듯 긍정적인 사고를 가진 사람과 부정적인 사고를 가진 사람의 운명은 달라질 수밖에 없다.

인간의 사고방식에는 위에서 보듯이 두 가지가 있다. 하나는 긍정적인 사고방식이고, 또 하나는 부정적인 사고방식이다. 이 사고방식은 자아관에서 비롯된다. '내가 나를 보는 눈'을 자아관 또는 자아개념이라고 일컫는다.

긍정적 자아관은 자기 자신을 긍정적으로 평가하고, 무슨 일이든 나는 "할 수 있다"고 생각하고 "하면 된다"고 믿는다. 따라서 자기가 하는 일에 긍지를 가지고 능동적으로 활동한다. 또 하는 일에 흥미와 열정을 가지게 되어 능률이 오르고, 가능성을 믿으니 목표를 향하여 전력투구하게 된다. 그래서 생의 의욕이 솟구치고 자기의 미래에 대해서 낙관하고 희망과 용기와 자신감을 가지고 일에 도전한다. 이런 자아관을 적극적 자아관, 능동적 자아관, 진취적 자아관, 플러스적 자아관이라고 말한다.

이와는 반대로 부정적 자아관은 자기 자신을 과소평가하고 하려는 일에 두려움이 앞서 자기는 무슨 일을 해도 성공할 수 없다고 믿는다. 그래서 일을 하기도 전에 불가능하다고 단정해버리고 소극적이고 피동적으로 행동한다. 그리고 사사건건 불평만 토로하고 잘못된 것은 모두 남의 탓으로 돌린다. 그래서 생의 의욕을 잃고 미래에 대해 비관하며 자포자기의 심정으로 살아간다. 이런 부정적 자아관을 비관적 자아관, 패배적 자아관, 피동적 자아관, 마이너스적 자아관이라고 본다.

이렇게 볼 때 어떤 사람이 인생을 보람 있고 풍요롭게 사는가는 분명해지며, 어떤 사고방식을 가지고 살아야 할 것인가는 자명해진다.

긍정적으로 생각해야 하는 이유

긍정적 사고는 불가능을 가능으로 바꿔주고, 결단력을 키워준다. 우리가 성공이라고 말하는 모든 영광은 바로 불가능에 도전하여 쟁취한 것임을 알아야 한다. 모든 일은 가능하다고 생각하는 사람만이 해낼 수 있다. 안 된다고 생각하는 사람에게는 안 되게 하는 이유만 계속 생각나고, 된다고 생각하는 사람에게는 되게 하는 일만 생각나기 때문이다. 어떤 일을 가능하다고 믿는 것은 창조적 해결의 길을 열어주는 첫 걸음이다.

만약 우리가 무엇을 가능하다고 믿는다면 그때부터 우리의 마음은 그것의 실현방법을 찾아 도움을 줄 것이다. 그러나 불가능하다고 믿는다면 우리의 마음은 우리를 위해서 그것이 불가능한 이유를 증명하기 위해 작용할 것이다.

긍정적 사고는 창조력을 해방시켜 해결의 길을 열어주지만, 부정적 사고는 모든 생각에 제동을 건다. 우리가 긍정적인 생각으로 살아야 할 이유가 바로 여기에 있는 것이다.

생각을 바꾸면 삶이 달라진다

누구나 한 번쯤은 우산장수와 짚신장수 아들을 둔 어머니의 이야기를 들은 적이 있을 것이다.

어느 날, 행인이 길을 걷고 있는데 한 노파가 울고 있는 모습이 보였다. 다가가서 우는 이유를 물었다.

"우리 집 장남은 우산장수를 하고 있는데, 이렇게 날씨가 맑아서야 어떻게 우산이 팔리겠어요? 고생하는 큰아들을 생각하니 너무 불쌍해서 눈물이 납니다."

다음 날은 비가 내리고 있었다. 그러나 노파는 여전히 오만상을 찌푸리고 있었다. 그 광경을 보고 다시 물었다.

"내 둘째 아들은 짚신장수인데, 이렇게 비가 오면 짚신이 잘 팔리겠어요? 그 생각을 하니 둘째가 너무 불쌍해서요."

길 가던 지혜로운 할아버지가 그 말을 듣고 웃으며 말했다.

"할머니, 왜 그렇게 부정적으로 생각하세요. 날이 맑으면 짚신장수 아들을 생각하시고, 비가 오면 우산장수 아들을 생각하시면 되잖아요. 비가 오면 우산장수 아들이 돈을 벌고, 날이 맑으면 짚신 장수 아들이 돈을 버니 얼마나 행복하세요? 할머니는 마음만 바꾸면 언제나 행복하게 사실 수 있습니다."

노파는 그로부터 근심 걱정 없이 언제나 웃으면서 즐겁게 살아갈 수 있었다.

이 이야기는 긍정적 사고와 부정적 사고의 차이를 상징적으로 보여준다. 이 노파의 상황은 아무것도 변한 것이 없다. 단지 자신의 생각을 조금만 바꿨을 뿐이다. 그러나 상황은 이렇듯 180도로 변할 수 있다.

이같이 생각해보면 일을 해나갈 때 긍정적 사고를 하는 사람과 부정적 사고를 하는 사람의 그 성과가 어떻겠느냐는 것은 설명할 필요가 없을 것이다.

제5부

참된 삶의 길

참된 삶이란 바른 마음을 가지고 성실하게 살아가는 것이다. 옳고 그른 것을 판별하고 마음 바르게 살아가려고 노력하며 맡은 일에 정성을 다하여 열심히 일함으로써 자기의 본분을 지키며 인간답게 살아가는 것이다.

인간이 인간답게 산다는 것은 양심의 명령으로 생각하고 행동하는 것이다. 그것이 참되게 사는 길이요, 떳떳하고 평온한 삶을 누리게 되는 길이다.

신용은 대인관계의 근본

신용은 인간 존립의 근본이요, 사회 번영의 원동력이다.

피난길에 갚은 은행 빚

전세는 급변했다. 압록강까지 진격해 올라갔던 우리 국군과 유엔군이 그만 중국 인민군의 개입으로 후퇴하는 사퇴가 벌어졌다. 1·4 후퇴였다.

서울은 다시 피난 보따리를 싸느라고 어수선했다. 하지만 그에게는 떠나기 전에 꼭 해야 할 일이 있었다. 빌려 썼던 은행 빚을 갚아야 할 기일이 다가왔던 것이다. 그는 거래 은행을 찾아갔다. 은행은 이미 업무를 중단한 상태였다. 모두들 피난을 갔고 잔무 처리를 하는 사람만 혼자 남아 있었다. 그 사람도 서둘러 피난 떠날 채비를 하고 있었다.

"무슨 일입니까?"

귀찮다는 듯이 은행 직원이 물었다.

"빌린 돈을 갚으러 왔습니다."

직원은 그제야 한번 그를 힐끔 쳐다보았다.

"이 난리통에 돈을 갚으러 왔단 말입니까? 지금 은행 업무는 중단됐어요. 나중에 와서 갚으세요."

"저도 피난을 가려는 참입니다. 그래서 돈을 갚아야겠다는 겁니다."

"이 사람이, 난리가 어떻게 될지 모르는 판에 굳이 돈을 갚을 이유가 어딨소. 어서 피난이나 떠나시오."

그 은행 직원은 별 이상한 사람 다 보겠다는 표정을 지으며 바쁘게 움직였다.

"아니, 일단 나는 돈부터 갚아야겠습니다. 우선 이 돈을 받아두세요."

은행 직원은 한창 바쁜데 귀찮게 군다는 표정을 지으며 어쩔 수 없다는 듯 돈을 받고 영수증을 써주었다. 아마 그 은행 직원의 눈에는 어리석은 사람으로 보였을지도 모른다. 사실 그 당시 전쟁 상황은 어떻게 될지 하루 앞을 내다볼 수 없을 정도로 혼란스러웠다. 언제 다시 남한이 공산군 아래로 들어갈지 모르는 상황이었다.

그러한 때에 대다수 사람들은 은행 빚 같은 것에는 신경도 쓰지 않는다. 하지만 그는 그럴 수가 없었다. 그는 빚을 갚고 피난길을 떠났다.

그 후 그의 가족은 제주도로 피난 가서 고추장과 단무지 공장을 세웠다. 사업을 시작했는데 맛이 나쁘지 않았는지 반응이 매우 좋았다.

그러던 어느 날 훈련소의 장교가 각종 식품을 군납해줄 수 있겠느냐고 물어왔다. 그러자면 적지 않은 자금이 필요했다. 생각 끝에 그는 부산에 피난 내려와 있던 거래 은행을 찾아갔다.

그가 사정을 말하고 2억 원 정도의 융자를 요청하자 은행 직원은 어려울 것이라고 하면서 그를 은행장에게 안내해주었다. 은행장 역시 담보도 없는 사람에게 그렇게 큰돈을 빌려줄 수 없다고 한마디로 거절했다. 하지만 그는 믿는 게 있었다. 신용이었다. 그는 지금까지 은행과 거래했던 실적을 보여주면서 지난번 피난 직전에 받아두었던 영수증을 건네주었다. 그것을 찬찬히 훑어보던 은행장의 얼굴빛이 갑자기 바뀌었다.

"바로 당신이었군요. 서울에서 내려온 직원에게서 그 이야기를 벌써 들었습니다. 참 정직한 사람이 다 있다고 생각했는데, 그분을 이렇게 만나게 되다니 정말 반갑습니다. 돈을 빌려드려야지요. 선생님 같은 사람한테 융자를 해주지 않으면 누구한테 해주겠습니까?"

그 순간 그는 신용의 힘이 얼마나 큰가를 다시 한 번 실감했다. 정직과 신용이야말로 가장 좋은 사업수단이라는 것을 다시금 확인할 수 있었다.

신용이 없으면 설 땅이 없다

피난길에 은행 빚을 억지로 갚은 그 어리석은(?) 사람은 누구일까? 성공한 기업인은 많아도 존경받는 기업인은 드물다는 한국의 재계에서 각계의 많은 사람으로부터 존경의 대상이 되고 있는 한국유리공업의 최태섭1910~1998 회장이다.

그는 불모지와 다름없는 유리공업계에서 우리나라에서는 최초로 판유리 공장을 세워 세계 10대 판유리 기업으로 성장시킨 한국 유리산업의 지평을 연 개척자다. 그는 사욕을 탐하지 않는 청렴한 기업관과 굳은 신앙심을 토대로 한 청교도적 인생관을 토대로 근로자를 형제자매처럼 대하고, 있는 것을 나누며 고락을 함께하는 자세로 기업을 경영해 노사화합으로 산업평화를 이룩한 보기 드문 기업인이다.

최 회장은 일찍부터 신용이 얼마나 중요한가를 깊이 통찰한 사람이었다. 신용은 어떤 일이 있어도 반드시 지킨다는 것을 첫째가는 신념으로 꾸준히 신용을 쌓아나감으로써 사업에 성공하였고 많은 이들의 존경을 받고 있다.

사람은 누구나 혼자서는 살아갈 수가 없다. 함께 어울려 살아가야 한다. 함께 어울려 잘살려면 서로에 대한 믿음이 있어야 한다. 믿음은 인간 존립의 근본이요, 사회 번영의 원동력이다. 인간과 인간 사이에 믿음이란 것이 없으면 사회생활을 할 수 없을 뿐더러 사회 자체도 성립될 수 없다. 또 도덕이나 법률 같은 사회규범도 이루어질 수 없고, 사회질서도 사상누각처럼 무너지게 된다. 믿음은 인간관계의 기본질서다. 내가 너를 믿지 못하고, 네가 나를 믿지 못할 때 너와 나와의 관계는 무너지게 되는 것이다.

믿을 수 없는 사람으로 한 번 낙인이 찍히면 그 사람은 사회에서 설 땅이 없게 된다. 친구도 안 생기고, 돈도 빌릴 수 없고, 남의 도움도 받을 수 없게 될 뿐만 아니라 다른 사람으로부터 철저하게 외면당하게 되고 배척받게 된다. 세상에 '불신'처럼 두렵고 불행한 것이 없다.

신용 있는 사람이 되려면

우리는 믿을 수 있는 사람이 되어야 하고, 신용할 수 있는 사람이 되어야 한다. 그럼 신용 있는 사람이 되려면 어떻게 해야 하나?

첫째, 정직해야 한다.

신용의 바탕이 되는 것은 믿음인데, 믿음을 주는 것은 오직 정직밖에 없다. 진실하고 정직해야 믿을 수 있다. 특히 대인관계에서 서로가 정직할 때 믿을 수 있고, 신용할 수 있고, 도울 수 있고, 일을 맡길 수 있다.

둘째, 약속을 잘 지켜야 한다.

남과 약속을 하면 반드시 지켜야 한다. 약속한다는 것은 자기가 한 말에 책임을 지는 것이다. 책임을 지는 것은 신용을 지키는 것이요, 거짓말을 하지 않는 것이다. 작은 약속이건 큰 약속이건 약속은 약속이기 때문에 반드시 지켜야 한다.

셋째, 맡겨진 일은 책임을 다하여 완수해야 한다.

맡겨진 일을 책임지고 완수하는 것을 보고 "저 사람은 신용할 수 있다"고 판단하게 된다. 맡은 일은 어떠한 어려움이 있어도 최선을 다하여 완수해야 한다. 그래야 믿을 수 있다.

신용을 얻으려면 말과 행동이 일치해야

신용은 인간관계의 기본 원리다. 서로 있어야 할 기본 윤리요, 기본 질서다. 신용이 없으면 설 땅이 없다. 개인이건 단체건 국가건 신용을 잃어버리면 이 땅에 발붙일 곳이 없게 된다. 그러므로 인간관계의 기본은 서로 신뢰하는 데 있다. 그러자면 나 자신이 먼저 믿을 수 있는 사람이 되어야 하고, 또 남을 믿어주어야 한다.

신용은 대인관계의 근본이요, 인생을 살아가는 데 가장 중요한 도덕적 재산이다. 신용을 얻으려면 무엇보다 말과 행동이 일치해야 한다. 정직하고 약속을 잘 지키고 책임을 완수할 때 남에게 신용을 얻을 수 있다. 모두 '믿음이 없으면 일어설 수 없다'는 뜻의 '무신불립無信不立'을 마음속 깊이 새기고 살아야 한다.

성실의 정도가 존재의 정도를 결정한다

성실은 참되고 거짓이 없는 것이요, 맡은 일에 정성을 다하는 것이다.

성실은 마음을 움직이는 힘

펜니라는 미국 청년이 있었다. 그가 하버드 대학 졸업반일 때, 유명한 백화점으로부터 두 명의 학생을 추천해달라는 부탁이 대학의 직업보도국에 들어왔다.

펜니는 추천을 받아 백화점에 출근했다. 사장이 두 학생에게 준 일자리는 겨우 엘리베이터보이였다. 그와 함께 갔던 학생은 즉각 그 일을 거부하고 돌아갔지만, 펜니는 그 일을 흔쾌히 수락하고 열심히 일했다.

"그래, 펜니. 수고했네. 6개월 동안 일해보니까 어떤가?"

"네, 사장님. 일하기는 어렵지 않았습니다. 일하면서 봤더니 3층의 아동 완구점과 숙녀 용품점은 1층으로 옮기면 좋을 것 같았습니다."

"흠, 그래. 이유는?"

"백화점에 출입하는 사람은 대다수가 여성과 아이들입니다. 3층에 그들이 주로 이용하는 매장이 있으니 자연 엘리베이터의 가동이 늘 수밖에 없습니다. 이렇게 되면 전력이 많이 소모됩니다. 이 매장들을 1층으로 옮기면 백화점이 복잡하지도 않고, 전력도 절약될 것입니다."

사장은 감탄했다. 열심히 일한 펜니에게 기껏해야 경리사원쯤으로 발령을 낼 속셈이었는데, 그의 직무에 대한 성실성과 뛰어난 경영능력의 싹을 보고는 생각이 달라졌다.

사장은 즉각 펜니를 지배인으로 발탁했다. 엄청난 파격이었다. 그러나 펜니는 결국 백화점 업계에서 인정받을 정도로 성공하여 마침내 미국의 100대 재벌에 손꼽히는 부자로 성장하게 되었다.

우리는 살아가면서 숱한 시험을 받는다. 인생이란 이런 시험에 어떻게 대처하느냐에 따라 승부가 결정된다. 또 성실함처럼 사람을 믿게 하고 마음을 움직이게 하는 것은 없다.

성실의 정도가 존재의 정도를 결정한다

사람이 성실하게 일을 하다 보면 그 성실성을 인정받아 뜻밖의 큰 보상을 받게 된다는 것을 일깨워주는 이야기다. 능력이나 실력도 중요하지만, 그것보다 더 중요한 것은 그 능력과 실력을 올바르게 쓸 수 있는 성실한 마음이다. 사람의 성실성이 궁극적으로는 사업의 성패를 좌우한다. 회사에서는 첫 일자리로 하찮은 엘리베이터보이를 시켰지만, 그는 불평하지 않고 받아들였으며 묵묵히 맡은 일을 충실하게 해냈다. 명문대학 출신을 그런 하찮은 일을 시키려고 추천까지 받아 채용했겠는가? 그 일을 통해 펜니의 성실성과 사람됨을 확인한 사장은 그를 지배인으로 발탁한 것이다. 한 가지 일을 보면 열 가지 일을 미루어 알 수가 있기 때문이다. 이런 사람이야말로 회사는 물론 우리 사회에 꼭 필요한 참으로 귀한 존재다.

현대 유럽에서 성실의 철학을 가장 강조한 프랑스의 사상가이며 실존주의자인 가브리엘 마르셀은 "성실의 정도가 존재의 정도를 결정한다"고 했다. 사람이 얼마나 성실한가에 따라서 그 사람의 존재의 무게와 인격의 가치가 결정된다는 것이다. 성실할수록 그 사람은 참되고 뛰어난 존재요, 성실하지 않을수록 그 사람은 거짓되고 허황된 사람이다. 성실의 정도가 곧 존재의 정도를 좌우하는 것이다.

성실의 핵심은 진실과 정성

성실이란 무엇인가? 성실에는 두 가지 의미가 들어 있다. 하나는 참되고 거짓이 없는 진실의 뜻이고, 또 하나는 최선을 다하는 정성의 뜻이다.

첫째, 성실誠實은 곧 진실이다. 거짓이 없는 것이요, 거짓말을 하지 않는 것이다. 나를 속이지 않고 남을 속이지 않는 진실한 마음이다.

'성誠'자가 뜻하는 의미는 깊다. '말씀 언言'변에 '이룰 성成'자가 결합된 글자로, 말이 이루어진다는 뜻이다. 말이 이루어진다는 것은 말과 행동이 일치한다는 것이다. 즉 성실이란 말한 대로 실천하는 것이요, 거짓말을 하지 않는다는 것을 의미한다.

둘째, 성실은 곧 정성이다. 모든 것에 정성을 다하는 것이다. 정성을 다하면 안 되는 일이 없다. 이 세상의 모든 위대하고 가치 있는 업적은 다 정성이 낳은 산물이다. 지극한 정성을 우리는 지성이라고 말한다. 지성을 가지고 사람을 대하면 감동하지 않는 이가 없다. 지성은 사람만을 움직이는 것이 아니라 하늘도 움직인다. 그래서 지성으로 일하면 세상에 안 되는 일이 없다는 것이다.

성실 사회를 되찾는 길

오늘날 우리 사회는 성실의 덕이 무너졌다. 사회 전반에 걸쳐 성실의 덕이 보이지 않는다. 정치는 거짓의 대명사처럼 되었고, 상업은 정직한 거래보다 속임수가 판을 치고 있다. 법조계마저 믿을 수 없는 존재가 되었고, 가장 깨끗해야 할 교육계까지 오염되어 성실의 덕을 찾아보기가 어렵게 되었다. 어쩌다가 성실이 비웃음의 대상이 되는 그런 세상이 되었는지 참으로 통탄할 일이다. 우리는 성실의 불꽃을 다시 마음속에 지펴야 한다. 활활 타오르는 불꽃으로 악의 뿌리, 거짓의 뿌리를 태워버리고 깨끗한 사회, 성실한 사회를 다시 건설해야 한다.

그러면 어떻게 해야 성실한 사회를 재건할 수 있을까? 한 가지 방법이 있으니 그것은 온 국민이 정직하게 살아가는 길이다. 양심이 명령하는 대로 참되게 살아가야 한다. 이것이 성실한 사회를 만드는 유일한 길이다. 모든 사람이 성실을 마음에 새겨 인생의 계명으로 삼아 정직하게 거짓 없이 바르게 살고, 또 맡은 일에 정성을 다하면 언젠가는 반드시 성실한 사회는 돌아올 것이다.

| 정직 |

죽더라도 거짓이 없어라

대인관계의 근본은 정직에서부터 시작된다. 정직할 때 서로 믿을 수 있고,
신용할 수 있고, 또 도울 수 있다.

양심 바른 상인 이승훈

3·1운동 때 민족대표 33인 중의 한 사람으로, 오산중학교를 설립하여 신학문과 애국사상을 고취했던 남강南岡 이승훈은 몹시 가난한 집에서 태어났다. 열여섯 살 때부터 장돌뱅이 생활을 하다가 서른 살이 되어서야 조그만 자기 가게를 갖게 되었다.

그는 거부인 철산 오 씨로부터 적잖은 금액을 사업자금으로 빌려 썼는데, 열심히 장사해서 자리가 잡힐 무렵, 그만 청일전쟁이 벌어지고 말았다. 전쟁에 눈이 뒤집힌 청나라 병사들이 약탈해가는 바람에 성짐은 쑥대밭이 되었다. 하루아침에 거지 신세가 된 이승훈은 빈손으로 오 씨를 찾아갔다.

"피난을 갔다 오니 상점은 빈터만 남았습니다. 당분간 돈을 갚을 수 없기에 우선 채무의 명세서만 가지고 왔습니다. 기한을 늦춰주시면 반드시 벌어서 꼭 갚겠습니다."

오 씨는 이승훈의 정직한 태도에 오히려 감동을 받아 그의 손을 꼭 잡고 이렇게 말했다.

"난리통이 되었으니 돈을 꿔간 사람들이 채무 장부가 없어진 것을 알고 한 사람도 찾아오지 않았네. 자네만 찾아와주었다네. 고마우이, 자네같이 바르고 진실한 사람은 앞으로 반드시 성공하고 큰일을 해낼 걸세."

그러면서 오 씨는 그 자리에서 채무 일체를 탕감하고, 이승훈에게 많은 돈을 쥐어주었다. 이승훈은 그 돈으로 다시 사업을 일으켜 오산중학교를 세워 수많은 애국지사를 길러내는 큰 업적을 남겼다.

정직은 거짓이 없고 마음이 곧은 것

살면서 대인관계를 맺을 때 가장 중요한 것은 '신의'다. 신의의 바탕이 되는 것은 믿음인데, 믿음을 주는 것은 오직 정직밖에 없다.

오 씨는 이승훈의 사람됨을 그 정직한 마음에서 찾아냈다. 그는 이승훈을 신용했고, 서슴지 않고 또 다시 거액의 사업자금을 내주어 큰일을 하도록 도와주었다. 정직하면 믿게 되고, 믿게 되면 신용하게 되고, 신용하게 되면 신임하게 된다. 신임하게 될 때 일을 맡기게 되고, 일을 맡기게 될 때 그 사람에게 희망을 걸게 되는 것이다. 대인관계의 근본은 정직에서부터 시작된다. 정직할 때 서로 믿을 수 있고, 신용할 수 있고, 또 도울 수 있다.

그럼 정직이란 무엇인가? 거짓이나 꾸밈없이 마음이 바르고 곧음을 말한다. 정직한 사람은 어떤 사람인지 구체적으로 살펴보자.

첫째, 정직한 사람은 거짓말을 하지 않는 사람이다. 거짓말로 남을 속이지 않는 양심적인 사람이다.

둘째, 정직한 사람은 마음이 바르고 곧은 사람이다. 마음을 바르게 쓰는 착한 사람이다. 결코 남에게 해가 되는 일을 하지 않으며, 남의 것을 탐내지 않는 선하게 살아가는 사람이다.

혼탁한 세상에서는 정직한 사람이 어려움을 겪고, 정직하지 못한 사람이 잘살고 있는 것처럼 보이기도 한다. 때로는 거짓이 참을 누르고, 허위가 정직을 누르는 경우도 없지 않다.

그러나 인생과 사회의 역사를 긴 눈으로 보고 먼 안목으로 관찰하면 거짓은 잠깐이요 일시적이며, 정직은 영원하다. 허위는 진실에 패하고, 거짓은 참에게 망하는 것이 유구한 역사의 교훈이요, 진리다.

정직하지 못하면 설 땅이 없다

오늘날 우리의 현실을 직시하라. 우리나라에서는 언제부터인지 정직을 하나의 덕목으로 치지 않을 정도로 양심이 마비되어 있거나 불감증에 걸려 있다. 큰일이 아닐 수 없다.

약삭빠른 자가 잘살고, 정직한 사람을 모자란 사람쯤으로 치부하는 오늘의 현실은 잘못되어도 한참 잘못되어 있다.

나라 발전의 저해 요인이 여기에 있다는 것은 두말할 필요도 없지만, 특히 오늘날 같은 국제화 시대에 살아남으려면 나라와 나라 사이의 신용은 무엇보다도 중요하다.

상품 거래에서 신용을 잃으면 그것은 바로 파산이다. 다시는 거래를 할 수 없게 되어 세계에서 설 자리를 잃게 된다. 선진국에서는 '너는 거짓말쟁이'라는 딱지만 붙으면 상거래뿐만 아니라 인간관계도 끝장이다.

우리가 선진국으로 대접받지 못하는 중요한 이유는 기술과 능력이 부족한 점도 있겠지만, 보다 중요한 원인은 이러한 근본적인 가치관에 큰 결함이 있기 때문이다.

스웨덴의 경제학자 뮈르달G. Myrdal은 아시아 여러 나라가 발전하지 못하는 이유는 천연자원이 부족한 것도 아니고, 과학이 뒤떨어져 있기 때문이 아니라며 아래와 같이 지적했다.

정직하지 못한 것, 질서가 없는 것, 약속을 안 지키는 것, 검소의 미덕을 모르는 것, 시간을 지킬 줄 모르는 것, 부지런하지 못한 것, 행동에 앞서 사고하는 방법에 합리성이 없는 것, 변화하는 세계에 적응하지 못하는 것, 협동할 줄 모르는 것, 장기간의 안목이 결여되어 있는 것, 상황 변화에 적응할 만한 준비성이 없는 것, 성의와 열의가 부족한 것, 기획 능력이 부족한 것 등 열세 가지를 들었다.

이 말은 마치 우리나라를 두고 지적한 것만 같아 부끄러움을 금할 수가 없다. 그중에서도 가장 중점을 두고 지적한 것이 정직이다.

우리는 심각하게 반성하고 거듭 태어나지 않으면 국제사회에서 발을 붙이고 살아갈 수가 없다. 정직은 인간관계의 초석이다. 기초가 흔들리면 그야말로 만사가 사상누각이 되는 것이다.

그 안창호 선생의 통회의 외침을 못 들었는가

정직과 성실을 누구보다도 역설하고, 거짓을 통렬하게 비판하고 나선 사람은 민족의 스승 도산 안창호島山 安昌浩, 1878~1938 선생이다.

그는 '거짓말'과 '거짓 행실', 이 두 가지가 우리 민족을 쇠퇴시키고 나라를 망하게 한 근본 원인이었다고 확신하고 "아아, 거짓이여! 너는 내

나라를 죽인 원수로구나. 내 평생에 죽어도 다시는 거짓말을 하지 않으리라"며 통탄했다.

그러면서 그는 "죽더라도 거짓이 없어라. 농담이라도 거짓말을 말아라. 꿈이라도 성실을 잃었거든 통회하라"고 외쳤다.

이렇게 '거짓말'과 '거짓 행실'을 우리 민족의 가장 큰 결함이라고 간파한 도산 선생은, 우리 동포의 마음에서 이 폐습을 제거하기 위해 그 대책으로 '참되고 실속 있도록 힘써 실행하다'는 뜻의 '무실역행務實力行'을 내세웠다.

참되고 실속 있도록 힘써 행하라는 것이다. 저마다 공리공론空理空論에서 벗어나 거짓 없는 성실한 마음으로 무실역행하는 사람이 되라고 부르짖었다.

100여 년 전 애타게 소리 높여 민족성 개조를 외치던 그 도산 선생이 지금도 우리를 향해 외치고 있는 것만 같다.

우리는 도산 안창호 선생이 외치던 그 무실역행 사상을 오늘에 되살려 참되고 실속 있는 민족으로 다시 태어나야 한다.

양심은 인간의 내적 법정

양심은 인간이 갖는 최고의 빛이요, 최대의 권위요, 최상의 가치다.

자전거 도둑의 참회

오래전에 27년 전 자전거를 훔친 죗값이라며 어느 병원의 원장을 찾아와, 돈이 없어 수술을 받지 못하는 불우한 이웃을 위해 써달라며 2천 500만 원이 든 봉투를 내민 40대 신사가 있었다.

"이것으로 죄책감을 아주 씻어낼 수는 없겠지만, 조금이라도 죗값을 치르고 싶었습니다."

중소기업을 경영하고 있는 송 씨에게는 씻을 수 없는 과거가 있었다. 비록 자기 혼자만이 알고 있는 사실이지만, 다른 사람의 손가락질을 받는 것보다 더 괴로웠다.

27년 동안 그는 죄책감으로 고민하며 살아왔다. "나는 자전거 도둑인데…… 이 죗값을 어떻게 갚을까."

송 씨의 사연은 1972년으로 거슬러 올라간다. 전남 어느 시골 가난한 집안에서 자라난 그는 무작정 서울에 올라와서 어렵게 일자리를 구했다. 그러나 곧 회사 사정으로 일을 그만두게 되었다. 당장 라면 사먹을 돈조차 없어 그는 굶기를 밥 먹듯 했다.

그러던 어느 날 돈을 빌리려고 친척 집을 찾아갔으나 만나지도 못하고 힘없이 돌아오다가 어느 가게 앞 길가에 세워둔 자전거를 보는 순간 그만 이성을 잃고 말았다. 집 근처에 와서 자전거를 2천500원에 팔았다. 그는 앞뒤를 가릴 형편이 아니었다. 우선 몇 끼를 굶었으니 허기부터 면해야 했다.

'라면을 끓여 먹는 동안 왜 그렇게 눈물이 나던지⋯⋯. 언젠가 성공하면 주인을 찾아 용서를 빌고 천 배, 만 배로 꼭 갚으리라.'

눈물을 삼키며 다짐한 그는 고생 끝에 양변기 생산 공장을 설립하여 열심히 노력한 결과 지금은 종업원 40여 명을 거느린 중소기업체의 사장이 되었다.

그동안 송 씨는 자전거 주인을 찾아 백방으로 수소문했지만 찾을 길이 없었다. 남몰래 소년소녀 가장과 불우 노인들을 돕는 일로 죗값을 치르려고 애썼지만, 마음 한구석은 늘 찜찜했다. 그러다가 생각 끝에 병원을 찾은 것이다.

"다 털어놓고 나니 응어리가 좀 풀리는 것 같습니다. 평생을 두고 갚아나가야지요."

양심의 존재는 이처럼 위대하다. 그러나 그보다 잘못을 뉘우치고 참회하는 마음은 더욱 아름답고 위대하다.

참회하는 마음은 아름답다

이 실화는 요즘 같은 각박한 세상에 아직 이런 사람이 남아 있는가 싶어 모처럼 진한 감동을 안겨준다. 지난날의 잘못을 깊이 뉘우치고 참회하는 마음은 감격스럽다 못해 거룩해 보인다.

부득이한 사정으로 남의 것을 훔쳤던 송 씨의 사죄는 인간 양심의 승리를 가져다주었다. 비록 끼니를 굶어 앞뒤를 가릴 수 없는 상황에서 저지른 일이지만, 그 일은 두고두고 송 씨가 양심의 가책을 느끼게 했고 죄의 굴레에서 괴로워하도록 만들었다.

그렇지만 그는 결국 양심이 가리키는 대로 참회하고 죗값을 지불함으로써 죄의 굴레에서 벗어날 수 있었다. 참으로 용기 있는 행동이었다.

여기에 우리의 마음을 흐뭇하게 해주는 또 다른 양심 바른 사람의 아름다운 실화가 있다.

"늦게나마 빚을 갚아 마음의 짐을 덜어 후련합니다."

70대 노인이 40여 년 전 이웃 상인에게 빌린 돈을 그의 아들에게 갚은 다음 한 말이다.

서울 방산시장에서 외제상품 장사를 하던 장일감 씨는 1960년 동료 상인 정기순 씨의 돈 2만3천 원을 빌려 썼다. 그런데 정 씨가 갑자기 사망하는 바람에 빚을 갚을 수가 없었다.

장 씨는 정 씨의 아들(당시 초등학생)에게 돌려주려고 했지만, 정 씨의 친척이 어디론가 데려가 행방을 찾을 수가 없었다. 이후 죄책감에 시달리던 장 씨는 2000년 폐 기흉으로 생사를 헤맬 때 가족들에게 지난 얘기를 들려주며 "내가 죽더라도 정 씨 아들을 찾아 반드시 돈을 돌려주라"는 유언을 남겼다.

다행히 건강을 회복한 장 씨는 그때부터 정 씨의 아들을 찾아 나섰다. 정 씨의 아들이 다녔던 방산초등학교 학적부에서 인적사항을 확인한 그는 서울 서부경찰서 민원실을 찾아가 사정을 이야기하고 정 씨의 아들을 찾아줄 것을 호소했다.

결국 경찰의 주민정산 자료검색을 통해 정씨의 아들 김 씨를 찾게 됐다. 김 씨는 곧 그를 만나 그간의 사정을 말하고 현재의 통화가치를 고려한 500만 원을 갚았다.

70대 할아버지가 42년 만에 빚을 갚았다는 미담은, 혼탁한 세상에 한 줄기 빛을 보는 것 같은 신선한 감동을 준다.

부득이한 사정으로 빚을 갚을 수가 없었지만, 그 일은 장 씨로 하여금 남의 돈을 부당하게 떼먹었다는 양심의 가책을 받게 하였다. 어찌 보면 아무도 챙기는 사람이 없는 빚을 그냥 모른 척하고 지나쳐버릴 수도 있는 일이었다. 그러나 장 씨는 늦게나마 그 아들에게 그 빚을 갚음으로써 마음의 짐을 덜 수가 있었다. 참으로 양심 바른 사람이었다.

남의 것을 집어 먹고도 부끄러워할 줄 모르는 세태에서 이 같은 양심 바른 행위는 얼마나 값진 일인가. 이제는 좀처럼 만나기 어려운 맑고 깨끗한 '양심'을 새롭게 발견한 것 같아 그들을 나무라기보다는 오히려 칭찬해주고 싶은 마음이 앞선다. 모두가 양심이 선사하는 청량제 같은 미담이다.

우리는 이 두 사람의 이야기를 접하면서 양심이 얼마나 위대한가를 다시금 깨닫게 된다.

양심은 인간의 내적 법정

인간에게는 양심이란 것이 있다. 양심은 선과 도덕적 능력을 지닌다. 인간은 이 선과 도덕적 능력을 가졌기 때문에 동물과 구별되며 만물의 영장이 될 수 있었다.

만약 인간에게서 양심을 빼버린다면 어떻게 되겠는가?

마치 소금에서 짠맛을 빼버리면 소금이 될 수 없듯이 양심을 빼버린 인간은 사람이면서 사람이 아닌 한낱 악마적 존재로 남을 것이다. 이처럼 인간은 양심이 있기 때문에 인간답게 살아갈 수 있는 것이다.

그럼 양심이란 대체 무엇이며 어떤 작용을 하는가를 헤아려 보자.

양심은 인간의 밝은 도덕적 판단력이다. 무엇이 선이고 악이며, 무엇이 의이고 불의이며, 무엇이 옳고 그른지를 준엄하게 판단하는 도덕적 의식이다. 양심은 언제나 선악을 구별하여 가르쳐주고, 선한 길로 인도하며 잘못된 길로 가지 않도록 경고하고 채찍질한다.

독일의 철학자 칸트는 "양심은 인간의 내적 법정"이라고 말했다. 하나님은 인간의 마음속에 양심이라는 법정을 만들어 사람의 행동 하나하나에 대하여 도덕적 판단을 내려준다. 죄를 지으면 양심이라는 법관이 나를 내적 법정에 불러내어 준엄하게 심판한다. 그리고 나를 고발하고 채찍질하고 마음의 가책을 받게 한다.

양심의 법정은 사회의 법정처럼 물리적인 제재를 가하여 신체적인 고통을 줄 수는 없다. 그러나 양심의 명령에 불복하면 그때부터 마음의 고통을 받아야 하고 항상 죄의 굴레에서 두고두고 괴로움을 당해야 한다.

남을 속일 수는 있어도 나의 양심을 속일 수는 없다. 양심은 나의 가슴속 깊은 데서 오는 진실한 소리다. 양심은 거짓되고 타락한 나를 꾸짖고 선하고 진실한 자아로 돌아가도록 명령한다.

양심의 명령에 따라야 평온한 삶을 누릴 수 있다

"양심은 우리 내면에 있는 신의 음성"이라고 고대 그리스의 극작가 메난드로스는 말했다. 그래서 양심에는 누구도 도전할 수는 없는 권위가 있고, 거역할 수 없는 힘이 있다. 우리는 항상 양심의 소리에 귀를 기울이고 두려운 마음으로 양심의 명령에 따라야 한다.

우리가 양심의 소리를 듣지 않고 양심의 명령에 따르지 아니할 때, 부정과 잘못을 저지르게 되고 악의 구렁텅이에 빠지게 된다. 양심의 마비처럼 불행하고 비참한 것은 없다.

한 개인의 양심이 마비될 때 그는 악인이 되고, 온 국민의 양심이 마비될 때 그 사회는 부정부패의 타락한 사회로 전락한다.

양심은 준엄한 채찍이다. 인간은 양심의 가책을 받기 때문에 스스로 반성하고 뉘우치고 돌이킬 수가 있다. 양심은 끊임없이 자기성찰을 촉구해서 인간답게 살도록 이끌어준다.

양심은 인간이 갖는 최고의 빛이요, 최대의 권위요, 최상의 가치다. 인간이 인간답게 산다는 것은 양심의 명령대로 생각하고 행동하는 것이다. 그러므로 우리 가슴에는 언제나 맑은 양심이 빛나고 있어야 한다.

양심의 샘터에서 나오는 깨끗하고 맑은 물로 우리의 더러운 죄와 악의 때를 깨끗이 씻도록 힝싱 마음을 바르게 가져야 한다. 이렇게 될 때 인간은 비로소 떳떳하고 평온한 삶을 누리게 되는 것이다.

깊고 창조적이고 행복한 만남

어떤 사람을 어떻게 만나느냐에 따라 한 사람의 삶의 질과 방향이 결정된다.

참된 스승과의 만남

나의 삶에 결정적인 영향을 미친 사람을 말하자면 아무래도 이석희 선생님을 빼놓을 수가 없다. 중앙대학교 총장을 지낸 이 선생님은 고등학교 2학년 때 우리 반 담임이셨다. 그 당시 나는 형편없는 문제아였다. 성적은 꼴찌에서 헤아리는 편이 훨씬 빨랐고, 뒷골목의 생리를 아직 몸에서 털어내지 못하고 있던 터라 말썽도 많이 일으켰다.

이석희 선생님은 무슨 속셈이셨는지 그런 문제아를 1학기 때는 부반장에 그리고 2학기 때는 규율부장에 임명하셨다. 내가 그분과의 만남을 '결정적인 사건'이라고 회고하는 이유가 바로 여기에 있다. 그분은 내 속에 잠재되어 있는 가능성과 소질을 일깨워주고 공식적으로 인정해준 최초의 사람이었던 것이다.

규율부장이 되자 나의 생활은 갑자기 변했다. 규율부장은 다른 학생들의 모범이 되어야만 한다는 상식 정도는 나도 알고 있었다.

그때까지만 해도 상급생에게 경례도 잘 붙이지 않던 내가 그런 학생을 단속하는 규율부장이라니.

나는 아침마다 거울 앞에 서서 복장을 단정히 했고 차츰 행실도 바로잡아 갔다. 그리고 공부도 열심히 하기 시작했다. 내가 이우복을 쫓아다니다시피 해가며 뒤떨어진 공부를 보충하려 했던 계기를 바로 이석희 선생님이 제공해주신 것이었다.

그분은 나를 공식적으로 인정해주셨다. 고백하거니와 나는 그 선생님의 그 '인정'에 답하기 위해서 노력하고 애썼다. 선생님의 그와 같은 '인정'이 결코 근거 없는 것이 아니라는 걸 확인시켜주기 위해 열심히 공부하며 스스로 탈바꿈해갔다. 사람은 누구나 자기를 인정해주는 사람을 실망시키고 싶지 않은 마음이 있는 법이다.

참된 만남은 사람을 변화시킨다

앞의 이야기는 대우그룹의 총수였던 김우중 회장이 《세계는 넓고 할일은 많다》에서 '나의 인생에 영향을 끼친 사람들'이라는 글에 밝힌 젊은 날의 자신을 고백한 내용의 일부다. '만남이 얼마나 중요한가'를 일깨워주는 인상적인 이야기다.

그가 중학교 1학년 때 6·25전쟁이 일어났는데, 도지사를 지낸 아버지는 납북되고 두 형마저 군대에 입대하여 중학생인 그가 졸지에 네 식구를 책임지는 가장이 되었다. 피난 중에 먹고살자니 고생은 말할 것도 없었고, 거친 세파를 헤치고 살자니 거칠어질 수밖에 없었다.

그런 문제아가 훌륭한 스승을 만나 개과천선할 수 있었다. 그는 자기를 인정해준 선생님을 실망시키지 않기 위해 열심히 공부하며 스스로를 탈바꿈해나갔다. 그에게 깊은 인격적 감화를 주고 인생의 올바른 길을 가르쳐주신 이석희 선생님과 같은 훌륭한 스승을 만날 수 있었다는 것은 그에게 크나큰 행운이요, 축복이었다.

참된 삶은 만남에서 시작된다

《나와 너》의 저자 마틴 부버는 "모든 참다운 삶은 만남에서 비롯된다"고 했다. 참으로 공감이 가는 말이다. 누구를 만나느냐에 따라 한 사람의 삶의 질과 방향이 얼마든지 바뀔 수 있다고 믿기 때문이다.

만남은 대단히 중요한 의미를 갖는다. 언제 어떤 사람을 어떻게 만나느냐가 무엇보다 중요하다. 특히 젊은 시절에 어떤 사람을 만나느냐에 따라 그 사람의 앞날이 결정된다. 어떻게 보면 세상에 이보다 더 중요한 것은 달리 없다고 말해도 지나친 말이 아니다. 그래서 청소년기에 사람을 잘 만나야 한다.

분명히 청소년기에 만나는 사람이 그 사람의 앞날에 결정적인 영향을 미친다. 만남처럼 인생에서 중요한 것은 없다. 낙관주의자를 만나면 밝은 사람이 되고, 비관주의자를 만나면 어두운 사람이 된다. 훌륭한 사람을 만나면 훌륭한 사람이 되고, 행복한 사람을 만나면 행복한 사람이 된다. 사람은 자기가 좋아하는 사람을 본받으려 하기 때문이다. 잘 살기 위해 사람을 잘 만나야 하는 이유가 바로 여기에 있다.

내가 선한 사람이 되느냐 악한 사람이 되느냐, 내가 뛰어난 사람이 되느냐 하찮은 사람이 되느냐를 결정하는 것은, 결국 젊은 시기에 어떤 사람을 만나 어떤 영향을 받느냐에 따라 좌우된다. 우리는 이 사실을 명심해야 한다.

어떤 만남이 바람직한 만남인가?

우리는 일생 동안에 수많은 사람들과 만나지만, 인연 있는 만남은 그리 많지가 않다. 불과 20~30명의 사람들과 깊은 운명적인 만남을 가질 뿐이다. 살기 위해서 만나야 하고 만나야 관계를 맺을 수 있다. 하지만 만나고 싶은 사람만 만나고 만나기 싫은 사람은 안 만날 수 없는 것이 인간의 사회생활이다.

그러나 사람을 가려서 만나야 한다. 좋은 사람을 선택해서 만나야 한다. 올바른 선택을 하려면 지혜와 총명이 필요하다. 세상에 어리석은 선택, 잘못된 선택을 하여 후회하고 좌절하고 불행해지는 사람이 얼마나 많은가. 만남은 엄숙하고 두렵고 중대하다. 우리는 만남을 선택할 때 진지하고 신중하고 지혜롭게 결정해야 한다.

철학자 안병욱 박사는 "인간의 만남에는 깊은 만남과 옅은 만남이 있고, 창조적인 만남과 파괴적인 만남이 있고, 행복한 만남과 불행한 만남이 있다"고 지적하면서, 깊고 창조적이고 행복한 만남이 되도록 만남을 잘 선택해야 한다고 했다.

그럼 어떤 만남이 바람직한 만남일까?

첫째, 깊은 민남을 가져야 한다.

의기투합하는 두터운 우정의 만남, 따뜻한 정을 주고받는 사람과의 만남, 진리를 주고받는 사제 사이의 만남 등과 같이 혼과 혼, 마음과 마음, 인격과 인격이 서로 포용하는 만남이 깊은 만남이다. 이러한 만남 속에 인생의 참된 신뢰가 있고, 삶의 보람이 있고, 인생의 행복이 있다.

옅은 만남은 이해관계 속의 타산적인 만남이나 잠시 스쳐가는 일시적인 만남으로, 아무런 의미도 가치도 없는 만남이다.

둘째, 창조적인 만남을 가져야 한다.

서로 만남으로써 서로가 착해지고 진실해지고, 서로가 힘과 빛을 얻게 되며, 정신이 향상되고 인격이 심화되고 거듭나게 되는 만남이 창조적인 만남이다. 이러한 만남 속에 인생의 감격이 있고, 정신의 희열이 있다.

그러나 파괴적인 만남은 서로가 만남으로써 악의 구렁으로 전락하게 되거나 부패와 타락에 빠지게 되는 나쁜 사람과의 만남으로, 매우 경계해야 할 만남이다.

셋째, 행복한 만남을 가져야 한다.

너와 나의 만남이 기쁨이 되고 즐거움이 되고 축복이 되는 만남, 사랑과 호의와 기쁨이 충만한 만남이 행복한 만남이다. 이러한 만남을 통해 사는 것이 즐거워지고 인생의 보람을 느끼게 된다.

그러나 불행한 만남은 서로의 만남이 불행의 씨앗이 되는 괴롭고 저주스러운 만남으로, 애당초 있어서는 안 되는 만남이다.

너와 나의 성실한 만남 속에 인생의 행복이 있다. 성실한 만남을 가질 때 우리의 만남은 깊고 창조적이고 행복한 만남이 될 수 있다. 이것이 선택된 만남이요, 보람된 만남이요, 우리가 간절히 염원하는 만남이다. 우리의 만남이 즐거운 만남이 되고, 축복된 만남이 되는 것은 오직 본인 자신의 선택에 달려 있다.

시간은 곧 생명이다

인간의 성패는 주어진 시각을 잘 활용했느냐, 남용했느냐에 따라 좌우된다.

마지막 5분

러시아의 소설가 도스토옙스키는 28세 때, 내란음모 사건에 연루되어 사형선고를 받았다. 그는 몹시 추운 겨울날 사형집행 현장에 끌려가 기둥에 묶였다.

사형집행 예정시간을 생각하면서 시계를 보니 자신이 이 땅 위에서 살 수 있는 시간이 5분밖에 남아 있지 않았다. 28년을 살아왔지만 이렇듯 단 5분이 천금같이 생각되기는 처음이었다.

그는 이제 남은 5분을 이떻게 쓸까 생각해 보았다. 현장으로 끌려온 동료들에게 마지막 인사를 나누는 데 2분이 걸리고, 오늘까지 살아온 생활과 생각을 정리하는 데 2분을 쓰고, 남은 1분은 오늘까지 발을 붙이고 살던 땅과 눈으로 볼 수 있는 자연을 마지막으로 둘러보는 데 쓰기로 했다. 마지막 인사를 나누는 데 벌써 2분이 지나갔다. 이제 자기 자신의 삶을 정리하고자 하는데, 문득 3분 후에 닥쳐올 죽음을 생각하니 갑자기 눈앞이 캄캄해지고 아찔해졌다.

28년의 세월을 순간순간 아껴 쓰지 못한 것이 참으로 후회가 되었다. 이제 다시 한 번만 살 수 있다면 순간순간을 값지게 쓰련만, 그는 깊이 뉘우쳤다. 간수들이 총에 탄환을 장착하는 소리가 들렸다. 그는 죽음의 공포에 떨었다.

바로 그때였다. 갑자기 사형현장 안이 떠들썩하더니 한 병사가 흰 수건을 흔들면서 달려오고 있었다. 황제의 특명을 가지고 온 것이다.

그는 징역형으로 감형되어 시베리아 유형생활을 하다가 1859년 자유의 몸이 되어 모스크바로 돌아왔다.

그는 사형대에서 느꼈던 '시간의 소중함'을 평생 잊을 수가 없었다. 그 결과 철저한 시간관리와 불타는 정열로 《죄와 벌》, 《카라마조프의 형제들》 등과 같은 불후의 명작을 남기게 되었다.

시간을 소중하게 여겨야 하는 이유

절체절명의 위기상황에서 도스토옙스키가 마음에 사무치게 느꼈던 '마지막 5분'에서 우리는 시간을 소중하게 아끼면서 살아야 한다는 교훈을 얻는다.

시간은 영원에서 영원으로 흐르고 있어 시간 자체는 무한량이라고 할 수 있다. 그러나 애석하게도 우리 생활에 쓸 수 있는 시간은 지극히 한정되어 있다. 때문에 시간은 우리에게 아껴 써야 할 밑천이다.

그런데 시간은 시위를 떠난 화살 같아서 한 번 지나가면 돌아오는 법이 없다. 시간은 모든 것을 변하게 만들지만, 우리는 그 시간을 붙잡아놓을 수가 없다. 그래서 우리 앞에 와 있는 현재의 시간을 놓치지 말고 잘 활용해야 한다.

러시아의 대문호 톨스토이는 "이 세상에서 가장 중요한 시간은 현재라는 시간"이라고 갈파했다. 어떻게 보면 인생이란 실제로는 오늘 하루에 요약된다고 볼 수 있다. 어제는 이미 가버린 시간이요, 내일은 아직 오지 아니한 시간이다. 내 앞에 현존하는 것은 오직 오늘이라는 이 시간뿐이다.

오늘이라는 이 시간은 두 번 다시 오지 않는다. 우리가 시간을 소중하게 여겨야 하는 까닭은 그 일회성에 있다. 지금이라는 이 시간을 놓치면 다시는 그 시간을 활용할 수가 없기 때문이다.

우리는 인생을 두 번 살 수가 없다. 한순간이라도 소홀히 보내서는 안 된다. 특히 젊은 사람들은 젊기 때문에 자칫 시간의 소중함을 잊기 쉽다. 아직 살아야 할 시간이 주체할 수 없을 만큼 많이 남아 있는데, 그까짓 조금 헤프게 쓴다 해서 문제가 되겠느냐고 안이하게 생각할지 모른다. 그러나 세월은 사람을 기다리지 않는다. 시간을 소중하게 여겨야 할 이유가 바로 여기에 있다.

오늘 주어진 시간을 충실하게 가꿔야

시간은 누구에게나 공평하게 주어진 자본이다. 그 자본을 잘 활용했느냐, 그렇지 않고 허비했느냐에 따라 인생의 성패가 좌우된다. 오늘 우리에게 허락된 시간을 헛되이 보내서는 안 되겠다는 생각을 해야 한다.

오늘 주어진 하루를 충실하게 가꾸어야 한다. 이것은 곧 인생을 값지게 살아야 한다는 것을 뜻한다. 오늘 우리에게 주어진 이 하루 동안 땀 흘리고 애쓰지 않으면 내일 열매를 거두기 어렵다. 주어진 오늘 하루에 충실하지 않으면 내일 병든 열매를 거두어야 할 것이다.

우리는 생산적, 건설적, 창조적으로 시간을 잘 활용해서 뜻을 성취하고, 보람 있는 생애를 살 수 있도록 노력해야 한다.

우리 자신의 생활을 잘 살펴보면 우리의 비합리적인 사고와 비능률적인 행동으로 인해 귀중한 시간을 낭비하고 있다는 사실을 깨닫게 된다. 이 같은 시간의 낭비 요소를 제거하려면 하루하루 주어진 시간을 최대한으로 활용하려는 다짐부터 해야 한다.

하루를 일찍 시작할 것, 불필요한 일이나 행동을 하지 말 것, 계획을 세워 알차게 일할 것, 시작한 일은 내일로 미루지 말고 끝장을 볼 것 등 효율적인 활용방안을 실천해야 한다.

시간의 창조적 활용이 성공으로 이끈다

통계학의 대가로 이름난 팝슨은 100여 년에 걸쳐 세계의 모든 사업가가 이룩한 업적을 조사, 통계적으로 파악하여 대성공을 거둔 사람이다.

어느 날, 연구실에 있는 팝슨에게 젊은 제자가 찾아왔다.

"선생님, 안녕하셨습니까?"

"이게 얼마 만인가? 그래, 무슨 일이 있어서 온 것 같은데……?"

팝슨은 제자에게 의자를 권하면서 물었다.

"다름이 아니라, 선생님께서 다년간 온갖 종류의 사업에 관한 통계를 내는 동안에 혹 성공의 비결이라고 할 만한 점을 느끼셨다면 좀 들려주십사 하고 왔습니다."

"성공의 비결이라? 물론 있지."

"그게 뭔지 좀 말씀해주십시오."

"그럼 얘기를 할 테니 잘 듣게. 오후 여섯 시부터 열 시까지 그 네 시간을 어떻게 이용하느냐에 따라 성공과 실패가 좌우된다네."

제자는 팝슨의 말뜻을 못 알아들은 듯 의아한 표정을 지었다.

"요즘 사람들은 직장에서의 일이 끝나면 그 후의 시간을 별로 하는 일 없이 빈둥빈둥 놀면서 보내기 일쑤지. 만약 그 네 시간을 자기에게 필요한 전문적인 지식을 쌓는 데 써보게. 가령 은행원일 경우에는 저축을 더 많이 하게 하는 방법을, 생산 기술자라면 같은 시간에 좀 더 많은 물품을 생산할 수 있는 생산성 향상 방법을, 또 교사라면 가르치는 방법을 개선하고 연구하는 데 그 시간을 가치 있게 활용해보란 말일세. 1년을 그렇게 계속한다면 1,460시간이란 어마어마한 시간을 유효적절하게 사용하게 되는 거야."

제자는 깨달은 바가 있는 듯 크게 고개를 끄덕였다.

"그렇게 10년만 보내보게. 자기가 노력한 분야에서는 틀림없이 전문가가 되어 있을 테니까. 내 말을 명심해서 실천해보게. 오늘부터라도 늦지 않았으니까 말이야."

인생의 성패는 자기에게 주어진 시간을 얼마나 창조적으로 활용하느냐 못하느냐에 따라 좌우된다. 우리는 매일매일 창조적이고 생산적인 시간을 보내도록 노력해야 한다. 그것이 성공과 승리에 이르는 길이요, 보람된 인생을 창조하는 길이다.

습관은 인간의 운명까지 좌우한다

나쁜 습관은 불행한 운명을 만들고, 좋은 습관은 행복한 운명을 만든다.

톨스토이의 일기 쓰기 습관

톨스토이는 유서 깊은 백작 가문의 넷째 아들로 태어났다. 하지만 불운하게도 두 살 때 어머니를 여의고, 아홉 살 때 아버지마저 잃고, 뒤이어 할머니까지 세상을 떠나자 다섯 남매는 졸지에 고아 신세가 되고 말았다. 그 후 친척집에 의지하고 살아야 했던 톨스토이는 학교에 다닐 만한 형편이 되지 못했다. 혼자 목표를 세우고 공부할 수밖에 없었던 그는 목표를 이루기 위해 뼈를 깎는 노력을 해야 했다.

그는 대학에 들어가기 위해 열심히 공부에 매달렸지만, 첫 시험에는 불합격했고 재도전 끝에 카잔 대학에 입학할 수 있었다. 그렇지만 대학 공부에 실망한 나머지 학교를 중퇴하고 고향으로 돌아가 약 2년 동안 무려 300여 권의 학술서적과 500여 권의 문학, 종교, 음악, 회화 등의 책을 공부했다. 참으로 대단한 학구열이었다. 이 같은 높은 학구열이 대문호의 바탕을 이루어놓은 것이다.

그러나 톨스토이를 세계적인 대문호로 만든 출발점은 하나의 좋은 습관이었다. 그에게는 열아홉 살 때부터 평생을 실천한 습관이 있었다. 그것은 다름 아닌 '일기 쓰기'였다. 그는 일기를 쓰면서 끊임없이 반성하고 계획을 세우며 실천했으며, 이를 통해 스스로를 단련해나갔다. 그의 인간적인 완성은 일기 쓰기에서 시작되었다고 해도 과언이 아니다.

일기 쓰기는 그에게는 작품의 원천이 되었을 뿐만 아니라 문학적 결실을 만들어낸 엔진과도 같았다.

톨스토이는 젊은 시절 한때 어려운 여건으로 방황을 거듭했지만, 일기 쓰기를 통해 치열하게 자기를 반성하면서 이 상황을 극복할 수 있었다. 그의 일기는 대문호의 인격을 완성시킨 참회록이나 다름이 없다.

습관은 인간의 운명을 지배한다

톨스토이의 일기 쓰기 습관에 얽힌 이야기는 바람직한 좋은 습관 하나가 사람의 인간적인 완성에 얼마나 크게 기여하는가를 보여준다. 한편으로는 적극적으로 좋은 습관을 만들어 행복한 삶이 되도록 힘써야하겠다는 결의를 갖게 한다.

좋은 습관을 만든 사람은 이처럼 그 좋은 습관으로 자기의 능력을 향상시키고 행복한 삶을 누리며 성공의 길을 걷게 되지만, 나쁜 습관을 만든 사람은 그 나쁜 습관으로 능력이 저하되고 불행한 삶을 살며 실패의 길을 걷게 된다.

습관은 인생을 지배하는 놀라운 힘을 가졌다. 습관은 생각과 행동을 지배하고, 성격을 형성하고, 운명까지도 좌우한다. 나쁜 습관은 불행한 운명을 만들고, 좋은 습관은 행복한 운명을 만든다.

이렇듯 습관은 인생을 지배한다. 그러므로 우리는 적극적으로 좋은 습관을 만들어 행복한 삶이 되도록 힘써야 하며, 동시에 나쁜 습관을 고쳐 불행한 삶을 살지 않도록 힘써야 한다.

습관이 갖는 특성

습관에는 하나의 큰 장점이 있다. 습관을 들여놓으면 그다음부터는 아무런 의식이나 노력 없이도 저절로 자연스럽게 기계적으로 하게 된다. 이것은 습관이 갖는 특성이자 장점이기도 하다.

좋은 습관을 기르게 되면 힘들이지 않고 쉽게 자기의 뜻을 성취해 나가는 데 커다란 보탬이 된다. 반면 나쁜 습관을 기르게 되면 쉽게 고쳐지지 않는 습관의 경향 때문에 그것이 걸림돌이 되어 자기 발전에 오히려 장애물이 된다.

예를 들어 아침 다섯 시에 일어나는 습관이 생긴 사람은 아무 노력을 하지 않아도 다섯 시가 되면 저절로 눈이 떠져서 쉽게 일어날 수 있다. 그 덕에 평생 동안 부지런한 사람으로 많은 시간과 이익을 얻게 되어 자기 발전에 보탬이 되지만, 반대로 게으른 습관을 만든 사람은 그 게으른 습관으로 인해 많은 손해를 보게 되어 자기 발전을 저해하게 되는 것과 같은 것이다.

습관이란 것은 일단 형성되어버리면 좀처럼 벗어나기가 어렵다. 담배 피우는 습관이 생긴 사람은 담배를 안 피우고는 견딜 수가 없다. 이 사람들은 담배의 해독성을 깨닫고 담배를 끊기로 결심하지만, 끊는 데 성공한 사람은 300명 중에 겨우 한두 명밖에 안 된다는 통계가 있다. 담배 끊기가 얼마나 어려운지를 말해주는 사실이다. 또 도박이나 술 먹는 습관이 생긴 사람들도 마찬가지로 그 습관의 손아귀에서 벗어나기가 어렵다. 습관은 이렇듯 무서운 힘으로 우리를 지배한다.

그래서 어떤 철학자는 "습관은 폭군과 같다"고 했다. '그까짓 습관쯤이야' 하고 얕잡아 보기 쉽지만, 결코 그렇지가 않다. 습관을 고치는 일처럼 어려운 일이 없다.

한 번 몸에 밴 습관은 고치기가 어렵다는 사실을 인식하고, 적극적으로 좋은 습관을 만드는 데 힘써야 한다. 동시에 나쁜 습관이 있다면 빨리 고치도록 노력해야 한다.

어떤 습관을 길러야 하는가

습관을 만드는 데는 때가 있고 적절한 시기가 있다. 감수성이 풍부하고 왕성하게 성장하는 어린 시절과 젊은 시절에 될수록 좋은 습관을 많이 만들어야 한다.

그러면 어떤 습관을 길러야 하는가? 인간적인 완성에 기여하고 또 성공하는 자질을 키워줄 수 있는 습관에는 어떤 것이 있는가? 이에 어울리는 바람직한 기본적인 습관 몇 가지를 제시해본다.

첫째, 일찍 일어나는 습관을 길러야 한다.

일찍 일어나서 운동을 하면 기분이 상쾌해져서 기분 좋은 하루를 시작할 수 있다. 일찍 일어난 만큼 더 많은 시간을 활용할 수 있고, 또 부지런한 생활 습성을 기를 수 있다.

둘째, 예의 바르고 인사 잘하는 습관을 길러야 한다.

웃는 얼굴과 밝은 표정으로 정답게 인사를 하면 상대방에게 호감과 친근감을 준다. 그 덕에 서로가 친밀하게 된다. 이것은 좋은 사회성을 기르게 하고 인간관계를 부드럽게 해준다.

셋째, 독서하는 습관을 길러야 한다.

독서는 정신적으로 우리의 눈을 뜨게 하고 우리의 인격을 풍성하게 만들어준다. 또 책을 통해 인생의 지혜를 배우게 하여 정신적 성장을 도와주고, 급변하는 현대사회에 빨리 적응할 수 있는 지식과 능력을 키워준다.

넷째, 적성에 맞는 일에 몰입하는 습관을 길러야 한다.

자기의 적성에 맞는 직업을 선택해야 하는 일이 즐겁고 그 일에 몰입하게 된다. 하고 싶은 일에 몰입한다는 것은, 곧 행복한 삶의 길이요, 성공으로 가는 지름길이기도 하다.

다섯째, 긍정적으로 사고하는 습관을 길러야 한다.

"나는 할 수 있다"는 긍정적이고 적극적인 생각을 하면 그 일은 반드시 이루어진다. 긍정적 사고는 창조력을 해방시켜 해결의 길을 열어주지만, 부정적 사고는 모든 생각에 "나는 할 수 없다"며 제동을 걸기 때문이다.

여섯째, 중도에 결코 포기하지 않는 습관을 길러야 한다.

성공하는 사람과 실패하는 사람의 차이는 그 실패 때문에 좌절해서 주저앉느냐, 그것을 경험으로 삼아서 더욱 분발하고 노력하느냐의 차이에 있다. 기약된 미래는 결코 포기하지 않고 오뚝이처럼 다시 일어나 도전하는 습관을 지닌 사람의 몫이다.

일곱째, 약속을 잘 지키는 습관을 길러야 한다.

신의는 대인관계의 근본이다. 이 신의는 작은 약속으로부터 쌓인다. 약속을 잘 지키면 믿을 수 있는 사람이 되고 신용 있는 사람이 되어 타인으로부터 신임을 받게 된다. 또 약속은 성실성과 신뢰성을 기르게 된다.

여덟째, 깊이 생각하고 행동하는 습관을 길러야 한다.

행동에 옮기기 전에 한발 물러서서 깊이 생각하는 습관을 기르면 원하는 해결책을 찾을 수 있고, 또 실패도 줄일 수 있다. 그와 동시에 생각하고 궁리하는 사고력을 기를 수 있고 매사에 신중하게 처리하는 조심성을 키울 수 있다.

운명은 만들어가는 것

운명은 지어진 것이 아니라 스스로 만들어가는 것이다.

거지의 상에서 정승의 상으로

중국 당나라 때 배도라는 사람이 있었다. 어느 날 거리를 지나가다 그 당시 가장 유명하다는 관상가를 만났다. 잘됐다 싶어 배도가 자신의 관상을 한번 봐줄 것을 청하자 관상가는 아주 말하기 곤란하다는 표정을 짓다가 어렵게 입을 열었다.

"말하기 민망하나 당신은 빌어먹을 상입니다."

이 말을 듣는 순간 배도는 자신의 운명에 대해 실망했지만, 나중에 정말 빌어먹을 때를 대비해서 그 후로 남들에게 선행을 베풀리라 마음먹고 남을 위해 열심히 일했다.

그렇게 얼마의 세월이 흐른 뒤 길에서 그 관상가를 우연히 만나게 되었다. 그 관상가는 배도를 보더니 깜짝 놀라며 이렇게 말했다.

"이럴 수가…… 정말 놀랍군요. 당신의 상이 바뀌어 이젠 정승의 상이 될 상입니다."

아닌 게 아니라 배도는 그 후 벼슬길에 올라 나중에는 정승이 되었다고 한다. 진실을 말한다면 운명은 정해진 것이 아니라, 스스로 만들어가는 것이다.

운명은 만들어가는 것

이 이야기는 운명은 정해진 것이 아니라 스스로 만들어가는 것이라는 사실을 일깨워준다. 우리는 자칫 잘못하면 운명론에 빠져들기 쉽다. 인간의 길흉화복과 흥망성쇠는 초인간적인 어떤 절대적인 힘에 의해서 결정되고 지배되기 때문에 인간의 어떠한 노력도 이것을 바꿀 수 없다고 믿는 사고방식이 운명론이다.

옛날에는 그런 힘이 작용한다고 믿었다. 지금도 그렇게 믿는 사람이 적지 않다. 그러나 시대의 변화는 인간의 의식구조도 변화시켰다. 과학문명의 발달 덕에 인간은 자기 자신의 자주적 결단과 노력에 의해서 자기의 진로를 스스로 개척해 나아갈 수 있다는 확신을 가지게 되었다.

하지만 인간사에서 자기 의사와는 상관없이 결정되는 운명적인 상황이 분명 존재한다. 존재할 뿐만 아니라 우리를 크게 지배하고 좌우하는 것 또한 사실이다. 그러나 인간에게는 운명의 힘만이 아니라 자유의지의 힘 또한 작용한다. 나에게는 나의 행동을 내 마음대로 선택하고 결정할 수 있는 자유의지가 있다. 이 자유의지가 인간의 운명을 바꿔놓는다.

우리는 운명의 힘보다는 인간의 자유의지가 강하다고 믿는다. 이러한 신념과 철학을 가지고 자기의 미래를 용감하게 개척해나가는 삶의 강자가 되어야 한다.

과연 팔자라는 것이 있는가

우리는 좋지 않은 일이 일어나면 습관적으로 팔자타령을 한다. 그 밑바탕에는 "사람은 팔자대로 살아간다"는 운명론이 짙게 깔려 있다.

원래 이 '팔자八字'라는 말은 '사주四柱'에서 나온 것이다. 사주는 '음양오행陰陽五行'에 기초해 명命을 예측하는 일종의 학문이다. 이는 '한 사람이 태어난 연年, 월月, 일日, 시時의 네 개의 기둥, 즉 사주에 각각 두 자로 된 간지를 붙여 만든 여덟 글자八字가 서로 영향을 미치면서 운명을 결정한다는 것이다.

우리 한국인의 의식구조의 심층에는 아직도 이 같은 운명론적 사고방식이 남아 있어 사주팔자를 중시하고 관상을 보고 점을 치고 있는 사람이 적지 않다.

그럼 과연 사주팔자는 있는 것일까? 여기 예부터 전해 내려오는 재미있는 이야기가 그 답을 말해줄 것이다.

옛날에 아주 영험한 도사가 있었다. 많은 사람들이 점을 보기 위해 몰려들었는데, 어느 날 과거시험을 보러 가는 수재 세 명이 찾아왔다. 그들은 누가 과거에 합격될지 알고 싶어 도사에게 뜻을 밝힌 후에 향을 피우고 절을 올렸다. 도사는 눈을 지그시 감더니 그들에게 손가락 하나를 내밀고는 아무 말도 하지 않았다. 잠시 후 도사는 먼지떨이를 흔들면서 이렇게 말했다.

"가보세요, 그때 가면 자연히 알게 될 거요. 이것은 천기라서 누설할 수가 없습니다."

세 명의 수재는 궁금했으나 그대로 돌아갈 수밖에 없었다. 수재가 돌아간 뒤 시종이 호기심에 차서 묻자 그는 이미 밝혔다고 말했다. 시종이 다시 물었다.

"그럼, 스승님께서 손가락 하나를 내민 것은 무슨 뜻입니까? 한 명이 합격된단 말입니까?"

"그러니라."

"그들 가운데 둘이 합격된다면요?"

"그럼, 하나가 합격되지 못한다는 뜻이니라."

"그들 셋이 모두 합격되면 어떻게 하죠?"

"그때는 하나도 빠짐없이 모두 합격된다는 뜻이니라."

시종은 그제야 깨닫고 나서 말했다.

"이것이 바로 '천기'였군요."

운명론에서 벗어나야 한다

이제 우리는 운명론에서 과감하게 벗어나야 한다. 더 이상 운명에 굴복하는 나약한 사람이 되어서는 안 된다. 오히려 운명에 도전하는 용감한 사람이 되어야 한다. 운명을 바꿀 수 있느냐 없느냐 하는 문제는 상당 부분 자기의 자유의지에 달려 있다. 자유의지가 강한 사람은 비록 불행한 운명 속에서 태어났지만, 행복한 운명으로 바꾸어놓을 수 있다. 그렇지 않은 사람은 행복한 운명 속에서 태어났지만, 불행한 운명으로 떨어질 수밖에 없다. 운명은 강자 앞에는 약하고, 약자 앞에는 강하다.

《파랑새》를 쓴 모리스 메테를링크는 "운명아 비켜라, 내가 간다!"고 외쳤다. 얼마나 당당하고 용감한 말인가. 이러한 씩씩한 기상으로 운명에 도전하여 행복한 운명을 창조해야 한다.

| 욕심 |

자기 분수에 맞게 살아라

탐욕은 파멸의 원천이요, 불행의 근원이다

탐욕의 말로

러시아의 대문호 톨스토이의 단편소설 가운데 〈사람에게는 얼마나 많은 땅이 필요할까〉라는 명작이 있다. 주인공 파홈은 욕심쟁이로 많은 땅을 갖고 싶었다. 그래서 그는 땅값이 아주 싸다는 비시킬 지방을 찾아갔다. 비시킬 지방은 소문대로 넓고 기름진 초원이 끝없이 펼쳐져 있었다. 그는 촌장과 땅을 흥정하는데 매매방법이 특이했다.

"우리는 항상 하루당 얼마로 계산해서 팔지요. 즉 하루 동안 걸어갔다가 돌아온 만큼의 땅이 바로 당신 소유가 되는 것입니다. 그리고 그 가격은 1천 루블로 정하고 있습니다. 하지만 한 가지 조건이 있습니다. 그날 해가 지기 전에 출발점에 되돌아오지 못하면 당신이 지불한 돈은 되돌려 받지 못하는 것입니다."

파홈은 매우 흡족했다. 그는 다음 날 아침 일찍 햇살이 초원을 물들이자마자 넓은 땅을 걷기 시작했다. '절대로 시간을 낭비해서는 안 돼.

가능한 한 멀리 돌아서 와야지.' 초조한 마음에 그는 쉬지도 못하고 발걸음을 재촉했다. 그는 상당히 먼 거리를 걸었다. 하지만 더 많은 땅을 차지하려고 더 나아갔다. 그러다 하늘을 올려다보니 어느새 해는 이미 서쪽으로 절반쯤 기울여져 있었다. 그러나 탐욕에 눈이 어두워진 파홈은 해가 지는데도 돌아갈 생각은 하지 않고 멀리 걸어 나갔다. 그는 어둑어둑해져서야 돌아가려고 했다.

해는 점점 기울어져 지평선에 가까이 가 있었다. 파홈은 있는 힘을 다해 출발지를 향해 달려갔다. 그는 천신만고 끝에 해가 떨어지기 전 출발점에 닿을 수가 있었다. 그러나 이미 때는 늦었다. 지칠 대로 지친 파홈은 그 자리에서 기진해 쓰러지고 말았다. 파홈의 머슴이 달려와서 주인을 일으키려고 했지만, 그의 입에서 피가 흐르고 있었다.

그는 이미 죽어 있었다. 머슴은 삽을 들어 주인을 위해 그의 머리에서 발끝까지의 정확한 치수인 6피트 길이로 구덩이를 팠다. 그리고 그곳에 파홈의 시체를 파묻었다.

탐욕은 불행의 근원

이 이야기는 인간의 탐욕이 얼마나 무서운 결과를 가져오는가를 잘 말해준다. 사람이 불행해지고 파멸의 비극을 겪게 되는 것은 탐욕 때문이다. 내가 가져서는 안 될 것을 무리하게 가지려고 하는 욕심이 탐욕이다. 탐욕은 파멸의 원천이요, 불행의 근원이다. 그런데도 인간의 욕심은 한도 끝도 없다.

일찍이 고대 중국의 도가사상의 창시자인 노자는 "만족할 줄 모르는 것만큼 큰 화근이 없고, 한정 없이 갖고 싶어 하는 것만큼 큰 불행은 없다. 만족할 줄 알면 치욕을 당하는 일이 없고, 그칠 줄을 알면 위험을 만나는 일이 없고 언제나 평안하고 무사할 수 있다"며 자제와 자족을 강조했다.

우리는 무리하지 말아야 한다. 무리는 순리를 역행하는 것이다. 무리는 파멸을 부른다. 탐욕은 무리한 행동을 하게 한다. 신체에 무리하면 병이 생기고, 정신에 무리하면 질환을 앓고, 경제에 무리하면 빚더미에 앉게 되고, 인간관계에 무리하면 적이 생기고, 일에 무리하면 좋은 결과를 기대할 수 없게 된다. 무리하지 말아야 한다. 이것이 삶의 기본 원칙이다.

자족할 줄 알아야 행복해질 수 있다

인간의 궁극적 목적은 행복하게 사는 것이다. 미국의 저명한 정치가이자 문학가인 벤저민 프랭클린은 "행복해지려면 두 가지 길이 있다. 욕망을 줄이든가 소유물을 늘리든가 하면 된다. 그 어느 것도 좋다"고 했다.

대체로 서양 사람들은 어떤 욕망의 목표를 설정해놓고 그것을 달성하거나 실현하는 데에서 인생의 행복을 찾으려 하는 적극적 행복론자들이 많고, 동양 사람들은 인간의 욕망은 뜻대로 실현되지 않는 것이므로 되도록 욕망을 작게 하고 거기서 만족을 느끼려고 하는 소극적 행복론자들이 많다.

행복을 추구하는 방법이 이렇듯 동서양에 차이가 있지만, 진정한 행복은 물질에서보다는 정신의 만족에서 찾아야 한다. 풍족하면서 부족하다고 느끼면 부족한 것이고, 부족하면서도 풍족하다고 느끼면 풍족한 것이다. 행복은 마음먹기에 달렸다.

우리는 자기의 분수를 알고, 분수를 지키고, 분수에 맞게 행동하고 생활해야 한다. 분수란 무엇인가? 사리를 분별하는 지혜요, 자기의 신분에 맞는 행동이요, 자기의 한계를 깨닫는 것이요, 자기의 실력과 한도를 자각하는 것이다.

'분分'은 나눌 분자요, 분배의 분이다. 분은 몫이다. 사람은 저마다 자기에게 부여된 몫이 있다. 우리는 자기에게 알맞은 몫을 차지해야 한다. 자기 분수에 넘치는 몫을 차지하려는 것을 과분이라고 한다. 분수를 안다는 것은 자기의 한계를 깨달아 과분한 욕심을 버리고 지나친 행동을 하지 않는 것이다.

과분한 행동을 하면 불행해지거나 곤경에 빠지기 쉽다. 자족할 줄 알아야 행복해질 수 있다는 노자의 철학은 진리다.

가진 것을 버리면 살 수 있는데

사람이 진정으로 마음 편히 행복하게 살기를 원한다면 욕심을 버려야 한다. 욕심을 버리지 못하는 것은 집착 때문이다.

인간은 빈손으로 왔다가 빈손으로 돌아간다. 모든 것을 두고 떠나야 하는 인생에서 지나친 집착은 탐욕이 주는 또 하나의 재앙이다.

알제리의 가빌 지방의 농부들이 원숭이를 잡는 호리병 이야기는 우리 인간에게 의미심장한 교훈을 안겨준다.

농부들은 호리병을 나무 기둥에 묶어놓은 다음 병 속에 원숭이가 좋아하는 먹을 것을 넣어둔다. 호리병 주둥이는 원숭이가 겨우 손을 넣을 정도의 구멍이 나 있다.

밤이 되자 뭔가 먹을 것이 들어 있다는 것을 안 원숭이는 나무 기둥 옆에 접근하여 호리병 주둥이에 손을 집어넣고 쌀을 한 움큼 움켜쥔다. 그렇지만 구멍이 작아 쌀을 움켜쥔 손은 빠지지 않는다. 손을 빼려고 안간힘을 쓰지만 도저히 호리병 속에서 빠지질 않는다.

움켜쥔 것을 포기하면 손을 뺄 수가 있지만, 거기까지 지혜가 미치지 못하는 것이다. 밤새도록 손을 빼려고 애쓰던 원숭이는 움켜쥔 채 손을 빼지 못하고 난처한 표정을 짓고 있다는 것이다.

주먹에 움켜쥔 먹을 것만 포기했다면 손이 빠질 텐데……. 가진 것을 버리면 살 수 있었는데 말이다.

이것이 원숭이에게만 있는 일이겠는가. 우리 인간에게서도 이런 웃지 못할 모습을 얼마든지 찾아볼 수 있다. 우리는 이 이야기가 지니는 교훈을 우리의 생활에도 폭넓게 적용시켜 생각해볼 수 있어야 한다.

굳은 땅에 물이 고인다

근검절약하는 생활은 자기 자신이 사는 길이요, 나라가 사는 길이다.

근검절약하면 작은 부자는 될 수 있다

우리나라의 대재벌의 하나인 현대그룹의 창설자인 정주영 회장은 젊은 시절 고생도 많이 했지만, 무섭게 절약한 사람이었다. 그는 철도공사의 잡역부, 부둣가의 막노동자, 건설현장의 잡부, 정미소의 쌀 배달부 등 밑바닥 인생을 겪으면서 무섭도록 절약하며 저축했다.

10전씩 하는 장작을 아끼기 위해서 저녁에 한 번 방에 불을 지필 때 세 끼 밥을 한꺼번에 지었는가 하면, 전차 삯 5전을 절약하기 위해 새벽에 일찍 일어나 한 시간 반을 걸어 다녔다. 또 구두가 닳아지지 않게 하기 위하여 구두창에 징을 박아 신고 다녔고, 양복도 춘추복 한 벌만 해서 겨울에는 그 안에 내의를 덧입고 다녔다. 담배나 커피는 거들떠보지도 않았다. 그 돈이면 한 끼의 식사를 대신할 수 있었기 때문이다.

그러면서 버는 돈은 무조건 반을 떼어서 먼저 저축했다. 그렇게 근검절약을 해서 돈을 모으니까 월세방이 전세방이 되고 나중에는 조그만 초가집이지만 자기 집을 마련할 수 있었다고 했다.

훗날 큰 회사를 경영하게 되었을 때 집도 없으면서 텔레비전이나 냉장고를 산 사람은 사원으로 채용하지 않았다는 일화도 전해진다.

근검절약만이 잘사는 길

우리나라 속담에 '굳은 땅에 물이 고인다'는 말이 있다. 헤프게 쓰지 않고 아끼는 사람이 재산을 모은다는 뜻이다. 정주영 회장은 일생을 통하여 검소와 절약으로 낭비 없는 생활을 함으로써 부자가 된 사람이다. 그는 가난한 사람이 부자가 되는 길은 근검절약밖에 없다며, 부자가 되기를 원한다면 근검절약하는 생활습관부터 길러야 한다고 말하곤 했다.

역사에 이름 있는 대부호들은 지독할 정도로 검약한 사람들이 많다. 미국 석유왕 록펠러 하면 세계적으로 유명한 대재벌이지만, 그는 본래 점원부터 시작하여 스탠더드 석유회사를 설립해 거대한 부를 축적한 입지전적인 인물이다.

그는 성공한 후에도 가난했던 시절을 잊지 않고 점심식사는 항상 싸구려 식당에서 값싼 음식을 먹었고, 출장 중에는 싸구려 호텔의 값싼 방에서 숙박했을 정도로 매우 검소했다.

미국의 백화점 왕 존 워너메이커는 단골로 다니는 레스토랑이 있었다. 하루는 웨이터가 가까이 다가와서 이렇게 물었다.

"사장님, 아드님께서는 최고의 점심을 드시는데, 사장님께서는 왜 항상 샌드위치만 드십니까?"

그러자 워너메이커는 조용한 말투로 대답했다.

"아, 그 사람이야 당대의 부자를 아버지로 뒀으니까 그렇겠지. 하지만 나한테는 부자 아버지가 없는걸."

워너메이커는 이렇듯 조그마한 소비까지도 신경을 쓰는 사람이었기에 그렇게도 많은 재산을 모을 수 있었던 것이 아니었을까.

투자의 귀재로 엄청난 재산을 모은 미국 '버크셔 해서웨이'의 회장 워렌 버핏은 430억 달러(약 450조 원)라는 막대한 재산을 가진 세계적인 갑부지만, 그의 생활은 너무나 검소하다.

어린 시절 가난을 경험한 그는 평생 사치스러운 생활을 한 적이 없다. 50여 년 전에 사들인 낡은 집에서 여전히 살고 있으며, 값싼 차를 스스로 운전하고 다닐 정도로 소박한 생활을 이어오고 있다. 12달러짜리 이발소에서 머리를 깎고, 값싼 20달러짜리 스테이크 하우스를 즐겨 찾는다. 자신이 타고 다니는 자동차 번호판에는 숫자 대신 '검약'이라는 'thirsty'라는 번호판을 달고 다닐 정도로 검소한 생활이 몸에 배어 있다.

이렇듯 매우 검약한 생활을 하면서도 그는 자기가 큰 재산을 벌어들인 것은 사회 덕분이라며 모든 것을 사회에 돌려주어야 옳다고 말한다.

그는 미국 최고의 기부자로 막대한 금액을 사회에 기부하고 있다. 1994년 이래 지금까지 모두 300억 달러라는 상상을 초월하는 금액을 기부하였다. 그 덕에 100여 나라가 이 기부금의 지원을 받고 있다. 그런 그가 최근에 자신이 은퇴한 후에는 재산의 1%만 아내에게 물려주고 나머지 99%는 사회에 환원하겠다고 일찌감치 선언하여 모든 사람들에게 신선한 충격을 주었다.

힘들게 벌고 구두쇠처럼 검약한 생활을 하는 부자들을 보면서 우리도 열심히 일하고 근검절약해서 부자가 되어 뜻 있는 일을 해야겠다는 다짐을 해야 한다.

분수에 맞게 살아야

옛 현인들은 '지족안분_{知足安分}'의 철학을 강조했다. 지족은 분수分數를 지켜 만족할 줄 아는 것이요, 안분은 평안한 마음으로 제 분수를 지키는 것이다.

우리는 그간 돈 좀 벌었다고 우쭐했고, 먹고살 만 하니까 멋부터 내다가 지난날 국제통화기금 외채파동(IMF사태)으로 국가부도 사태 같은 경제적 위기를 겪어야 했다. 그동안 우리는 자기 분수도 모르고 사치와 낭비를 일삼았으니 스스로 재앙을 불러들인 꼴이다.

버는 범위 안에서 써야 하고, 수입 안에서 지출해야 하는 것이 건전한 경제생활의 기본 원칙이다. 쓰는 것이 버는 것을 능가하고 지출이 수입을 초과하면 빚을 질 수밖에 없으니 파멸하는 것은 시간문제다.

절약도 이와 비슷한 생활의 지혜다. 무엇이나 아껴 쓰는 것을 절약이라고 한다. 우리가 아껴 써야 하는 것은 돈이나 물건만이 아니다. 이것 못지않게 아껴 써야 하는 것 중에는 시간과 건강이 있다. 어떤 의미에서는 시간과 건강이 사실은 돈보다 더 중요하다.

돈은 없다가 있을 수 있고, 있다가 없을 수도 있다. 없으면 다시 벌면 된다. 그러나 시간과 건강은 그렇지가 않다. 한번 가버린 시간은 영원히 돌아오지 않으며, 몸을 혹사하고 정력을 낭비하여 건강을 잃어버리면 다시 돌이키기가 힘들다. 우리는 모든 것을 아껴 쓰는 지혜를 배워야 한다.

'좀들이 쌀'의 미풍을 본받자

옛날 우리나라에서는 부엌 한구석에다가 단지를 묶어놓고 끼니때마다 그날의 정량에서 일정량을 덜어놨다가 결혼이나 상을 당하거나 해서 큰일을 치를 때 그 쌀을 다시 퍼서 요긴하게 썼다. 이를 '좀들이 쌀'이라고 했다. 참으로 훌륭한 절약의 방법이요, 앞날에 대비하는 지혜였다. 이것은 우리 본래의 절약정신과 검소한 생활에서 우러난 미풍이자, 역경을 이기고 헤쳐 나간 슬기였다. 우리는 '좀들이 쌀'이 주는 교훈을 깊이 새겨 보아야 한다.

이렇다 할 자원이 없는 우리나라는 어느 물건 하나 외국 원자재가 사용되지 않는 것이 없다. 소비절약을 해야만 수입을 줄이고 국제수지를 개선할 수가 있다. 뿐만 아니라 소비절약을 하면 그 절약분이 저축으로 연결돼서 경제성장에 필요한 투자 재원을 마련할 수 있다.

또 저축을 하게 되면 자기가 모은 돈의 이자만 늘어가는 것이 아니라, 그 사람의 공신력도 따라서 높아가게 된다. 저축이 늘면 우선 정신적으로 안정이 되어서 계획을 세워 자기 일을 해나갈 수 있다. 그러다 보면 신용이 쌓여서 저절로 큰일을 할 수 있게 되는 것이다.

근검절약하는 생활은 자기 자신이 사는 길이요, 나라가 사는 길임을 명심하여 이를 습관화하도록 힘써야 한다.

제6부

더불어 함께하는 삶

인생의 진정한 행복은 더불어 함께하는 삶에 있다. 우리는 날마다 말과 인사를 나누고, 물질과 돈을 나누고, 지식과 정보를 나누고, 사랑과 도움을 서로 나누면서 살아간다.

이것은 인생의 덕이요, 엄청난 축복이다. 우리는 순수한 마음으로 이웃에게 무엇인가를 나누어주는 사람이 되어야 한다. 이웃사랑은 남을 위한 것만이 아니라 자기 자신을 위하는 것이기도 하다. 선행은 어디를 통해서든지 반드시 부메랑이 되돌아오기 때문이다.

| 친절 |

친절은 대인관계의 윤활유

친절의 생명은 순수성에 있다. 그래야 감동을 주고, 신뢰하게 되고, 고맙게 여기게 된다.

친절의 대가

어느 수출업체에 수출 물량이 넘쳐 하청을 줘야 할 상황이 됐다. 사장은 믿을 수 있는 하청업자를 구하러 나섰다. 예전에 주문한 대로 납품이 안 되어 애를 먹었던 경험이 있었기에 사장은 임원들에게 맡기지 않고 자신이 직접 하청업체를 고를 생각이었다. 사장은 고심 끝에 색다른 방법으로 하청업체를 고르기로 했다. 그는 허름한 옷차림을 하고 하청업체를 찾아갔다

첫 번째로 방문한 회사에서는 대뜸 입구에서 걸렸다. 콧대 높은 경비가 아무리 사정을 해도 들여보내주지를 않았던 것이다. 명함을 보였지만, 경비는 믿으려 하지도 않을 뿐만 아니라 귀찮다는 듯이 소리를 지르며 쫓아내기까지 했다.

두 번째로 찾아간 회사는 입구의 경비실을 통과했지만, 공장장선에서 걸리고 말았다. 담당 직원에게 사장을 만나기를 청했는데, 그의 허

름한 옷차림을 보고 담당 직원은 자기 회사 사장님이 출장을 갔다고 둘러댔다. 겨우 공장장을 만났지만, 그 역시 미덥지 않다는 듯이 건성으로 대했다. 수출업체 사장은 여간 불쾌한 것이 아니었다.

사장은 세 번째 회사에 가서야 뜻을 이룰 수가 있었다. 경비는 먼저 정답게 인사하면서 찾아온 용건을 물으며 친절하게 대해주었다. 경비가 전화를 걸자 건물에서 담당자가 뛰어 나왔다. 그 역시 친절하고 성실한 사람이었다. 하청업체의 사장을 보자마자 수출업체의 사장은 결심을 굳혔다. 검소한 사장실에 작업복을 입은 모습에서 자기가 찾아온 회사가 실속 있는 회사임을 금방 감지할 수 있었다.

사원들이 일하는 모습 역시 생기가 넘치고 그렇게 열심일 수가 없었다. 그 회사는 사원을 바로 모집해야 할 만큼 많은 주문을 받게 되었다.

친절은 순수해야 한다

수출물량이 넘쳐 하청업자를 찾아나선 수출업체 사장이 하청업체를 찾는 과정에서 겪은 이야기는 친절의 중요성을 다시 한 번 되새겨보게 한다.

되지못한 경비 하나가 그것도 무슨 감투라고, 찾아온 손님을 불쾌하게 만들어 회사에 막대한 손해를 끼친 것이다. 그 때문에 수많은 동료 직원의 일감을 빼앗았다. 만약 그 회사의 책임자가 이런 사실을 알았다면 당장 파면시켰을 것이다. 그런가 하면 또 다른 수위는 찾아온 손님을 친절하게 안내하여 회사에 큰 이익을 가져다주었다.

이 이야기는 우리가 평소 관심을 가지지 않았던 친절이란 것이 얼마나 중요한가를 새삼 일깨워준다.

프랑스의 철학가이자 물리학자인 B. 파스칼은 "자기에게 이해관계가 있을 때에만 남에게 친절하고 어질게 대하지 말라. 슬기로운 사람은 이해관계를 떠나서 누구에게나 친절하고 누구에게나 어진 마음으로 대한다. 왜냐하면 어진 마음 자체가 나에게 따스한 체온이 되기 때문이다"라고 말했다. 이 말은 친절은 순수해야 한다는 것을 강조한 것이다.

친절은 무엇보다도 순수해야 한다. 어떤 다른 목적이 있어서는 안 된다. 진실 그 자체가 목적이어야 한다. 그래야 상대방에게 감동을 주고, 상대방이 나를 신뢰하게 되고, 고맙게 여기게 된다.

우리의 친절의 현주소

친절은 남에게 정답고 부드럽게 대하는 것으로 시작된다. 서로가 따스한 마음을 가지고 친절하게 대하면 기분이 좋을 뿐만 아니라 상대방에게 호감이 가서 금세 친근감을 갖게 된다. 친절은 인간관계를 부드럽게 하는 윤활유라고 했지만, 친절이야말로 사회생활에서 없어서는 안될 활력소와 같은 것이다.

그런데 우리나라 사람들의 속마음은, 그렇지 않으면서도 무뚝뚝하다는 평가를 받고 있다. 지난날 오랫동안 외침으로 인해 낯선 사람을 만나면 좀처럼 겉으로 호의를 나타내지 않는 습성이 굳어졌기 때문이 아닐까 싶다. 어찌 되었거나 오늘날 친절에 대한 우리의 태도는 많이 바뀌어야 한다. "무뚝뚝하다"는 이미지를 "싹싹하고 예의 바르다"는 이미지로 바꾸어야 한다.

친절의 요건

친절이란 남을 대하는 태도가 정답고 부드럽고 공손하고 성의 있는 것을 말한다. 정다운 표정, 부드러운 말씨, 공손한 태도, 성의 있는 봉사, 이 네 가지는 친절에 필요한 조건들이다.

정다운 표정과 부드러운 말씨는 친절의 첫걸음이다. 밝은 미소와 웃는 얼굴은 상대방의 기분을 좋게 해줄 뿐만 아니라 호감과 친근감을 준다. "웃는 얼굴에 침 뱉으랴"라는 속담이 있듯이 어느 경우든 첫인상이 좋으면 다음 일은 쉽게 풀리기 마련이다.

공손한 태도와 성의 있는 봉사는 친절의 기초요, 근본이다. 예의 바르고 겸손하게 대하는 공손한 태도는 상대방에게 신뢰감을 주게 되고, 성의를 가지고 남에게 봉사하는 자세는 상대방에게 기쁨을 주고 감사한 마음을 갖게 한다.

친절한 사람이 되기 위해서는 무엇보다 정답게 인사하는 것부터 실천해야 한다. 사실 우리나라 사람들은 인사에 너무 인색하다. 이에 비해 서양 사람들은 처음 만나는 사람과도 때와 장소를 가리지 않고 스스럼없이 웃는 얼굴로 인사를 주고받는다. 우리도 웃는 얼굴과 밝은 표정으로 반갑게 인사를 나누는 습관을 들여야 한다. 이것이 친절의 첫걸음이다.

다음으로 실천해야 할 일은 찾아온 사람에게 성의를 가지고 도와주려고 노력하는 것이다. 상대방이 바라는 것을 성심성의껏 도와주려고 노력할 때 신뢰감이 생겨 상대방에게 좋은 인상을 주게 된다. 이런 친절한 태도가 습관이 돼 인간관계가 부드러워져서 모든 사람으로부터 환영받는 사람이 되는 것이다.

친절은 반드시 되돌아온다

친절은 지극히 작은 것이라 해도 상대방의 마음을 한없이 기쁘게 해주고, 기분을 좋게 해준다. 친절하게 대해 주면 정다워지고 훈훈한 마음이 되어 분위기가 금세 부드러워진다.

어떤 철학자는 친절은 대인관계를 부드럽게 하는 윤활유로 비유했다. 기계에 기름을 발라주면 부드럽게 잘 돌아가는 것처럼 친절은 사람의 마음을 자연스럽게 열어 서로의 관계를 부드럽게 만들어준다.

미국의 선교사 아서 스미스는 "당신의 친절이 다른 사람들에게 끼친 유쾌함은 훗날 반드시 당신에게 되돌아온다. 가끔은 이자가 붙어서 돌아오기도 할 것이다"라고 했다. 베풀면 보상을 받게 된다는 것은 인간 사회에서 흔히 볼 수 있는 일이다. 다만 그 친절함이 순수한 것이었느냐 아니었느냐의 문제가 있을 뿐이다.

친절의 생명은 순수성에 있다. 어떤 대가를 바라고 하는 친절은 참된 친절이 아니다. 어진 마음에서 우러나오는 순수한 것이라야 참된 친절이라고 할 수 있다.

배려는 서로가 마음 편히 사는 길

남을 배려한다는 것은 서로가 도움이 되고, 이익이 되는 것이다.

배려하면 서로가 편해진다

언젠가 어느 신문에 '고마움의 표시'라는 글이 실렸는데, 아주 작은 사연이지만 오래도록 잊히지 않고 그 글이 생각날 때마다 흐뭇함이 되살아나기에 여기 기억나는 대로 적어본다.

어느 운전자가 고속도로를 운행하고 있었다. 바로 옆에 가던 차의 운전자가 자기 차 앞으로 들어오고 싶어 손짓하며 쳐다보기에 속도를 늦춰 가며 자리를 내주었다고 한다. 그랬더니 들어오면서 고맙다고 웃으면서 인사히고, 또 계속 운전하면서 힌손올 들이 흔들며 차가 멀이길 때까지 고마움을 표시하더라는 것이다.

그는 점점 멀어져가는 앞차를 바라보면서 흐뭇한 미소를 오랫동안 지울 수 없었다고 한다. 그날 이 작은 고마움의 표시가 하루 종일 그의 기분을 좋게 만들어주었다. 그 때문인지 그날따라 그가 운영하는 상점의 매상이 평소보다 많이 올랐다고 한다.

어떻게 보면 아무것도 아닌 것 같은 사연이다. 사실 손을 흔들며 고마움을 표시하는 일은 아주 작은 마음의 표시에 불과하다. 그럼에도 나에게 잔잔한 감동을 주는 것은 왜일까? 그것은 두 사람이 남을 배려하는 마음씀씀이가 너무나도 자연스럽고 아름답게 보였기 때문이다.

서로 조금씩 양보하고 남을 배려해주면 이렇게 마음이 편해질 수 있는데…….

남을 배려한다는 것은 서로 도움이 되고, 이익이 되는 것

이 이야기 속에 나오는 두 사람이 주고받은 배려의 마음씀씀이가 얼마나 아름다운가. 앞자리를 내어준 사람이나 편의를 제공받은 사람이 서로 주고받으며 나눈 마음씨가 너무나 자연스럽고 아름답다.

기쁜 마음으로 자리를 내주고 또 감사하는 마음으로 정다운 인사를 보내는 그 순수한 감정은 자연스러운 인간 본성이 아니겠는가. 그리고 비록 작은 일이었지만, 그 덕에 두 사람 모두에게 기분 좋은 하루를 보낼 수 있었다면 그것이야말로 아름다운 보상이 아니겠는가. 남을 배려한다는 것은 서로가 도움이 되고, 이익이 되는 것이다. 그러므로 남을 배려할 때에는 이처럼 순수한 마음이 되어야 한다. 그래야만 주는 것이 축복이 되고, 받는 것이 은혜가 되는 것이다.

이렇게 서로 양보하고 배려하며 마음 편하게 살아가는 사람들이 있는가 하면, 이와는 정반대로 자기중심적으로 살아가는 사람들도 있다. 안타깝게도 요즘은 배려라곤 눈을 씻고 봐도 찾아볼 수 없는 사람들이 늘어나고 있다.

차를 타고 가다 보면 다급한 상황이 아닌데도 경적을 마구 울려 길

가던 행인은 물론 다른 운전자들도 놀라게 하는가 하면, 소방차나 응급차가 지나가도 길을 비켜주지 않는 얌체 운전자도 있다.

식당에 가보면 또 어떤가. 식당 안을 자기 집처럼 휘젓고 돌아다니는 자녀를 말리기는커녕 걱정하는 사람에게 오히려 자기 아이 기죽게 한다며 남의 일에 간섭하지 말라고 큰 소리를 친다. 참으로 어이가 없고 기가 막힌 일이다. 여기에 예의나 배려가 설 자리가 있겠는가.

운전자와의 시비야 그 상황만 벗어나면 되고, 식당이야 옮기면 그만이지만, 이러지도 저러지도 못하고 속만 끓이는 게 있다. 바로 층간 소음 문제다.

층간 소음 문제는 매우 심각하다. 시도 때도 없이 쿵쿵대는 아이들의 뜀박질 소리, 거기에 또 짜증나는 피아노 소리. 참으로 견디기 어려운 소음이 아닐 수 없다. 참다못한 한 주부가 윗집을 찾아가 "우리 집 아이가 고3인데, 피아노 연습을 낮에 하면 안 될까요?"라고 했더니, 윗집 여자는 싸늘한 표정을 짓더니 사과는커녕 "얼마나 자주 친다고 그래요!" 하며 퉁명스럽게 받아쳤다. 이쯤 되면 자칫 싸움이 일어날 수도 있겠다. 참으로 말문이 막히는 일이다.

상하좌우로 벽이나 천장을 맞대고 살아가야 하는 아파트에서는 서로 양보하고 배려하는 마음 없이는 소음뿐만 아니라 다양한 이유로 갈등이 생길 수밖에 없다.

얼마 전에는 한 아파트에서 아랫집에 사는 30대 남성이 위층 노부부에게 흉기를 휘둘러 부인이 숨지는 사건까지 발생했다. 주말이면 노부부 집으로 손주들이 찾아오는데 그것이 원인이 되었다는 것이다.

이웃끼리 서로 소통하고 배려하면 이런 일이 벌어지지 않을 텐데,

무엇이 잘못되어 이런 일이 벌어지고 있는 것일까?

먼저 인간다운 인간이 되도록 가르쳐야

생각해보면 최근의 가정교육이나 학교교육에서 문제를 찾아야 할 것 같다. 전통사회에서 가정이나 학교는 도덕을 가르치는 곳이었다. "다른 사람을 소중히 생각하고 먼저 남을 배려하라", "친구들과 사이좋게 지내라", "웃어른에게 예의를 지켜라"는 것뿐만이 아니라 다른 사람을 중요하게 여기고 다른 사람을 위해서 무언가를 하는 것이 얼마나 중요한지도 가르쳤다.

그런데 현대에 들어 도덕교육은 사람에게 가치관을 강요한다는 허울 좋은 명분을 내세우는 세력 앞에서 제 기능을 잃었다. 인성교육은 저만치 내팽개쳐진 상황이 되고 말았다.

그 결과 아이들은 자기이익만 챙기려 하고, 남의 불편이나 고통에 대해서는 아랑곳하지 않고 남을 배려할 줄 모르는 사람으로 성장하게 된 것이다. 이런 아이는 결국 또래집단이나 친구들로부터 외면당하고 소외되어 사회생활에 적응할 수가 없게 된다. 부모가 자녀만 아끼고 사랑할 줄 알았지 남과 더불어 살아가는 지혜를 가르쳐주지 않았기 때문에 이런 일이 벌어지고 만 것이다.

아무리 많이 배우고 일을 잘한다고 하더라도 먼저 인간다운 인간이 되지 않고서는 이 세상을 원만하게 살아갈 수 없다. 학업에 많은 관심을 갖는 것도 중요하지만, 그것 못지않게 어릴 때부터 더불어 살아가는 지혜를 가르쳐야 한다. 남을 배려할 줄 아는 사람으로 키우는 것이 무엇보다 중요하다.

더 늦기 전에 이제부터라도 다른 사람을 먼저 생각하고 양보하는 마음을 몸에 익히도록 가르쳐야 한다. 그것이 세상을 더불어 편하게 사는 길이다.

| 관용 |

너그러운 사람이 큰사람

관용만이 다 함께 화목하고 평화롭게 살아가는 유일한 길이다.

관대한 장군

고려의 명장 강감찬948~1031 장군이 귀주에서 거란군을 대파하고 돌아오자 현종은 친히 마중을 나가 얼싸안고 환영하면서 금화팔지를 머리에 꽂아주었다. 왕은 그를 친히 궁으로 초청하여 조정의 중신들과 더불어 주연을 베풀었다. 한창 분위기가 무르익을 무렵, 유독 강 장군만이 무엇인가 골똘히 생각하고 있는 눈치였다.

장군은 현종의 허락을 얻어 소피를 보고 오겠다며 자리를 떴다. 나가면서 장군은 살며시 내시를 보고 눈짓을 했다.

"내가 조금 전에 시장기를 느껴 밥을 먹으려고 그릇 뚜껑을 열었더니 밥은 담겨 있지 않고 빈 그릇뿐이 아닌가. 도대체 어찌된 일인가? 내가 짐작컨대 경황이 없어 너희가 실수를 한 모양인데 이걸 어찌하면 좋겠는가?"

내시는 순간 얼굴이 파랗게 질려버렸다. 실수라 하기에 보통 실수가 아니었다. 오늘의 주인공이 강 장군인데, 이 사실을 왕이 알게 되면 도 저히 용서받을 길이 없었다.

내시는 땅바닥에 꿇어 엎드려 부들부들 떨기만 하였다. 강 장군은 내시에게 넌지시 말했다.

"성미가 급하신 상감께서 이 일을 아시게 되면 모두들 무사하지 못 할 테니 이렇게 하는 것이 어떻겠느냐. 실은 소피를 보는 구실을 붙여 일부러 자리를 뜬 것이니, 내가 자리에 앉거든 자네가 내 곁으로 와서 '진지가 식은 듯하오니 다른 것으로 바꾸어드리겠습니다' 하고 말하면 서 다른 것으로 바꿔다놓는 것이다. 어떠하냐?"

내시는 너무도 고맙고 감격스러워 어찌할 줄을 몰라 했다. 이후 강 장군은 이 일에 대해 끝까지 입을 열지 않았다.

그러나 은혜를 입은 내시는 그와 같은 사실을 동료들에게 실토했다. 이 이야기가 현종의 귀까지 들어가게 되었다. 훗날 현종은 강감찬 장군 의 인간됨을 크게 치하하여 모든 사람의 귀감으로 삼게 하였다고 한다.

너그러운 사람이 큰사람

인간의 그릇을 크게 하는 것은 상대방을 존중해주고 포용해주는 너 그러운 마음과 타인에 대한 배려다. 남의 입장을 헤아리지 못하는 사람 이 크게 되기는 힘들다. 강 장군은 남의 잘못을 꾸짖기보다는 용서해주 고 감싸 안은 너그러운 사람이었다. 마음씨가 너그러운 강 장군은 내시 의 잘못을 이해하고 관용으로 감싸 안음으로써 위기를 슬기롭게 비껴 나갔다. 참으로 포용력 있는, 그릇이 큰 인물이었다.

영국의 대문호 셰익스피어는 관용에 대하여 다음과 같이 말했다.

"남의 잘못에 대하여 관용하라! 오늘 저지른 남의 잘못은 어제 내 잘못이었던 것을 생각하라. 잘못이 없는 사람은 아무도 없다. 완전하지 못한 것이 사람이라는 점을 이해하고 진정으로 대해라. 우리는 어디까지나 정의를 추구하지만, 정의만으로 재판한다면 단 한 사람도 구제받지 못할 것이다."

그렇다! 우리는 언제나 남의 잘못에 대하여 너그럽게 이해하는 아량이 있어야 한다. 누구나 언젠가는 잘못을 저지를 수 있다. 너그러운 마음으로 상대방을 이해해주고 포용해주자.

관용의 근본은 너그러움

관용이란 너그러운 마음으로 받아들이거나 용서함을 뜻한다. 관용의 근본 바탕은 너그러움이다. 너그러운 사람은 도량이 넓고 관대하다.

여기 항상 자기를 악랄하게 괴롭혔던 사람을 관대하게 용서하고 너그럽게 받아들임으로써 자기 사람으로 만든 인물이 있다.

조선시대, 선조 때 영의정을 지낸 노수신은 성품이 온후하여 많은 사람들로부터 존경을 받았다.

한때 죄를 지어 진도로 귀양 가 있을 때였다. 그곳 수령으로 홍인록이라는 사람이 있었는데, 사람을 업신여기는 정도가 여간 심하지 않았다. 서울에 있는 노수신의 정치적인 적으로부터 사주를 받은 홍인록은 사사건건 트집을 잡았다. 중죄인이 어찌 쌀밥을 먹을 수 있느냐며 그곳에서 생산되지도 않는 조밥을 구해다 먹이는 등 마치 원수 대하듯 했다.

어느 날 밤, 하도 달이 밝아서 노수신은 심부름하는 아이를 시켜서 퉁소를 불게 했더니 홍인록은 죄인이 어찌 풍류를 할 수 있느냐며 퉁소를 빼앗아 아예 분질러버리기까지 했다. 그리고 노수신에게 문 밖 출입조차 못하는 벌까지 내렸다.

그런데 얼마 후 노수신은 귀양에서 풀려났을 뿐 아니라 조정으로 돌아가 재상이 되었다. 이번에는 홍인록이 죄를 지어 파직을 당할 처지에 놓이게 되었다. 그러나 노수신은 그의 허물을 변호해주고, 파직을 시키는 대신 풍천 부사로 승진까지 시켜주었다.

더불어 함께 화목하게 사는 길

우리는 남을 이해하고 남의 입장을 헤아려주는 너그러운 사람이 되어야 한다. 남을 너그럽게 대하면 남도 나를 너그럽게 대해주게 되어 있다. 남을 위하는 것이 결국 나를 위하는 것이 되는 것이다.

관용은 항상 내 마음에 비추어 남의 마음을 헤아려보는 자세에서 출발해야 한다. 이러한 자세로 남과의 관계를 갖게 될 때만이 모든 갈등과 대립이 사랑과 화합으로 승화될 수 있다. 그런데 인간은 편견의 동물로서 자기의 생각만이 옳다고 고집하고 남의 생각을 받아들이려고 하지 않는 경향이 많다. 이렇게 자기 혼자만이 옳다고 주장하는 독선주의, 남이 하는 일은 무조건 거부하고 밀어내는 배타주의를 경계해야 한다.

편협하고 옹졸한 자기중심적인 생각에서 벗어나 남을 너그럽게 생각해주는 마음을 가져야 한다. 그래야만 관용의 인간이 될 수 있다. 너그럽게 받아들이는 관용만이 다양하고 개성 있는 인간들이 다 함께 화목하고 평화롭게 살아가는 유일한 길이다.

약속을 안 지키면 설 땅이 없다

약속은 인간생활의 첫째가는 계명이요, 사회생활이 기본윤리다.

민족의 스승 안창호 선생의 약속

1932년 8월 29일, 중국 상하이 홍커우공원에서 윤봉길 의사의 의거가 있은 직후, 도산 안창호 선생은 김구 선생으로부터 급히 몸을 피하라는 전갈을 받았다. 일제가 우리 민족지도자들을 잡아 없애기 위해 혈안이 돼 있을 때였다.

도산은 어느 동지의 자녀에게 생일선물을 주겠다고 언약한 일이 있었는데, 하필이면 그날이 그 아이의 생일이었다. 약속을 지키자면 일본 헌병에게 잡혀 죽을 것이 뻔했지만, 생명의 위험을 무릅쓰고 그는 아이와의 약속을 지키기 위해 그 집을 찾아갔다. 사건 당일 경계가 삼엄해진 것을 안 주위 사람들은 도산 선생을 극구 말렸다. 하지만 그는 약속한 것은 지켜야 한다며 선물을 가지고 그 집에 갔다가 체포되고 말았다.

그 결과 도산 선생은 감옥생활 끝에 세상을 떠났지만, 다음 세대인 어린이에게 약속을 지킬 줄 아는 사람이 되는 것이 얼마나 힘들고 중요한 일인가를 우리에게 일깨워주었다.

약속은 엄숙하고 진지한 것

생명의 위험을 무릅쓰고 약속을 지킨 도산 안창호 선생의 용기와 신의에 머리를 숙이지 않을 수 없다. 약속에 대한 책임이 얼마나 무거운가를 절실히 깨닫게 해주는 이야기이다.

어린이와의 약속쯤 안 지키면 어떠냐 싶겠지만, 평소 "거짓말 하지 말라", "약속을 지켜라"며 민족성 개조를 부르짖었던 도산은 어떠한 경우에도 약속은 반드시 지키는 사람의 본보기를 보여준 것이다. 새삼 도산의 인품을 읽을 수 있는 대목이다.

약속은 이렇듯 엄숙하고 진지한 것이다. 철학자 니체는 "인간은 약속을 할 수 있는 유일한 동물"이라고 말했다. 인간이기에 약속을 할 수 있고, 또 지켜야 한다는 말이다.

약속한다는 것은 자기가 한 말에 대해 책임을 진다는 것이다. 책임을 진다는 것은 신용을 지킨다는 것이요, 거짓말을 하지 않는다는 것이요, 양심을 속이지 않는다는 것이다.

이렇듯 약속은 명예와 신의를 전제로 하는 것이므로, 약속한 것은 반드시 지켜야 한다.

대인관계의 근본은 신의다. 이 신의는 작은 약속에서부터 쌓인다. 약속을 지킬 때 서로 믿을 수 있고, 서로 도울 수 있고, 서로 협력할 수 있고, 서로 단결할 수 있다.

약속이 지켜지는 사회는 서로 돕는 신용사회요, 안심하고 평온하게 살 수 있는 질서사회요, 부강하고 번영하는 이상사회다. 약속을 지킨다는 것은 아름다운 사회로 가는 첫걸음이다.

약속한 것은 반드시 지켜야 한다

약속은 인간생활의 첫째가는 계명이자 사회생활의 기본윤리다. 그렇기 때문에 약속에는 강한 구속력과 의무감이 따른다. 약속한 것은 반드시 실천해야 한다. 사람의 말이 거짓되고, 말과 행동이 일치되지 않으면 신뢰를 잃게 되어 사회에서 설 땅이 없게 된다. 약속을 지키지 않으면 신뢰를 쌓을 수 없고, 신뢰가 없으면 다른 사람으로부터 믿음을 얻지 못하게 된다.

사람은 약속을 하면 반드시 지켜야 한다. 약속을 지킨다는 것은 말과 행동을 일치시키는 것이다. 즉 말한 대로 실천하는 것이다.

현대사회는 계약사회다. 계약사회는 서로 약속 지키는 것을 기본원리로 삼는다. 약속을 지키지 않을 때 불신풍조가 만연해 계약사회는 무너지게 된다. 계약사회에서 가장 중요한 것은 약속의 이행과 준수다. 그러므로 약속을 할 때에는 신중하게 생각해야 한다.

가령 다른 사람의 부탁을 받았을 때는 그 일을 정말 완벽하게 해낼 자신이 있는지, 또 주변의 상황과 혹시 예상하지 못할 일이 벌어지지는 않을지 따져보고 난 뒤 승낙해야 한다.

약속을 해놓고 지키지 않는 것은 상대방에게 무책임한 행동이 아닐 수 없다. 가볍게 하는 약속치고 믿을 수 있는 약속이 드물다. 쉽게 약속한다는 것은, 앞으로 발생할 문제를 생각해보지 않았음을 뜻하기 때문이다. 일단 가볍게 약속했는데 나중에 일이 잘못되기라도 하면 결국 사람들에게 불신감만 주게 된다. 이렇게 될 바에야 애초부터 불가능한 일은 약속하지 않는 편이 낫다.

약속을 지키지 않으면 신뢰를 쌓을 수 없고, 신뢰가 없으면 다른 사람으로부터 신임을 받지 못해 더불어 살아가야 할 사회에서 그만큼 자신이 설 자리가 좁아지게 된다.

그러므로 신의 있는 사람이 되려면 약속을 지키는 습관부터 길러야 한다. 이것이 믿음을 얻는 길이자, 사회에서 자기의 활동영역을 넓히는 데 기초를 닦는 일이다.

신의가 있어야 참된 친구

참된 친구란 서로 믿고 의지할 수 있고, 또 의기투합하는 친구다.

루소의 속 깊은 우정

프랑스 화가 밀레Jean Francois Millet, 1814~1875는 '만종', '이삭줍기' 같은 인류의 역사에서 영원히 남을 명작을 그려 '그림의 성인'이란 뜻의 '화성畵聖'이라고까지 불린다. 그가 젊은 시절 파리 근교의 깊은 숲 속에 자리 잡은 농촌에서 농민화가로 그림을 그리며 가난한 창작생활을 하고 있을 때의 이야기다.

그때만 해도 밀레는 풋내기 화가라 그림이 팔리지 않았다. 흙바닥의 넓은 화실에는 난로도 없고, 부인과 어린 아이들은 배고픔과 추위에 떨고 있었다. 빵을 구울 밀가루도, 난로에 지필 땔감도 없이 식구들이 허기를 참으며, 차디찬 냉방에서 등을 맞대고 서로의 체온으로 추위를 쫓고 있었다.

그와는 정반대로 인기를 끌고 있었던 친구인 화가 루소가 그의 집을 찾아왔다. 루소는 불기 하나 없는 화실을 두루 살피고는 루소가 그린 여러 작품 중에서 '접목하는 농부'를 고르며 말했다.

"이 그림은 정말 걸작이구만. 내 친구 한 사람이 자네의 그림 한 장을 꼭 구해달라고 하는데, 이 그림을 주지 않겠나."

밀레는 친구의 부탁이라 쾌히 승낙했다. 루소는 그림을 감상하며 머뭇거리다가 조심스레 말했다.

"이 그림의 대금 문제인데, 그 친구가 나에게 이것을 주더구먼. 얼마나 되는지 모르겠네만, 날 봐서 그대로 받아두게나."

"아, 좋고말고, 값이야 얼마든 상관없네. 팔아줘서 고맙네."

밀레는 건네준 봉투를 주머니에 집어넣고는 오랜만에 친구와 함께 차를 나누며 환담을 나누었다.

친구를 배웅하고 돌아온 밀레는 봉투를 열어보고 깜짝 놀랐다. 봉투 속에는 놀랍게도 500프랑이란 큰돈이 들어 있었다. 밀레의 가족들이 훈훈한 겨울을 보낼 수 있는 돈이었다. 오랜만에 밀레의 집 안에 온기가 돌았다.

그 일이 있고 몇 년이 지났다. 우연찮게 밀레가 루소의 집을 방문하게 되었다. 밀레는 응접실에 자기의 그림 '접목한 농부'가 걸려 있는 것을 발견했다.

"이니, 이 그림이 어떻게 여기 걸려 있는가?"

루소는 조용한 미소로 답해주었다. 밀레는 루소의 속 깊은 우정에 감격했다.

루소는 가난한 친구에게 부담을 주지 않도록 다른 사람의 이름을 빌려 자기 돈으로 도와주었던 것이다. 생색도 내지 않고, 부담감도 갖지 않게 친구를 도와준 루소의 속 깊은 우정이 아름답기만 하다.

친구가 필요한 이유

어린 시절 나는 이 글을 읽고 매우 깊은 감명을 받았다. 이런 친구와 함께 일생을 살아간다면 얼마나 보람 있고 행복하겠는가. 나는 이런 친구를 몇이나 가지고 있는가를 스스로에게 물으며 우정에 대해 깊은 생각을 했던 기억이 있다.

사람은 이 세상에서 혼자 살 수 없다. 외로워서 혼자서는 살 수가 없다. 사람이 없어서 외로운 것이 아니다. 마음이 통하는 친한 친구가 없기 때문에 외로운 것이다.

영국의 철학자 베이컨은 친구가 없는 세상을 황야에 비유했다. 황야를 혼자 걸어가는 사람의 모습을 상상해보라. 얼마나 쓸쓸하고 처량한가. 어려움이 닥쳤을 때 찾아갈 사람도 없고, 같이 의논할 상대도 없다면 우리의 삶이 얼마나 외롭겠는가? 또 서로 믿고 의지할 수 있으며 고난과 역경을 함께 뚫고 나갈 친구가 없다면 우리의 인생은 얼마나 쓸쓸해지겠는가? 친구가 없는 인생은 생각할 수가 없다.

그래서 우리에게는 정다운 벗이 필요하다. 서로 진심으로 마음을 터놓고 사귀는 막역한 친구가 있어야 한다. 특히 남자의 생애에서 우정은 결정적인 의미와 가치를 지닌다. 친구가 없는 남자는 인생의 낙오자요, 패배자다. 우리는 고독하지 않기 위해서 정다운 친구가 필요하고, 가치 있는 삶을 위해서 참된 친구를 가져야 한다.

사회생활에서 친구가 차지하는 비중은 매우 크다. 특히 우리 사회와 같이 전통적으로 인간관계 중심의 사회에서 참된 친구를 사귄다는 것은 매우 중요하다. 사회에서 활동하는 데 서로 친구의 도움이 필요할 때가 너무도 많기 때문이다.

우리는 참된 친구를 갖도록 힘써야 한다. 그렇다고 그 많은 사람이 다 친구가 될 수는 없다. 많은 사람들 가운데 특히 호감이 가고 친밀함을 느끼는 사람이 있다. 그런 사람들 중 몇 사람만을 친구로 선택하게 된다. 예부터 참된 친구는 세 손가락으로 꼽기도 힘들다고 했다. 그만큼 참된 친구를 만나기가 어렵다는 것이다.

"한 계단 올라서서 친구를 찾으라"는 말이 있다. 이 말은 반드시 머리가 좋거나 공부를 잘하는 사람하고만 교우관계를 맺으라는 뜻이 아니다. 자기가 성숙하고 성장하는 데 도움이 될 수 있는 사람과 사귀라는 뜻이다.

물론 머리가 좋거나 공부를 잘하는 사람, 운동을 잘하거나 그림을 잘 그리는 사람도 나에게 도움을 줄 수 있다. 말하자면 무엇이거나 새로운 자극을 받을 수 있고, 배울 수 있는 사람과 사귀라는 것이다. 그래야만 그 관계를 통해서 내가 성장할 수 있다.

참된 친구란?

평생 동안 서로 아끼고 도와주며 돈독한 우의 속에서 살 수 있는 참된 친구가 있다면 그보다 값진 재산은 없다. 또한 그보다 행복한 사람은 없을 것이다.

그럼 어떤 사람과 사귀어야 할까? 참된 친구란 어떤 사람인가를 생각해보기로 한다.

첫째, 참된 친구란 신의가 있어야 한다.

서로 믿고, 의지할 수 있고, 서로 속 깊은 마음을 털어놓고 이야기할 수 있어야 한다. 그리고 친구와의 신의를 끝까지 지니는 친구가 참된 친구다. 신의가 없는 친구는 참된 친구가 될 수 없다.

둘째, 참된 친구란 친구를 위한 희생정신이 있어야 한다.

친구와의 관계에서 손해를 볼 수도 있고, 고민도 함께 나눌 수 있는 자세가 있어야 한다. 어려울 때 서로 도울 수 있는 친구가 참된 친구다. 자기희생에 인색하고서는 신뢰할 수 있는 좋은 친구를 얻을 수 없다.

셋째, 참된 친구란 의기투합하는 친구다.

뜻을 같이하여 위대한 것에 공통의 목표를 가지고 서로를 일깨우고 자극을 주고 격려하면서 부단히 서로의 발전을 도모해나가는 친구라면 더 바랄 것이 없는 참된 친구다. 서로 협력하여 크고 높은 가치를 지향해 나아갈 때 가장 이상적이고 창조적인 우정이 탄생한다.

그럼, 참된 친구를 얻으려면 어떻게 해야 할까?

첫째, 무엇보다 성실과 진실한 마음으로 사귀고, 둘째, 서로 깊이 이해하고 아껴주며, 셋째, 예의와 신의를 지키고, 넷째, 고락을 함께 나누는 자세가 되어야 한다.

자기를 위해 친구를 이용하거나 덕을 보려는 이기적인 사람은 평생 참된 친구를 사귀지 못한다. 더욱 자기희생에 인색해서는 참된 친구를 얻을 수 없다. 참된 친구를 갖고 싶은 사람은 모든 이해관계를 떠나서 순수하고 진실한 마음으로 친구를 사귀고 사랑해야 한다.

그리고 제 스스로 참된 친구가 되어주는 노력이 있어야 한다. 이것

이 친구와 더불어 모든 고독과 시련을 함께 극복해 나아갈 수 있는 참
된 친구를 얻는 길이다.

중요한 존재로 인정해주라

상대방을 중요한 존재로 인정해주라. 그러면 그는 당신을 위하여 헌신할 것이다.

존재 가치를 인정받으면 자부심이 생긴다

미국의 '웨스팅하우스'는 전 세계적으로 수많은 기업을 거느리고 있는 다국적 기업이다. 이 회사의 호손 공장에서, 하버드 경영대학원이 여공들을 대상으로 세 가지 실험을 실시했다.

첫째는 조명에 대한 것이었다. 여공들이 일하는 곳의 조명을 훨씬 밝게 해주었더니 예상대로 생산성은 급격하게 증가했다. 조명을 다시 원상태로 돌려놓았지만, 생산성은 계속 증가 추세를 보였다.

둘째는 작업시간 단축에 대한 효과를 실험했다. 처음에는 조업시간을 단축하여 쉬는 시간을 늘려주었다. 그러자 생산력이 향상되었다. 이런 생산력 향상은 작업시간을 다시 원상태로 돌려놓고 오랫동안 실시했을 때에도 변함이 없었다.

세 번째는 식사에 대한 실험이었다. 급식의 질을 개선하자 생산성은 증가하였다. 다시 음식의 질을 돌려놓았다. 그런데도 생산성은 여전했다.

이러한 실험에서 나타난 결과를 살펴보면 상식적으로는 이해가 되지 않는 점을 발견할 수 있다. 조명이나 작업시간 그리고 급식의 질을 개선하는 것은 분명 생산성을 높일 수 있는 여건이 된다. 하지만 작업환경을 원래 상태로 돌려놓았는데도 생산성이 여전히 증가하는 이유는 뭘까? 수수께끼 같은 의문이 아닐 수 없다.

과연 이것은 무엇을 의미하는 것일까? 실험을 실시한 연구원들은 여공들이 실험 대상으로 자신들이 선택되어 회사를 대표하는 존재가 된 사실을 자랑으로 여겼기 때문이라는 결론을 내렸다.

좀 더 자세하게 말하면 수수께끼 같은 의문에 대한 대답은 실제의 생산 여건에서 찾을 수 있는 것이 아니라 인간적인 측면에 있다는 것이다. 즉 실험기간 중 여공들은 연구자로부터 주목을 받고 있다는 사실과 자신들이 회사를 대표하고 있다는 것을 의식하고는 회사에서 인정받고 있는 집단의 구성원이라는 자부심을 갖고 이전보다 더 열심히 일했던 것이다.

누구든지 자기가 중요한 존재라는 걸 인식하게 되면 환경이 바뀌더라도 그 마음가짐은 그대로 유지된다는 것이다. 반면 자신이 인간적 존재가 무시당하고 있다고 느끼면 누구나 자신을 무기력하게 여기게 되는 것이다.

인정하는 것은 상대방의 능동적 의지를 자극시켜 활력을 가져오게 하는 동기를 부여하는 것이다.

중요한 존재로 인식시켜라

미국의 철학자이며 심리학자인 윌리엄 제임스는 "인간성의 본성 가운데 가장 뿌리 깊은 욕망은 인정을 받고 싶어 하는 욕구다"라고 말했다. 인간은 누구나 남에게서 인정받고 싶어 한다. 자기의 존재 가치를 인정받기를 원하는 것이다.

인간은 존재 가치를 인정받으면 능동적 의지를 발휘한다. 자신이 다른 사람으로부터 인정을 받고 있다는 생각이 그들로 하여금 긍지를 갖게 하여 능동적으로 활동하게 만드는 것이다. 앞에서 본 호손 공장의 여공들도 "회사를 대표하는 중요한 존재"라고 느끼고 있었기 때문에, 작업환경이 어떻든지 상관하지 않고 높은 생산성을 보인 것이다.

인정해주는 것만큼 상대방의 사기와 열정을 불러일으키는 것은 없다. 인정받고 격려를 받으면 자긍심과 자신감이 생겨 더 잘하려고 노력하게 된다. 그래서 인정과 격려는 삶의 활력소가 되고, 자기 발전의 촉진제가 되는 것이다.

미국 경제계에서 최초로 연봉 100만 달러를 넘게 받은 사람 가운데 찰스 쉬브라는 사람이 있었다. 그는 칭찬해주고 인정해주며 격려해주는 재주 하나로, 불과 38세의 나이에 앤드류 카네기의 눈에 띄어 US 강철회사의 사장으로 영입된 인물이다. 그가 엄청난 연봉을 받을 수 있었던 것은 사람을 다스리는 능력이 뛰어났기 때문이었다.

그는 사람 다스리는 자신의 비결을 털어놓으면서 이런 말을 했다.

"인간의 행동을 지배하는 가장 중요한 법칙이 하나 있다. 이 법칙을 위배하지 않는 한 살아가면서 곤경에 빠지는 일은 거의 없을 것이다. 그 법칙을 따르기만 하면 우리는 셀 수도 없이 많은 친구와 끝없는 행복을 얻을 수 있다. 하지만 그 법칙을 위배하는 바로 그 순간 우리는 끝없이 계속되는 곤경에 처하고 만다. 그 법칙은 바로 이것이다. '언제나 상대방으로 하여금 자신이 중요한 인물이라는 느낌을 갖게 하라'는 것이다. 상대방을 중요한 존재로 인정해주라. 그러면 그 사람은 당신을 위하여 헌신할 것이다."

여기 사람이 존재 가치를 인정받으면 어떻게 변하는가를 여실히 보여주는 본보기 인생이 있다.

인정받으면 새 사람으로 태어난다

대우그룹의 김우중 회장은 어린 시절을 매우 불행하게 보냈다. 도지사였던 아버지가 6·25전쟁 때 북으로 납치당하고, 형들마저 군에 입대하게 되었다. 그는 졸지에 중학생의 몸으로 네 식구의 가장 역할을 떠맡아야만 했다.

먹고 살기가 힘들었던 그 시절에 가족의 생계도 해결해야 하고 공부도 해야 했으니, 그의 고생은 이만저만이 아니었다. 그러자니 그는 자연히 거칠고 억세질 수밖에 없었다. 공부도 제대로 될 리 없었다.

성적은 꼴찌에서부터 헤아리는 편이 훨씬 빨랐다. 그는 말썽도 많이 일으킨 형편없는 문제아였다.

그런 그가 고등학교 2학년 때 자기 삶에 결정적인 영향을 미친 선생님을 만나게 된다. 당시 담임이던 이석희 선생님은 사람을 헤아려볼 줄 아는 혜안을 가진 스승이었다.

선생님은 어느 날 조용히 그를 불렀다. 선생님은 오랫동안 그를 지켜보고 있었다면서 이렇게 말했다.

"나는 너를 믿는다. 너는 무엇이든 할 수 있어. 용기를 내라!"

뜻밖의 칭찬과 애정 어린 격려에 진한 감동을 받은 소년 김우중은 이것이 계기가 되어 생의 일대 전환기를 맞게 된다.

선생님은 그의 잠재적 가능성을 공식적으로 인정해준 최초의 사람이었으며, 새로운 희망과 용기를 불러일으켜 준 스승이었던 것이다.

그 후 선생님은 무슨 속셈이었는지 문제아였던 그를 1학기 때에는 부반장을 시켰고, 2학기 때에는 규율부장에 임명했다.

규율부장이 되자 그의 생활은 갑자기 변했다. 규율부장은 다른 학생의 모범이 되어야 했기에 그의 행실은 어제의 김우중이 아니었다. 어제까지만 해도 상급생에게 경례도 잘 붙이지 않던 그가 그런 학생을 단속하는 자리에 서고 보니 변할 수밖에 없었던 것이다.

그는 아침마다 거울 앞에 서서 복장을 단정히 했고, 차츰 행실도 바로잡아 갔다. 그리고 공부도 열심히 하기 시작했다. 그리고 마침내 선두를 다투는 모범생이 되었다.

김우중 회장은 훗날 저서 《세계는 넓고 할 일은 많다》에서 이렇게 고백하면서 이 땅의 선생님과 어버이들에게 당부하는 말도 잊지 않았다.

"그 선생님은 나를 공식적으로 인정해주셨다. 고백하거니와 나는 그 선생님의 '인정'에 값하기 위해서 무던히 노력하고 애썼다. 선생님의 그와 같은 인정이 결코 근거 없는 것이 아니라는 걸 확인시켜주기 위해 열심히 공부하며 스스로 탈바꿈해 나아갔다. 사람은 누구나 자기를 인정해주는 사람을 실망시키고 싶지 않은 마음이 있는 법이다.

지금 당신의 제자, 당신의 아들딸 중에 공부를 못하고 문제만 일으키는 학생이 있을 수도 있다. 그렇더라도 아니, 그렇기 때문에 더욱 관심과 배려가 필요하다. 야단치고 나무라지만 말고 그의 인격을 들어 올려보라. 사람은 누구나 남보다 잘하는 것을 가지고 태어난다. 그것을 발견하여 능력을 인정해보라. 그래서 그 스스로 자신 속에 잠자고 있던 그 무한한 능력의 문을 열도록 시도해보라. 이석희 선생님이 내게 그랬던 것처럼 말이다. 아인슈타인도 한때 낙제를 했고, 에디슨도 학교에서 쫓겨난 적이 있지 않았는가.

이석희 선생님이 아니었더라면 지금의 김우중이 어떻게 되어 있을까를 생각하면 아득해진다. 선생은 많으나 스승은 적다고 한탄하는 시대에 나는 마음속으로 참스승을 모신 기쁨 때문에 늘 감사하지 않을 수 없다.”

이렇듯 사람에게는 자기의 존재 가치를 인정받는 것처럼 기쁜 일이 없다. 적절한 인정은 한 인간의 분발을 촉구하기도 하고 또 새로운 인생으로 탈바꿈하는 계기가 되기도 한다.

앞에서 본 소년 김우중이 담임선생님의 인정과 격려에 힘입어 일생일대의 전환기를 맞게 된 것은 인정이 주는 하나의 마력이라고 할 수 있다.

인정받는 것만큼 큰 힘이 되는 것은 없다. 인정해주고 격려해주자. 백 번의 꾸지람보다 한 마디의 인정이 사람의 마음을 움직이고 변화시킨다. 우리는 남의 장점을 찾아 칭찬해주고 인정해주고 격려하는 데에 보다 많은 관심을 가져야 한다.

성공적인 직업인

하고 싶은 일을 할 수 있어야 성공도, 행복도 누릴 수 있다.

하고 싶은 일을 해야 성공할 수 있다

미국 최대의 항공기 제작회사인 '보잉'의 사장이었던 필 존슨이 어렸을 때 그의 아버지는 세탁소를 운영했다. 아버지는 아들 필이 가업을 계승해주기를 바라면서 세탁소 일을 거들게 했다. 그러나 필은 세탁일이 질색이었다. 그 일 하기가 죽기보다 싫어서 일부러 게을리했고 아버지의 뜻을 따르지 않았다. 아버지는 몹시 실망한 나머지 세탁소의 종업원들을 보기가 부끄러울 정도였다. 어느 날 필은 작심하고 아버지께 자기는 기계공이 되고 싶다고 말했다.

"뭐라고? 작업복을 입고 싶다고? 괘씸한 놈 같으니라고!"

아버지는 몹시 화를 냈지만 필은 뜻을 굽히지 않고 자기가 하고 싶은 기계제작 공장에 취업해 일을 시작했다. 그는 기름투성이가 된 작업복을 걸치고 일에 몰두했다. 세탁소에서 일할 때와는 태도가 전혀 달랐다. 그는 즐거운 기분으로 휘파람을 불면서 일에 열중했다. 그는 어느

새 엔진은 물론 모든 기계를 다룰 수 있는 숙련공이 되었다.

그리하여 1944년 아버지가 사망할 당시 그는 항공기 회사의 사장이 되어 제2차 세계대전을 미국의 승리로 이끄는 데 커다란 공헌을 한 이른바 '하늘의 요새-B17'을 제작해냈다.

만일 그가 여전히 가업을 이어받아 세탁업을 하고 있었다면 어떻게 되었을까? 아마도 아버지에게서 이어받은 가업은 망하고 파산했을지도 모른다. 하기 싫은 일을 해서 성공한 예는 없다.

직업 선택은 신중하게 결정해야

이 이야기는 적성에 맞는 직업을 선택해야 즐거운 마음으로 일에 몰두하게 되어 성공에 이를 수 있다는 교훈을 준다.

직업의 선택은 청소년들이 당면하는 중요한 과제로 결코 소홀히 해서는 안 되는 문제다. 만일 직업을 잘못 선택하게 되면 평생 동안 만족을 느끼지 못하는 불행한 직장생활을 하게 될 뿐만 아니라, 안정된 가정생활도 해나갈 수 없다. 또한 보다 나은 직장을 구하기 위해 한 직업에 안주하지 못하고 여러 분야를 전전하게 된다. 자연스레 직업사회에서 성공할 가능성이 희박해질 수밖에 없다.

이렇듯 직업은 인생에서 굉장히 중요한 요소이건만, 너무나 경솔하고 무책임하게 직업을 선택하는 경우를 많이 보게 된다. 대학 입시의 접수창구에서 흔히 볼 수 있는 광경이 그 점을 단적으로 보여준다. 대학에서 학과를 선택하는 일은 직업 분야를 결정하는 것과 다를 바가 없다. 대학에서 전공하는 학과는 일생 동안 따라다니는 직업에 뗄 수 없는 결정적인 요소가 된다.

그럼에도 입시철이 되면 눈치를 보고 지망학과를 바꾸는 일이 허다하다. 우선 대학에 들어가고 보자는 얄팍한 생각에 그 중요한 직업 선택을 순간적인 상황에 맡겨버리고 만다. 이 얼마나 경솔한 일인가? 자신의 장래를 순간적으로 결정하는 것은 어리석은 일이 틀림없다. 직업을 선택하는 일을 오랫동안 신중하게 생각해야 한다. 직업과 적성이 일치하고 또 자기의 꿈과 일치하는 직업을 선택하도록 노력해야 한다.

직업인이 가져야 할 마음의 자세

인생에서 직업처럼 중요한 것이 없다. 인간의 가장 원초적인 먹고사는 문제를 해결하는 데서부터 인생의 궁극적인 목적인 자아실현을 이루는 데까지 결국 직업을 통해서 이루어지기 때문이다.

직업은 소중하다. 직업을 단순히 먹고 살기 위한 생계유지의 수단으로 여겨서는 아니 된다. 자기의 직업을 통해 사람으로서의 도리와 사회적 역할을 다한다는 보람을 가져야 한다. 그렇게 될 때 자기 직업에 대한 자부심이 생겨 정성을 쏟아 열심히 일하게 된다.

직업을 통해 자아실현을 이루려는 마음이 있는 사람에게는 자기가 하는 일은 단순한 삶의 수단이 아니라 인생의 목적이 된다. 그렇게 되면 자기 직업에 긍지를 가지고 성취의 기쁨과 가치 창조의 보람을 맛보고, 충실한 마음으로 인생을 채워가며 벅찬 감동을 맛볼 수도 있다.

하늘이 나를 불러서 맡긴 사명이라는 생각까지 들게 되면 자기가 하는 일은 신성해지기까지 한다. 그렇게 되면 소명감과 막중한 책임감을 느끼며 헌신적으로 일하게 될 것이다.

성공적인 직업인이 되려면?

일적인 차원이 아니라 자기 인생 또한 발전하는 것 같은 느낌을 받을 수 있는 이상적인 직업이란 무엇일까? 어떻게 해야 성공적인 직업인이 될 수 있을까?

첫째, 적성에 맞고 능력을 발휘할 수 있어야 한다.

보통 40년 가까이 직업을 갖게 되는데, 자기가 하는 일에서 즐거움을 얻지 못하고 보람을 찾지 못한다면 그것처럼 불행하고 비참한 것이 없다. 우리는 하고 싶은 일 그리고 잘할 수 있는 일, 곧 적성에 맞는 직업을 선택해야 한다. 그래야 하는 일이 즐겁고 신이 나서 열심히 일하게 되고 또 능력을 발휘할 수 있게 되어 성취의 기쁨과 보람도 느낄 수 있다. 그렇게 될 때 그 일에 몰입하게 되어 직업적으로 성공을 약속받을 수 있게 된다.

둘째, 한 가지 직업에 일생을 바칠 수 있어야 한다.

자기가 하고 싶은 일을 선택하여 그 직업에 평생을 바치는 것처럼 보람 있고, 가치 있고, 행복한 일은 없다. "우물을 파되 한 우물을 파라"는 우리 속담처럼 한 직업을 끝까지 밀고나가야 성공할 수 있다. 한 직업에 머물러 있어야 그 직업에 대한 애정도 생기고, 긍지도 생기고, 열정도 생긴다.

그렇게 될 때 하는 일에 전문가가 되고, 도사도 되고, 권위자도 된다. 자기가 일하는 분야에서 으뜸가는 제1인자가 되어야겠다는 의지와 의욕으로 열정을 가지고 일할 때 성공적인 직업인이 될 수 있다.

셋째, 자기 직업에 충성심과 책임감을 가질 수 있어야 한다.

내가 맡은 일은 정성을 다하여 성심성의껏 해야 한다. 하는 일에 온 정성을 쏟아 최선을 다하는 것이 직업에 대한 최고의 바람직한 태도다. 자기 직업에 애정도, 긍지도 없이 무성의하고 무책임하게 일한다는 것은 직업인으로서 부끄러운 일이요, 사회 구성원으로서도 불성실한 것이다.

우리는 자기 직업을 천직으로 생각하고 자기의 능력과 정성을 다하여 직책을 완수해야 한다. 충성심과 책임감을 가지고 자기가 맡은 일에 정성을 쏟아야 한다. 그렇게 될 때 인정도 받고, 출세의 길이 열리게 된다.

인생은 주고받는 것

순수한 마음으로 남을 도와주면 반드시 남한테서 도움을 받는다.

우유 한 잔의 기적

1880년 여름 가정집을 일일이 방문해서 물건을 파는 가난한 젊은 학생이 있었다. 주머니에는 다임(10센트) 동전 하나밖에 없었다. 그것으로는 마땅한 것을 사 먹을 수도 없었다.

그렇게 하루 종일 방문판매를 다녔다. 저녁이 되었을 때 그는 너무 지쳤고 배가 고팠다. 이번에 들를 집에 가서는 먹을것을 좀 달라고 해야겠다고 생각하며 어느 집 문을 두드렸다.

이윽고 문이 열리더니 예쁜 소녀가 나왔다. 젊은이는 부끄러워서 차마 배고프다는 말을 하지 못하고 다만 물 한 잔만 달라고 했다. 그러나 소녀는 이 사람이 몹시 허기져 있다는 사실을 눈치 채고 물 대신 큰 컵에 우유 한 잔을 들고 나왔다.

젊은이는 그 우유를 단숨에 마셨다. 새로운 기운이 나는 듯했다. 그는 우유 값으로 얼마를 줘야 할지 물었다. 하지만 소녀는 미소를 지으

며 "엄마가 친절을 베풀면서 돈을 받아서는 안 된다고 하셨어요"라고
말했다. 젊은이는 이 말에 크게 감동했다.

그로부터 수십 년이 지났다. 어느덧 성인으로 성장한 그 소녀가 병
에 걸리고 말았다. 그 도시의 병원에서는 감당할 수 없는 큰 병이었다.
의사는 큰 도시의 전문의만이 고칠 수 있다고 했다. 결국 큰 도시에서
이름난 의사가 오게 되었다. 그 의사는 바로 하워드 켈리1858~1943 박
사, 그 소녀에게 우유 한 잔을 얻어 마셨던 가난했던 학생이었다.

하워드 켈리는 산부인과 분야에서 독보적인 존재로 명문 존스홉킨
스 의과대학의 창설 멤버이기도 했다. 제왕절개 수술을 보편화한 것도
그였다.

하워드 켈리 박사는 환자를 보고 단박에 그녀를 알아보았다. 그리고
지금까지 개발된 모든 의료기술을 동원해서 그녀를 치료했다. 부인과
질환으로는 상당히 힘든 질병이었지만, 마침내 치료에 성공했다.

켈리 박사의 정성 어린 치료로 건강을 회복했지만, 그녀는 치료비
때문에 걱정이 태산 같았다. 얼마 후 그녀는 켈리 박사가 보내온 치료
비 청구서를 받았다. 그녀는 엄청나게 많이 나올 치료비를 걱정하며 봉
투를 뜯었다.

그런데 이게 어떻게 된 일인가? 청구서에는 이렇게 쓰여 있었다.

"한 잔의 우유로 모두 지불되었음."

밑에는 하워드 켈리의 서명이 있었다.

어진 마음에서 우러나오는 순수한 이웃 사랑이 이렇게 큰 보상으로
되돌아올 줄 누가 알았겠는가.

이웃 사랑은 반드시 되돌아온다

사람의 인연이란 묘한 것이다. 작은 친절이 이렇듯 큰 보상으로 되돌아올 줄 누가 상상이나 했겠는가. 물 한 잔 달라는 허기진 학생에게 물 대신 우유를 내준 인정 많은 소녀의 작은 친절이 큰 보상으로 되돌아온 이 흐뭇한 이야기 덕에 이웃 사랑의 의미를 다시 한 번 되새겨 보게 된다.

따지고 보면 그런 친절쯤 뭐 그리 대단한 것도 아니다. 인정 많은 착한 소녀가 배고픈 학생의 모습을 보고 물 대신 우유를 내어주었을 뿐이다. 그러나 그 작은 친절은 순수한 마음에서 우러나온 것이었기에, 가난한 학생에게는 두고두고 잊을 수 없는 고마움으로 남아 부메랑이 되어 돌아온 것이다. 그러고 보면 이웃 사랑은 남을 위한 것만이 아니라 자기 자신을 위한 것이기도 하다.

인생은 주고받는 것

인간은 서로 주고받으며 살아가는 존재다. 즉 산다는 것은 서로 주고받는 것이다. 남에게서 받은 만큼 다시 남에게 돌려주어야 하는 것이 삶의 법칙이다. 주고받는다는 것은 인간의 가장 기본적인 행동이요, 원초적인 관계다.

우리는 날마다 말과 인사를 주고받고, 물건과 돈을 주고받고, 지식과 정보를 주고받고, 또 사랑과 도움을 서로 주고받으면서 살아간다.

또 주면 받게 되고, 받으면 주게 되는 것이 인간의 상식이다. 원래 받는다는 것은 일종의 빚을 지는 것을 의미한다. 빚은 언젠가는 갚아야 할 의무로 남는다. 그래서 받으면 갚아야 하는 것이다.

남에게 진 빚이나 받은 것을 갚는 것을 '보상報償'이라고 한다. 남에게 진 빚이나 받은 것은 어떤 형태로든 보상할 줄 아는 사람이 되어야 한다.

내가 받은 지식은 남에게 가르쳐줌으로써 되돌려주어야 하고, 내가 가정이나 사회와 국가로부터 받아온 사랑과 혜택은 남에게 베풀어줌으로써 되돌려주어야 하고, 남에게서 번 돈은 사회에 되돌려주어야 인간으로서 삶의 의의가 살아나는 것이다.

주고받는 자의 마음의 자세

주고받는다는 것은 서로가 도움이 되는 것이요, 이익이 되는 것이다. 그러므로 주고받을 때에는 순수한 마음으로 주고받아야 한다.

주는 자는 기쁜 마음으로 주고, 받는 자는 감사하는 마음으로 받아야 한다. 그래야만 주는 것이 축복이 되고, 받는 것이 은혜가 된다.

세상에 언제까지나 주기만 하는 사람은 없고, 또 언제까지나 받기만 하는 사람도 없다. 세상만사는 새옹지마다. 잃은 게 있으면 얻는 것도 있게 마련인 것처럼 주면 받을 때가 있고, 받으면 줄 때가 있는 법이다.

예수 그리스도는 "주어라, 그러면 받을 것이니, 너희에게 누르고 흔들어 넘치게 부어주실 것이다. 너희가 남에게 되어주는 것만큼 되돌려 받을 것이다"라고 했다.

그러나 주고받는 데에도 계명은 있다. 남에게 준다는 것은 한없이 축복된 일이지만, 주는 데에는 지혜가 필요하다. 자칫 잘못하게 되면 주는 자는 교만해지기 쉽고, 받는 자는 비굴해지기 쉽기 때문이다. 주는 것도 중요하지만, 더 중요한 것은 주는 마음의 자세다.

그럼 어떤 마음 자세로 주어야 하는가?

첫째, 조건 없이 주는 마음이 되어야 한다.
어떠한 대가도 바라지 않는 순수한 마음으로 주어야 한다. 그래야만 기쁜 마음으로 주게 되고, 감사한 마음으로 받게 된다.

둘째, 누구에게 주든 묻지 않는 마음이 되어야 한다.
누구에게 준다는 의식을 떠나서 주어야 한다. 그래야만 교만해지지도 않고, 비굴해지지도 않게 되는 것이다.

셋째는, 준 것을 기억하지 않는 마음이 되어야 한다.
남에게 준 다음에는 깨끗이 잊어버려야 한다. 그래야만 갚아주기를 바라는 마음도 안 생기고, 또 섭섭하게 여기는 마음도 생기지 않는다.

인생의 진정한 행복은 남에게 주는 생활에 있다. 순수한 마음으로 이웃들에게 무엇인가를 주는 사람이 되어야 한다. 준다는 것은 인생의 덕이요, 엄청난 축복이다. 주는 자는 어디를 통해서든지 반드시 받게 된다는 것이 인생의 이치다.
"주는 자에게 복이 있다"는 예수님의 가르침을 마음속 깊이 새겨두어야 한다.

협동은 함께 잘 살기 위한 것

협동정신이 강한 국민은 번영하고 살아남지만,
협동정신이 약한 국민은 쇠퇴하고 멸망한다.

협동의 마력

몽골제국의 창시자로 몽골인이 국가의 상징적 존재로 추앙하는 칭기즈 칸1162~1227는 임종을 앞두고 다섯 아들을 불렀다. 그는 화살을 가져오라고 한 후 아들들에게 하나씩 나누어주며 꺾으라고 했다. 아들들이 쉽게 화살을 꺾자, 칭기즈 칸은 다시 화살 다섯 개씩을 나누어주며 꺾으라고 했다. 그러나 아무도 꺾지를 못했다. 그러자 그는 "너희 다섯 형제가 단결하여 협동하면 이와 같이 힘이 강해져서 남에게 굴함을 당하지 않을 것이다"고 하면서 아들들에게 협동하고 단결할 것을 당부하였다고 한다.

협동은 힘을 합칠수록 강해지는 것이다. 뿐만 아니라 서로 협동해서 일하면 힘들어도 힘든 줄을 모르며, 가는 길이 멀어도 먼 줄을 모르게 된다. 또 합심하고 협력해서 협동하면 '시너지 효과'가 발생하여 큰 성과를 거둘 수 있다.

1+1은 2가 되는 것은 가장 기초적인 산술이지만, 1+1이 4가 될 때도 있다. 이것을 '시너지 효과'라고 부른다. 시너지 효과는 수학적인 공식으로는 설명할 수가 없다.

한 사람의 능력에 또 한 사람의 능력이 가해질 때 두 사람의 능력만 나오는 것이 아니라 그 이상의 상승효과를 가져오는 것은 협동이 주는 마력이다. 단독으로는 별효과를 낼 수 없지만 여럿이 '함께함으로써' 상승효과를 볼 수 있는 것이다.

협동이란 목표의 달성을 위해 여러 사람들이 마음을 합하여 서로 도우면서 함께 일하는 것을 의미한다. 함께 일하려면 무엇보다도 마음이 맞아야 한다. 그래서 협동의 핵심은 '합심협력合心協力'이다. 합심협력하여 협동을 이루어나갈 때 사회는 발전하고 인생이 행복해진다.

협동의 가치

인간은 사회적 동물이다. 서로 얽히고설키며 살아가게 되어 있는 것이 인간이다. 때문에 인간은 혼자서는 살아갈 수 없다. 서로 도와가며 살아가야 한다. 서로 돕는다는 것은 나도 살고, 너도 살고, 다 같이 공존공영共存共榮하는 길이다.

일찍이 러시아의 혁명가 P. A. 크로포트킨은 '상호부조론相互扶助論'에서 적자생존의 원리를 말했다. 생물에는 생존경쟁이 있고, 생존경쟁에는 적자생존의 원리가 작용한다고 했다. 즉 생존경쟁의 결과, 그 환경에 맞는 것만이 살아남고 그렇지 못한 것은 차차 쇠퇴하고 멸망해간다는 것이다. 이것이 적자생존의 원리다.

그러면 환경에 잘 적응하는 '적자'가 될 수 있는 사람은 어떤 사람일까? 바로 상호부조의 능력이 강한 사람, 다시 말하면 서로 돕기를 잘하는 사람이 적자가 될 수 있다. 고립은 멸망의 길이요, 협동은 번영의 길이다. 서로 돕고 믿고 협동할 때 번영과 행복에 도달할 수 있다.

세상에는 혼자서는 구실을 하지 못하는 일이 너무나 많다. 서로가 힘을 합쳐야만 이룰 수 있는 일이 대부분이다. 사회생활에서 우리가 합심하고 협력해서 협동하는 까닭이 여기에 있다.

협동은 힘의 원천이다. 협동 없이는 큰일을 이루어낼 수가 없다. 협동을 잘하는 가정이 행복하고, 협동을 잘하는 국가가 부강해진다.

협동하고 단결하는 훈련을 시작하자

서로 돕는다는 것은 나도 살고, 너도 살고, 다 같이 사는 길이다. 협동은 동고동락하는 것이요, 공존공영하는 길이다. 우리가 제일 힘써서 배워야 할 것은 남과 협동해서 사는 기술이다. 우리는 모래알과 같은 고립적 인간이 되어서는 안 된다. 공동의 목표를 위해서 공동으로 협조하는 인간이 되어야 한다.

1980년대의 주한일본대사였던 가네야마 씨가 임기를 마치고 한국을 떠나면서 남긴 말은 지금도 우리에게 큰 울림을 준다. 그는 "일본 사람이 한국 사람과 1대 1로 대하면 일본인은 모두 패배한다. 그러나 세 사람의 일본 사람과 세 사람의 한국 사람이 맞설 때 상황은 달라진다"고 말했다. 상황이 달라진다는 것은 일본 사람이 이긴다는 것이다. 우리는 이 말을 주의 깊게 들어야 한다.

일찍이 도산 안창호 선생은 우리 민족의 결함을 고치려면 두 가지 훈련을 해야 한다고 역설했다. 그것은 지덕체智德體를 갖춘 건전한 인격을 만드는 훈련과 서로 굳게 뭉치는 협동과 단결하는 훈련이다. 이 결함을 고쳐야 민족이 살 수 있다며 애타게 부르짖던 그의 통회하는 외침은 지금도 쟁쟁하다. 하지만 백 년이 지난 오늘의 한국 국민은 여전히 협동할 줄도, 단결할 줄도 모르는 못난 국민으로 남의 웃음거리가 되고 있다. 이제라도 우리는 협동하고 단결하는 훈련을 해야 한다.

이 교육적 과제는 우리 민족의 흥망성쇠를 좌우하는 중대한 과제로, 이 시대의 교육자에게 맡겨진 사명이요, 책임이다.

바람직한 협동인이 되려면

협동이란 목표의 달성을 위하여 여러 사람들이 힘을 합하는 것이다. 협동의 핵심은 합심협력이다. 협동하려면 무엇보다도 남과 화목하고 원만한 인간관계를 이루어야 한다.

협동과 화합은 조직의 생명이다. 좋은 직장은 협동과 화합이 잘되는 직장이요, 좋지 않은 직장은 협동과 화합이 잘 안 되는 직장이다. 우리는 먼저 협동하는 것을 배워야 하고, 화합하는 것을 배워야 한다. 협동을 잘하는 직장은 발전하고 번영할 수 있지만, 그렇지 못한 직장은 쇠퇴하고 몰락하게 된다.

서로 따뜻한 마음을 가지고 서로 믿고 이끼고, 서로 돕고 양보하고 서로 협동할 때 가정처럼 즐거운 분위기가 조성되어 사는 것에 즐거움과 보람을 느끼게 된다.

그럼 어떻게 하면 협동하는 사람이 될 수 있을까? 먼저 너그러운 마음을 가져야 한다. 마음 문을 활짝 열고 남의 이야기나 의견을 허심탄회하게 받아들이는 개방적 자세가 필요하다. 나의 의견이나 주장만 너무 내세우지 말고, 남의 의견이나 주장에 조용히 들어주는 대화의 정신이 무엇보다 필요하다.

대화가 없으면 협동이 이루어지지 않는다. 대화는 협동에 이르는 길이다. 윗사람과 아랫사람 사이, 동료 사이, 판매자와 고객 사이에 활발한 대화가 오고 가야 한다. 몸에 피가 제대로 안 돌면 병이 생기듯이, 조직도 마찬가지로 병이 생긴다. 서로 밝은 대화가 오고 가지 않을 때 그 조직은 인간관계가 소원해지고 냉랭해진다. 그러므로 구성원 간의 화합에 힘써 마음으로부터의 협력을 얻도록 하는 것이 무엇보다 중요하다.

협동은 남을 위한 자기의 희생이 아니라 더불어 함께 잘 살기 위한 자기 생존의 행위다. 서로 마음을 합하여 협력한다는 것은 공동체를 이루어 살아가는 사회의 한 구성원으로서 마땅히 지녀야 할 자세요, 반드시 실천해야 할 의무다.

인간관계는 사회를 밝게 해주는 활력소

인간관계가 좋은 사람은 사회에서 성공하기 쉽지만, 인간관계가 나쁘면 실패하기 쉽다.

연봉 백만 불짜리 CEO의 비결

미국 경제계에서 최초로 연봉 100만 달러를 돌파한 사람 가운데 찰스 쉬브라는 사람이 있었다. 그는 서른여덟 살의 나이에 앤드류 카네기의 눈에 띄어 US 강철 주식회사의 초대 사장에 임명되었다.

앤드류 카네기는 무엇 때문에 찰스 쉬브에게 100만 달러의 연봉, 다시 말해서 하루 3천 달러가 넘는 돈을 주었을까? 당시는 주급 50달러만 되어도 상당히 잘사는 축에 들던 시절이었다. 쉬브가 남다른 천재성을 가지고 있기 때문이었을까? 그렇지는 않다. 그렇다면 다른 누구보다도 철강업에 대한 풍부한 지식을 가지고 있었기 때문이었을까? 그것도 아니다. 그럼 무엇 때문이었을까?

이에 대하여 쉬브는 자신이 그런 엄청난 연봉을 받을 수 있었던 것은 사람을 다스리는 능력에 기인한 바가 크다고 말한다. 그럼 그는 도대체 어떤 방식으로 사람들을 다스렸기에 앤드류 카네기의 눈에 띄게 되었을까? 그는 자신의 비밀을 이렇게 털어놓았다.

"나는 부하 직원들에게 열정을 불러일으킬 수 있다는 것을 가장 커다란 자산 가운데 하나라고 생각합니다. 한 사람에게 내재되어 있는 능력을 최대한으로 발현시킬 수 있는 방법은, 지속적으로 그를 격려하고 칭찬해주는 일입니다. 윗사람의 비난만큼이나 한 인간의 의욕을 확실하게 줄여버릴 수 있는 것은 없습니다. 일을 할 수 있는 동기를 부여해주는 것이 그 무엇보다도 중요합니다. 그래서 나는 칭찬하는 것을 좋아하는 대신, 잘못을 지적하는 것은 대단히 싫어합니다. 만약 저에게 남다른 능력이 있다면 그것은 남이 잘한 것을 아낌없이 칭찬해주는 능력일 것입니다."

그는 자신이 그런 생각을 실천에 옮겼다. 쉬브는 US 강철회사를 미국 제일의 철강회사로 만들어냈을 뿐 아니라 커다란 어려움에 직면해 있던 베들레헴 강철회사를 인수하여 미국에서 가장 이윤을 많이 내는 회사로 새롭게 태어나게 하는 놀라운 업적을 남겼다.

호감을 갖게 하는 가장 효과적인 방법

쉬브가 이 같은 눈부신 성공을 거둘 수 있었던 것은, 한마디로 인간관계에서 성공했기 때문이다. 인간관계를 좋게 하는 방법에는 여러 가지가 있는데, 그 가운데 사람들에게 호감을 갖게 하는 가장 효과적인 방법은 상대방의 욕구를 충족시켜주는 일이다.

그는 대인관계에서 우리가 상대하는 많은 사람들이 칭찬 받기를 원하는 것을 파악하고 상대방의 장점이나 좋은 점을 칭찬해주어 자신에게 호감을 갖게 했고, 부하 직원들에게는 잘하고 있는 일에 대해서 끊

임없이 격려하고 칭찬을 해줘 각자의 능력을 최대한으로 발현할 수 있
도록 이끌어주었다. 그의 칭찬은 솔직하고 진실한 칭찬이었기 때문에
상대방의 마음을 얻을 수 있었다. 그가 인간관계에서 성공할 수 있었던
이유가 바로 여기에 있다.

인간관계의 중요성

중·고등학교를 졸업한 후 동창회에 가서 동창들을 만나 보면 인간관
계란 것이 얼마나 중요한 것인가를 알 수 있다. 학교 다닐 때 공부에만
몰두하여 좋은 성적을 얻었지만 친구를 사귀지 못하고 자기중심적으로
만 생각하고 남을 배려할 줄 모르던 친구는, 물론 좋은 대학과 좋은 직
장에 들어갈 수 있었다. 그러나 그 화려한 성적표는 조금도 쓸모가 없
어지고, 승진했다는 소식은 잘 들리지 않는 경우도 있다.

반면 학교 다닐 때 성적은 별로 좋지 않았지만, 친구들과 잘 어울리
며 항상 따뜻한 배려를 아끼지 않았던 친구는, 사회에 나가서 주위 사
람으로부터 환영과 지지를 받고 점점 두각을 나타내어 예상치 못한 지
위에 올라가 있기도 하다.

이러한 사례를 보면 인간관계라는 것이 그 사람의 사회적 성공에 얼
마나 중대한 영향을 끼치는가를 알 수가 있다.

이렇듯 인간관계는 사회생활에서 매우 중요하게 작용한다. 또 인간
관계는 태도나 감정뿐만 아니라 개인적인 성공에도 지대한 영향을 끼
친다.

미국의 카네기 공업협회에서 사회적으로 성공한 만 명을 대상으로
'성공의 비결'이 어디에 있는가를 조사했더니 두뇌, 기술, 노력에 의한

성공률은 15%인데 비해 인간관계에 의한 성공률이 놀랍게도 85%를 차지했다고 한다.

또한 하버드대학 직업보도국에서 '실직의 사유'를 조사해보았더니 일을 잘못해서 쫓겨난 사람보다 인간관계가 나빠서 직장을 그만두게 된 사람이 두 배 이상이나 되었다고 한다.

인간관계가 좋은 사람은 사회에서 성공하지만, 인간관계가 나쁜 사람은 실패하기 쉽다는 사실을 증명해주는 확실한 사례들이다.

인간관계를 좋게 하는 방법

좋은 인간관계는 원만한 사회생활을 영위하게 할 뿐만 아니라 인간적인 성장에도 도움을 준다. 여기 인간관계를 좋게 하는 일곱 가지 방법을 소개한다.

첫째, 먼저 인사하라.

웃는 얼굴과 밝은 표정으로 먼저 인사하자. 반갑고 부드러운 인사말은 인간관계의 첫걸음이다. 첫 인사말이 첫인상을 좌우하고, 인간관계 형성에 큰 영향을 준다.

둘째, 웃으며 대하라.

미소는 호의의 표정이요, 다정한 인사의 표현이다. 웃는 얼굴은 호감을 사고 친밀감을 갖게 한다. 봄바람처럼 부드러운 미소로 사람을 대하라. 모두가 친구 되기를 원할 것이다.

셋째, 친절하게 대하라.

친절은 정답고 부드럽고 따뜻한 마음씨의 표현이다. 친절만큼 가슴을 따뜻하게 하는 것은 없다. 언제나 친절하게 대하라. 그러면 당신 주위에 많은 사람들이 모여들 것이다.

넷째, 인정해주고 칭찬하라.

인간은 누구나 인정받고 칭찬받고 싶은 강한 욕구를 갖고 있다. 남의 능력이나 업적, 장점이나 뛰어난 점을 발견하고 칭찬해주라. 칭찬은 상대방을 나의 친구로 만드는 훌륭한 무기다.

다섯째, 이름을 기억하라.

자기의 이름을 기억하고 있다는 것은 정말 기분 좋은 일이다. 상대방의 이름을 정확히 기억하고 불러주라. 이것은 자기에 대한 관심이 크다는 것을 표현하는 것이다. 상대방 또한 당연히 자기 이름을 기억해주는 사람에게 호감을 갖게 된다.

여섯째, 관심을 가져라.

관심을 갖는다는 것은 상대방에 대해서 마음을 쓰는 것이요, 배려하는 것이다. 상대방에게 깊은 관심을 가져라. 인간은 누구나 자기에게 따뜻한 관심을 가져주는 사람을 좋아한다.

일곱째, 존중해주라.

상대방을 정중하게 대하는 것은 예의를 갖추어 존경의 뜻을 표하는 것이다. 먼저 상대방의 의사를 존중해주고, 인격을 존중해주어라. 그러면 상대방 또한 당신을 위해 존중해주고 떠받들게 될 것이다.

이것을 열심히 실천해나간다면 당신은 대인관계에서 반드시 성공할 수 있을 것이다.

제7부

교양인의 자세

교양 있는 사람은 사물을 분별할 줄 안다. 남을 존중하고 배려할 줄 알며 남을 탓하거나 비판하지 않는다. 아무리 어려워도 긍지를 가지고 참고 견디며 차선의 방법을 찾는다.

독서와 자기성찰을 통해 보다 성숙한 삶을 추구한다. 무르익을수록 고개를 숙이는 벼 이삭처럼 자기를 낮추는 겸손한 사람 그리고 깨끗하고 청렴한 사람이야말로 교양 있는 사람의 참 모습이다.

| 예의 |

동방예의지국의 현주소

예의는 서로가 지켜야 할 도리요, 사람이 갖추어야 할 품위이자 사회적 약속이다.

어느 은행 지점장의 푸념

어느 은행에서는 신입사원을 교육할 때 손님을 대하는 데 사용하는 몇 가지 용어를 특별하게 가르치고 있다고 한다. 그중 하나가 뭔가 실수를 하게 됐을 때 손님에게 "드릴 말씀이 없습니다.", "이것은 저의 잘못입니다", "정말 죄송합니다" 하고 정중하게 사과하도록 당부한다고 한다.

그런데 이런 기본적이면서도 짧은 말이 입에서 저절로 나오는 데에는 6개월에서 1년 정도가 걸린다고 한다. 처음 입사한 신입사원들은 대개 "죄송합니다"나 "정말 드릴 말씀이 없습니다"가 아니라, "그게 아니라 손님이" 하며 변명부터 한다는 것이다. 그러면 손님이 "당신이 잘못해놓고 뭐가 '그게 아니라'야!" 하고 들고일어난다고 한다.

지점장은 '어째서 이 간단한 말도 제대로 하지 못하게 된 건가' 싶어 걱정보다 한탄이 앞서며 가슴이 답답해진다고 한다. 생각해보면 모두가 예절교육이 시행되지 않는 것에서 비롯된 것이다. 그러니 누구를 탓할 수 있겠는가.

요즘 가정에서나 학교에서는 제대로 된 예절교육을 찾아볼 수 없다. 그러기는커녕 어릴 때부터 자기의 주장을 떳떳하게 말하라고 가르친 탓인지 자기 잘못을 인정하기보다는 먼저 자기주장부터 내세우는 이들이 많다. 상대방을 고려하지 않고 자기가 말하고 싶은 것만 먼저 말하려든다면 사회생활에서 대인관계는 실패할 수밖에 없다.

이것이 오늘의 우리나라 예절의 현주소인가?

이 은행 지점장의 푸념을 보고 있노라면 오늘날 우리나라 예절의 현주소를 보는 것 같아 씁쓸한 마음을 지울 수가 없다.

사실 지점장의 이런 푸념 정도는 그런대로 봐줄 수도 있다. 어느 할아버지가 버스 안에서 겪었던 이야기는 씁쓸하다 못해 슬픔마저 들게 한다.

30대 젊은 여자가 어린 아들을 앞자리에 앉히고 자기는 뒷좌석에 앉아 있었다. 중간 정류장에서 지팡이를 든 어느 할아버지 한 분이 올라와 빈자리가 없는지 주위를 두리번거렸다.

젊은 여자는 아이를 자기 무릎에 앉히고 자리를 양보해드리는 깃이 도리였지만, 모른 체하며 창밖을 내다보았다.

할아버지는 아이가 있는 자리로 다가가 "아가, 할아버지하고 같이 앉아 가자"고 하면서 아이를 안아 들려고 했다. 그러자 아이는 "싫어, 저리 비켜" 하며 앙칼지게 소리를 지르면서 할아버지를 밀어냈다. 그 바람에 할아버지는 뒷걸음질 치다가 힘없이 넘어지고 말았다.

이 광경을 지켜보던 젊은 여자는, 미안하다는 말은커녕 서슬 퍼런 얼굴로 "애한테 허락도 받지 않고 그렇게 강제로 자리를 빼앗으시면 어떻게요"라며 소리를 질렀다.

"허허, 말세로구나, 말세야." 겨우 지팡이를 딛고 일어선 할아버지는 넋이 나간 듯 겨우 그 한마디를 할 수 있었을 뿐이었다.

좀 지나친 듯하지만 요즘 주변에서 이 같은 무례를 심심찮게 보게 된다. 동방예의지국이라던 우리의 예의범절은 어쩌다 이 꼴이 되었는지 참으로 통탄한 일이 아닐 수 없다.

예절은 대인관계의 기본원리

공자는 제자들에게 "예의를 지키지 않으면 사회에서 입신할 수 없다"고 하며 예의의 중요성을 강조했다. 사람이 사람으로서 예의를 지키지 않으면 결국 세상에서 입신할 토대를 잃게 된다는 것이다.

옛날에도 그렇거늘 다양한 인간관계의 그물 속에서 얽혀서 살아가는 현대인에게 대인관계의 근본이 되는 예절은 아무리 강조해도 지나치지 않다.

대인관계에서 핵심이 되는 예절은 인사범절이다. 인사성이 밝은 사람이 되어야만 사회생활에서 인간관계를 원만히 맺어갈 수 있다. 인사성이 없어 인사하는 것을 게을리하거나 인사할 줄 모르면 사회생활의 기반이 되는 인간관계에서 실패하게 된다.

다정한 인사는 친밀감을 주어 호감을 갖게 하고, 정중한 인사는 믿음을 주어 신뢰감을 갖게 한다. 깍듯한 인사는 상대에게 존경심을 심어주고, 당당한 인사는 나의 자신감을 보여준다.

이렇듯 인사라는 행위를 통해 그 사람의 됨됨이와 인격을 한눈에 헤아려볼 수 있다. 인사 하나만으로 사람을 평가할 수도 있기 때문에 평소 인사범절에 각별히 유의하여 어디서든 좋은 인상을 남기도록 힘써야 한다.

인사범절에 각별히 유의할 점

예절은 서로 간에 지켜야 할 인간의 도리요, 사람이 갖추어야 할 품위다. 또 예절은 사람들이 지켜야 할 사회적 약속이다. 사회적 약속이 지켜지지 않으면 서로가 서로를 믿을 수 없게 되고 불화하게 된다. 그러므로 서로 화목하고 즐겁게 살아가려면 예절을 잘 알고 잘 지켜야 한다.

인사범절에 몇 가지 특별히 유의할 점이 있다.

첫째, 인사성이 밝아야 한다.

인사성이 밝은 사람은 어디서나 먼저 인사를 잘 한다. 그런 사람들은 대체로 밝고 활달하여 붙임성이 있고, 부드럽고 상냥하여 친근감이 있다. 대화에도 능통하여 상대방에게 호감을 준다.

또 어떤 만남이든 밝고 활기 있게 대화를 이끌어간다. 남의 말을 잘 들을 줄 알며, 자기 입장보다 상대방의 입장을 헤아려주는 지혜가 있어 주변에 많은 사람들이 모여든다. 남보다 빨리 성공한 사람들은 하나같이 인사성이 밝은 사람들이란 사실을 유념할 필요가 있다.

둘째, 인사를 할 때는 적절한 감정 표현을 해야 한다.

우리 민족은 대체로 무뚝뚝한 편으로 서양 사람이나 일본 사람에 비해 감정 표현에 둔하다. 이런 인상 때문에 인간관계에 지장이 생기는 것은 바람직한 일이 아니다.

적절한 감정 표현이 없거나 잘못하기 때문에 상대방의 오해를 불러 일으킬 소지가 많다. 반가우면 반가운 표정을 하고, 고마우면 고마운 뜻을 전달할 수 있어야 한다. 즉 감정을 표현해야 한다. 그래야 그 말과 행동의 뜻이 바르게 전달된다.

셋째, 대인관계에서 요구되는 교양인의 필수자질을 갖추도록 노력해야 한다.

부드러운 미소가 감도는 밝은 표정, 깨끗하고 단정한 복장, 너그러운 마음씨, 친밀감을 주는 대화, 겸손하고 사양하는 태도, 재치 있고 유머러스한 말씨 등 교양인이 가져야 할 몸가짐에 신경을 써야 한다. 그것이 예의지국의 옛 명성을 되찾는 길이다.

| 청렴 |

청렴은 공직자의 근본이 되는 의무

공직자는 모름지기 청렴결백해야 한다. 그래야만 국민이 믿고 따르게 된다.

당장 이 돈만큼 총을 더 가져오시오

월남전 당시 미국의 무기 수출업체인 맥도날드 더글라스 회사의 중역이었던 데이빗 심슨이 자신의 회고록에서 100만 달러에 얽힌 박정희 대통령과의 첫 만남을 다음과 같이 회고한다.

나는 비서관을 따라 대통령 집무실에 들어갔다. 아무리 가난한 나라지만, 그의 행색은 한 국가의 대통령이라고는 믿기지 않는 모습이었다. 그러나 고개를 들어 나를 바라보는 그의 눈빛을 보는 순간, 지금까지의 그의 허름한 모습이 순식간에 뇌리에서 사라진 것을 느꼈다.

"각하, 맥도날드사에서 오신 데이빗 심슨 씨입니다."

비서가 나를 소개하자 대통령은 "손님이 오셨는데 잠깐이라도 에어컨을 켜는 게 어떻겠나"라고 말을 꺼냈다. (박 대통령은 평소에도 집무실과 거실에 부채와 파리채를 두고 에어컨은 끄고 지냈다.)

"각하, 이번에 한국이 저희 회사의 M16소총의 수입을 결정해주신 데 대해 감사드립니다. 한국의 국방에 도움이 되기를 바랍니다. 그리고 이 것은 저희 회사가 드리는 작은 성의입니다."

인사말과 함께 준비해온 수표가 든 봉투를 대통령 앞에 내밀었다.

"흠, 100만 달러라. 내 봉급으로는 3대를 일해도 못 만져볼 큰돈이 구려."

대통령의 얼굴에 웃음기가 돌았다. 순간 나는 그 역시 내가 무기 구 매 사례비 전달로 만나본 다른 여러 나라의 국가 지도자들과 다를 것이 없는 사람이구나 하고 생각했다. 나는 다시 한 번 말했다.

"각하, 이 돈은 저희 회사에서 보이는 관례적인 성의입니다. 그러니 부디 부담 갖지 마시고⋯."

그때 잠시 눈을 감고 있던 대통령이 나에게 말했다.

"여보시오. 한 가지 물읍시다. 이 돈 정말 나한테 주는 거요? 그러면 조건이 있소." 하고는 받았던 봉투를 다시 내 쪽으로 내밀며 이렇게 말 했다.

"자, 이제 이 돈 100만 달러는 내 돈이요, 내 돈이니까 내 돈으로 당 신 회사와 거래를 하고 싶소. 당장 이 돈만큼 총을 더 가져오시오. 당신 이 준 100만 달러는 사실은 내 돈도, 당신 돈도 아니요, 이 돈은 지금 내 형제 내 자식들이 천리타향 독일 광산에서 그리고 멀리 월남 땅에서 피 흘리고 땀 흘려 바꾼 돈이요. 내 배 채우는 데에는 안 쓸 거요."

"알겠습니다. 각하, 반드시 100만 달러어치의 소총을 더 보내드리겠 습니다."

나는 그의 얼굴에서 한 나라의 대통령이 아닌 아버지國父의 모습을 보았다.」

청백리를 높이는 이유

앞에서 소개한 이야기는 지금으로부터 40여 년 전에 있었던 사실로, 국가 지도자들이 어떻게 처신해야 하는가를 되새겨 보게 하는 교훈이 담겨 있다.

박정희1917~1978는 역대 대통령 중 가장 존경받는 대통령으로, 또 가장 깨끗하고 청렴한 지도자로 인정받고 있다.

그는 한편으로 독재자로 비난받기도 하지만, 그에 대한 평가는 대체로 긍정적이다. 박정희가 독재자였다는 건 사실이다. 하지만 그는 단순한 독재자가 아니었다. 국가 발전과 개발을 위해 자유를 억압한 불가피한 선택을 할 수밖에 없는 독재자였다.

짧은 시간 안에 놀라운 경제 발전을 이루어내 5천 년 동안 이어온 가난과 배고픔을 벗어나는 데 지도력을 발휘했다는 점은 널리 인정받고 있다. 누구에게나 공과는 있다. 그에게도 공로와 과실이 있다. 하지만 근대화와 경제부흥의 공적이 훨씬 컸다는 사실을 인정받고 있다.

그가 이처럼 국민적인 인정을 받고 있는 이유는 경제발전을 이루어내 국민들이 잘살게 한 업적이 가장 먼저 손꼽힌다. 하지만 지도자로서 청렴결백하게 처신했다는 점 또한 높은 평가를 받는다.

정치하는 사람은 예로부터 청렴을 으뜸으로 꼽았다. 백성 앞에 탐욕을 부리지 않고 청렴하고 깨끗한 몸가짐을 지녀야 하기 때문이다.

사실 정치나 행정책임자가 자기의 몸가짐을 일그러뜨리는 것은 탐욕에서 비롯된다. 물욕에 젖게 되면 부패하게 되어 저절로 몸가짐이 허물어지는 것이다. 청백리를 높이 평가하는 이유가 바로 여기에 있다.

공직자에게 요구되는 덕목

첫째, 무엇보다도 청렴결백해야 한다.

청렴이란 성품이 고결하고 탐욕이 없는 것이고, 결백이란 마음과 행실이 바르고 더럽힘이 없는 것을 말한다. 공직자는 모름지기 결백해야 한다. 그래야만 국민이 믿고 따르게 된다.

둘째, 공적인 일에 사리사욕을 취해서는 안 된다.

공직사회에서 부패의 원인은 공직의 지위나 권력을 이용하여 사사로운 이익을 도모하는 데에 있다. 사리사욕은 양심을 마비시키고 정의감을 혼탁하게 하여 마침내는 패가망신하게 되고, 국민과 국가에 크나큰 누를 끼치게 된다.

공직자는 엄히 이를 경계하여 공과 사를 분별하고 공무를 공평하게 집행하여 국민의 원망을 사지 말아야 한다.

셋째, 강직하고 소신 있게 직무에 충실해야 한다.

공직자는 소신이 있어야 한다. 자기가 맡은 직분에 대한 사명감과 책임의식을 깊이 인식하여 정정당당하게 공무를 집행해야 한다. 부당한 권력에 굴복하지 않아야 하며, 재물의 유혹에 빠져 양심을 파는 부도덕한 공직자가 되어서는 안 된다. 강직하고 소신 있는 공무집행으로 자기의 소임을 다해야 한다.

오늘날 이 같은 공직자가 지켜야 할 덕목을 잘 지켜나가는 청렴결백한 공직자가 많이 있지만, 간간히 들려오는 부패 공직자들이 저지른 사건은 국민들을 크게 실망시키고 있다.

흔히 말하기를 공직자를 '국민의 공복公僕'이라고 한다. 공복의 복은 종이라는 뜻으로, 공복은 곧 국민들의 심부름꾼이다. 국민이 나라의 주인이고 공직자는 그의 심부름꾼이라면, 공직자는 마땅히 겸허한 마음으로 국민에게 봉사해야 한다.

우리 공직자들의 바람직한 모습은 어떠해야 하는가 하는 물음에 대한 답은 공복이라는 이 한 마디로 집약된 말에서 찾아야 할 것이다.

| 겸손 |

자기를 낮추면 높아진다

자기를 높이는 자는 낮아지고, 자기를 낮추는 자는 높아진다.

말석에 앉은 대통령

프랑스의 대통령 푸앵카레가 모교인 소르본대학를 찾았다. 대통령은 어느 교수의 교육 50주년 기념식에 참석하기 위해 모교를 방문한 것이었다. 그 주인공은 라비스 박사였다.

기념식 도중 라비스 박사는 답사를 하기 위해 단상에 올랐다가 내빈석도 아닌, 학생들이 앉은 자리에서도 맨 뒤에 앉아 있는 대통령을 발견했다.

라비스 박사는 깜짝 놀라 황급히 단상에서 내려가 대통령을 단상으로 모시려 했다. 그러나 대통령은 한사코 사양하면서 "선생님. 저는 선생님께 배운 제자입니다. 오늘의 주인공은 선생님이십니다. 저는 오늘 대통령의 자격으로 이 자리에 온 것이 아니라, 제자 한 사람으로 선생님을 축하하러 온 것뿐입니다"고 말했다.

하는 수 없이 단상에 오른 라비스 박사는 "저렇게 훌륭하신 대통령이 나의 제자라니 꿈만 같습니다"라고 말했다.

자신의 영광을 스승에게 돌린 푸앵카레는 한층 더 유명한 대통령이 되었다.

교양 있는 사람의 기본자세

비록 스승에 대한 축하의 자리이긴 하지만, 대통령으로서 그의 겸손이 지나쳐 보일지도 모른다. 하지만 자기를 낮추고 드러내려 하지 않는 행동에서 겸손의 참모습을 엿볼 수 있다.

인간에게는 누구나 자기를 자랑하고 싶고, 뽐내고 싶어 하는 욕망이 있다. 사람은 자기 잘난 맛에 산다고 자신의 재능이나 역량, 특기 같은 것을 과시하고 싶어 한다. 그러나 지나친 자기자랑은 스스로를 교만하게 만들고 거만해지게 할 뿐만 아니라 남에게 불쾌감을 주고 혐오감을 일으키게 한다.

우리는 익을수록 고개를 숙이는 벼이삭의 지혜를 배워야 한다. 겸손해야 한다. 잘난 체하지 말고 뽐내지 말아야 한다. 스스로를 낮추고 겸손한 태도로 살아가야 한다. 이것이 인간이 가져야 할 교양 있는 사람의 기본자세다.

겸손의 덕

겸손이란 무엇인가? 남을 높이고 자기를 낮추는 것이요, 자만하지 않는 것이요, 자기를 과시하지 않는 것이다. 겸손에서 가장 중요한 것은 자기를 나타내지 않는 것이다. 자기가 잘났다고 나서지 않는 것이요, 사람 앞에 자랑하지 않는 것이다.

첫 번째 겸손의 덕은 남을 높이고, 자기를 낮추는 것이다.

참으로 겸손한 사람은 자기를 낮추고 대신 남을 높인다.

예수 그리스도는 어느 잔칫집에서 초대받은 사람들이 저마다 상좌에 앉으려고 하는 것을 보고 이렇게 말했다.

"무릇 자기를 높이는 자는 낮아지고, 자기를 낮추는 자는 높아지리라."

자기를 높이는 교만한 자는 멸시를 받고, 자기를 낮추는 겸손한 사람은 오히려 남의 존경을 받는다는 뜻이다. 사실 겸손하다는 것은 자기를 낮추는 것이 아니라, 반대로 자기를 높이는 일이다. 그러나 사람들은 그 이치를 깨닫지 못하고 있다.

두 번째 겸손의 덕은 자만하지 않는 것이다.

자만은 자기 일을 거만하게 자랑하는 것이다. 사람은 누구나 자기의 특기나 장점을 드러내고 싶어 한다. 학자는 지식을 자랑하고 싶고, 권력자는 권력을 자랑하고 싶고, 부유한 자는 돈을 자랑하고 싶고, 미인은 아름다움을 자랑하고 싶어 한다.

그러나 지나친 자만은 화를 불러들이고, 손해를 보게 하고, 적을 만들게 한다. 결국 스스로 무덤을 파는 결과가 되는 수가 많다.

지식이 많은 사람은 그 지식을 잘못 써서 화를 입게 되고, 권력자는 그 권력을 남용하다가 파멸하게 되고, 돈이 많은 사람은 그 돈 때문에 패가망신하게 된다. 말을 잘하는 사람은 구설수 때문에 욕보게 된다. 이 모두가 겸손하지 못하고 자만하기 때문에 마주하게 되는 결과다.

남보다 좀 뛰어났다고, 또 남보다 많이 가지고 있다고 자만해서는 아니 된다. 자만은 화를 낳고 파멸을 자초한다. 우리는 겸허한 마음으로 이를 경계해야 한다.

세 번째 겸손의 덕은 자기를 과시하지 않는 것이다.

자기의 자랑거리를 남에게 드러내지 않는 것이다. 인간은 누구나 자기의 존재를 남에게 과시하고 싶은 욕망이 있다. 이 과시욕은 다른 사람에게서 자기의 우월성을 인정받고 싶어 하는 욕망이다.

그러나 과시라는 것은 원래가 실제보다는 과장되게 마련이어서, 상대방에게 허영심이 뒤섞인 오만으로 인식되기 쉽다. 그래서 부러움을 사게 되거나 칭찬을 받게 되기보다는 오히려 비웃음만 사게 되고 멸시와 천대를 받게 된다. 지극히 높은 경지에 도달한 사람은 자기를 나타내 보이거나 자랑하지 않는다.

겸손의 열매

겸손한 사람은 누구에게나 호감을 준다. 뿐만 아니라 어디서나 환영과 존경을 받는다. 왜 그럴까?

겸손한 사람은 언제나 스스로를 낮추기 때문이다. 겸손한 사람은 남의 미움을 사거나 시기와 질투의 대상이 되지 않는다. 그래서 겸손한 사람에게는 적이 없다. '인자무적仁者無敵'이다. 사람이 겸손하면 언제나 이익이 돌아오고, 모든 일이 다 잘되고, 만사가 형통한다고 했다. 겸손이야말로 덕 중의 덕이다.

겸손 없이는 진정한 의미의 인간의 완성은 불가능하다. 스스로 높이면 높일수록 낮아지고 천해진다는 사실을 명심하고, 높아질수록 더욱 겸손해야 한다.

한구석을 밝히는 사람이 되자

인간은 구실적 존재이자 역할적 존재다. 사람에게는 저마다 해야 할 구실이 있다.

나폴레옹을 이긴 보초병

어느 날 밤, 나폴레옹은 아군의 경계 태세를 살피기 위해 적진 가까이에 있는 진지를 순찰했다.

"정지! 누구야?"

으슥한 곳에서 보초가 물었다.

나폴레옹은 위엄 있는 목소리로 대답했다.

"나다."

그러자 보초가 다시 물었다.

"나가 누구야?"

"총사령관이다. 너희가 맡은 바 임무를 충실히 하고 있는지 살펴보기 위해서 나왔다. 어서 나를 통과시켜라!"

그러나 보초는 나폴레옹의 말에는 귀를 기울이지 않았다.

"움직이면 쏜다!"

"보초! 나는 나폴레옹이란 말이다. 어서 총을 내려!"

"그런 소리 말고 어서 돌아가십시오! 아무리 총사령관님이라 해도 제 직속상관의 명령 없이는 통과시킬 수 없습니다."

"정말 안 되겠나?"

"예, 절대로 안 되겠습니다."

"그렇다면 할 수 없군……."

결국 나폴레옹은 막사로 되돌아가고 말았다. 다음 날, 나폴레옹은 날이 밝기가 무섭게 고집불통이었던 간밤의 그 보초를 불렀다.

"부름 받고 왔습니다!"

"자네, 간밤에 나를 통과시켜주지 않은 데 대해서 어떻게 생각하나?"

"프랑스를 위해서 싸우는 한 군인으로서 맡은 바 임무를 완수했다고 생각합니다. 간밤에 총사령관님을 통과시키지 않은 것이 죄라면 그에 대한 벌을 달게 받겠습니다."

나폴레옹은 고집스럽고 용기 있는 그 병사의 태도가 마음에 들었다.

"하하하…… 좋아! 자네야말로 훌륭한 군인일세. 내 당장 육군 소위로 승진시켜주지."

한구석을 밝히는 사람이 되자

마땅히 자기가 해야 할 맡은 바 책임을 우리는 구실이라고 한다. 산다는 것은 제자리에서 제구실을 다하는 것이다. 앞의 이야기에서 보초병은 일개 병사로 혹여 총사령관에 대한 명령 불복종으로 처벌을 받을 수 있을지도 모른다는 생각이 들었겠지만, 그는 자기가 맡은 바 책임을 충실히 수행함으로써 제구실을 다한 것이다. 그 결과 그는 총사령관으로부터 처벌은커녕 오히려 승진의 영예를 얻었다.

세상에는 제구실을 다하는 것처럼 중요한 일은 없다. 사람은 저마다 제자리에서 제구실을 잘해야 한다. 자리는 위치요, 구실은 역할이다. 사람은 저마다 제자리가 있다. 우리는 제자리를 알고 제자리에서 맡은 바 역할을 다해야 한다.

인간은 자리를 놓고 볼 때 세 가지 부류로 나누어진다.

첫째는 그 자리에 있으나 마나 한 쓸모없는 사람이요, 둘째는 그 자리에 없어야 할 해를 끼치는 사람이요, 셋째는 그 자리에 꼭 있어야 할 사람이다.

우리는 있으나 마나 한 존재가 되지 않아야 한다. 그는 존재 가치가 없는 사람이다. 그 자리에 있어서는 안 될 사람, 그 자리에 없어야 할 사람은 가장 무의미하고 무가치한 존재다. 그는 사회에 해독을 끼치는 사람이다. 인간으로서 부끄러운 일이다. 그 자리에 꼭 있어야 할 사람, 그 자리에 없어서는 안 될 사람은 가장 바람직한 사람이다. 그는 유능하고 유용한 존재다. 우리는 이런 사람이 되어야 한다.

이 이야기를 읽으니 문득 '한구석 밝히기'를 주장한 안양대학교의 김영실 총장의 '조일우照—隅 교육론'을 떠올리게 된다.

'한구석 밝히기'의 조일우 교육론은 자기의 존재 가치를 인식하고, 자기에게 주어진 일에 최선을 다하여 자기가 있는 곳의 한구석을 밝힘으로써 민족과 나라를 융성하게 한다는 뜻이다.

그는 자기가 맡은 몫을 자기의 구석으로 표현하고, 제 구석을 충실하게 돌보아 마침내 자유, 평화, 행복이란 열매를 거두게 하도록 노력하는 일을 '제 구석 밝히기'라 부르고 이를 '한구석 밝히기'로 명명했다.

그는 한구석을 밝히는 사람이 곧 나라의 '인간 국보國寶'라 했다. 나라를 부강하게 하고, 국민을 행복하게 하며, 민족을 위대하게 하려면 '한구석을 밝히는 조일우 정신'을 교육지표로 삼아 국민 모두가 한구석을 밝히는 인간 국보가 되어야 한다고 주장했다.

한구석을 밝히는 사람! 정말 이 시대가 절실히 바라고 기다리고 있는 인물이다. 우리 국민 모두가 자기가 속해 있는 사회에서 제각기 한구석을 밝히게 된다면 이 세상은 훨씬 살기 좋고 밝은 곳이 될 것이다.

인간은 구실적 존재

한구석 밝히기는 제구실을 다하는 데서부터 출발해야 한다. 제구실도 못하면서 한구석을 밝힌다는 것은 웃음거리밖에 되지 않는다. 그러므로 자기가 맡은 구실을 정성껏 감당해야 한다.

부모는 부모의 책임을 다하고, 자식은 자식 된 도리를 다하고, 선생은 선생의 직분을 다하고, 학생은 학생의 본분을 다하여야 한다. 또 의사가 되었으면 의사의 사명을, 공무원이 되었으면 공무원의 의무를, 근로자가 되었으면 근로자의 소임을 다하여 각기 자기의 구실과 역할을 다해야 한다.

그래서 인간은 구실적 존재요, 역할적 존재이다. 사람에게는 저마다 해야 할 역할이 있다. 누구에게나 해야 할 어떤 역할이 부여되어 있으며, 역할이 부여되어 있지 않은 사람은 이 세상에 아무도 없다. 사람은 각자가 맡은 이 역할을 통하여 서로 보완하면서 생을 유지해나가고 있는 것이다.

구실은 생존의 원리인 동시에 행복의 원리다. 인간은 제구실을 다할 때 건전한 인생으로 나아갈 수 있고, 또 행복한 삶을 유지할 수 있다. 제구실을 다하지 못하면 인간은 죽는 수밖에 없게 된다.

만약 사람 몸의 각 기관이 제구실을 다하지 못하면 어떻게 될까. 눈은 보는 구실을 해야 하고, 귀는 듣는 구실을 해야 하고, 코는 숨 쉬고 냄새 맡는 구실을 해야 하고, 입은 먹고 말하는 구실을 해야 한다. 그런데 각 기관이 제구실을 다하지 못하게 되면 제대로 살아갈 수가 없다. 맹인이 되거나 청각장애인이 될 수도 있고 숨을 제대로 쉴 수 없을 수도 있다. 신체 어느 한 기관이 제구실은 못하게 되면 큰 불편을 겪게 되거나 그로 인해 몸 전체에 탈이 나서 마침내는 죽게 되고 말 것이다.

사회 공동체도 마찬가지다. 인간에게는 분명히 각자가 해야 할 제구실과 각자 맡은 바 역할이 따로 있다. 제구실은 제대로 수행하지 않으면서 남의 구실을 헐뜯고 질투하고 시기한다면, 그것은 서로가 서로를 다 죽게 하는 행위요, 공동체를 무너지게 하고 망하게 하는 것이다.

결국 자기가 응당 해야 할 구실을 다하지 못한다면 그것은 사는 것을 포기하는 것이 되며 행복한 삶을 저버리는 것이 된다. 그러므로 사람은 자기의 지혜와 정성과 능력을 다 기울여 자기에게 주어진 구실을 온전하게 수행해야 한다. 그것이 사람의 도리요, 책임이다.

나는 무엇으로 한구석을 밝힐 것인가

이제 우리는 스스로의 존재 가치에 대하여 깊이 있게 생각해보아야 한다. 나는 어떤 존재로 살아가고 있는가? 자기가 있는 곳이 어떤 방식으로든 보다 나아지도록 최선을 다하여 그 한구석을 밝히며 살고 있는지, 아니면 겨우 자기의 구실만을 다 하는 것으로 만족하며 묵묵히 살아가고 있는지, 그것도 아니면 나 같은 것이 무슨 존재가 있느냐며 스스로를 비하하고 한탄하면서 그럭저럭 살아가고 있지는 않은지 자문해 보아야 한다.

이 세상에 태어난 이상 우리는 무엇인가 보람 있는 일을 해야 하고, 가치 있는 존재로 흔적을 남겨야 한다. 호랑이는 죽어서 아름다운 가죽을 남기고, 사람은 죽어서 훌륭한 이름을 남겨야 한다고 했다. 인간으로 태어나 아무런 업적도, 유산도 남기지 못한다는 것은 부끄러운 일이다. 작게는 내 가족과 자손 그리고 내 직장을 위하여, 크게는 지역사회와 내 민족과 내 나라를 위하여 무엇인가 기여하는 바가 있어야 한다.

이 땅에 태어난 이상 내가 살고 있는 곳의 한구석을 밝히는 내 존재의 흔적을 남겨놓고 가야 한다. 이것이 사람 사는 의미요, 보람이요, 사명이다. 내 인생이 의미 있는 존재라고 자부할 수 있다면 자기만을 위하여 살 것이 아니라 남을 위한 봉사를 통하여 나의 존재를 뚜렷이 세우고 나의 업적을 남겨야 한다.

인간의 가치평가는 결국 어떤 존재로 어떤 업적을 남겨 놓았느냐는 것으로 결정된다.

| 마음 |

모든 것은 마음먹기에 달려 있다

마음이 천국을 만들기도 하고, 지옥을 만들기도 한다

일체유심조의 진리를 깨달은 원효대사

원효대사617~686는 신라 시대의 고승으로 한국 불교의 최고봉의 존재다. 그는 40세 때에 의상스님과 함께 당나라로 유학의 길을 떠났다.

가는 도중 날이 저물었다. 쉴 곳이 없어서 산속의 토굴에 들어가서 하룻밤을 보내게 되었다. 잠을 자다가 그는 참을 수 없는 갈증을 느꼈다. 토굴 밖으로 나아가 어둠 속에서 물을 찾고 있었는데 마침 바가지가 손에 잡혔다. 다행히 바가지에는 물이 있었다. 그는 벌컥벌컥 들이켰다. 물은 시원하고 달았다. 갈증을 해결한 그는 다시 토굴에 들어가서 하룻밤을 보냈다.

그다음 날 아침, 원효는 토굴 밖으로 나왔다가 깜짝 놀랐다. 어젯밤 그가 바가지라고 생각했던 것은 사람의 해골이었고, 시원하고 달았던 물은 그 속에 고여 있는 물이었던 것이다. 어젯밤에 먹은 것을 떠오르자 그는 금방 토하고 싶어졌다. 원효는 문득 의문이 떠올랐다.

'어젯밤, 바가지에 담긴 물이라고 생각하고 먹었을 때는 시원하고 달 았는데. 해골바가지에 고인 물이라고 생각하니 구역질이 나는구나. 이 것이 도대체 어찌된 일인가? 똑같은 물인데 왜 시원한 물처럼 느껴지기 도 하고, 썩은 물처럼 생각이 드는 것인가? 결국 이는 마음의 문제가 아 닌가? 똑같은 물건이나 현상이 마음먹기에 따라서 이처럼 하늘과 땅처 럼 엄청난 차이가 생기니, 이 세상의 모든 것이 다 마음가짐에 따라서 달리 보이는 것이 아닌가?'

그는 《화엄경》의 '일체유심조一切唯心造'의 진리를 깨달았다. 그리고 당나라에 가서 더 공부할 필요를 느끼지 않았다. 의상스님만이 유학의 길을 떠나고, 그는 되돌아왔다.

모든 것은 오직 마음이 짓는다

원효스님의 이야기는 인생의 중요한 진리를 우리에게 깨우쳐준다. 이 세상의 모든 것이 마음가짐에 달렸다는 것이다. 분명히 이 세상의 모든 일은 우리의 마음가짐에 따라 하늘과 땅처럼 큰 차이가 생긴다. 우리가 어떤 마음가짐을 가지고 세상을 보느냐에 따라서 세상은 크게 달라지는 것이다. 똑같은 환경과 조건 속에서도 어떤 사람은 행복을 느 끼고, 또 어떤 사람은 불행을 느낀다.

마음은 나의 주인이요, 자아의 근본이다. 마음은 눈으로 볼 수도 없 고, 만질 수도 없고, 냄새를 맡을 수도 없다. 어디 있는지도 알 수가 없 다. 그러면서도 나의 모든 생각과 행동을 좌우한다.

그래서 옛 사람들은 마음이 곧 왕이라고 했다. 마음이 모든 것을 지 배하기 때문이다. 마음이 이 세상을 어떻게 보느냐에 따라서 세상은 천국도 되고, 지옥도 된다.

불경에 '일체유심조'라는 말이 있다. 모든 것은 마음이 짓는다는 뜻이다. 이 세상의 모든 것은 마음먹기에 달렸다는 것이다. 인생의 희로애락이 다 마음의 산물이다. 내가 내 마음을 어떻게 갖느냐에 따라서 즐거운 세상이 될 수 있고, 괴로운 세상이 될 수 있다. 어떤 마음가짐을 가지고 살아가느냐에 따라서 행복하게 살아갈 수도 있고, 불행하게 살아갈 수도 있다. 이 세상의 모든 문제는 결국 마음가짐의 문제다.

모든 것은 마음먹기에 달려 있다

영국을 통일하고 왕국의 기초를 다진 잉글랜드 왕 윌리엄 1세은 알온에 상륙하던 길에 자갈밭에서 발을 헛딛는 바람에 양손으로 땅을 짚고 엎어졌다.

'상륙하자마자 땅에 엎어지다니! 아무래도 불길해.'

이 광경을 목격한 신하들은 몹시 놀라서 얼굴빛을 잃고 수군거렸다. 당황해하는 신하들 사이에서 천천히 일어선 윌리엄 1세는 태연한 표정으로 말했다.

"하나님의 은총으로 나는 이 영국을 두 손으로 붙들었다. 이제 영국은 나의 것이다. 나의 모든 것은 제군들의 것이다."

윌리엄 1세의 신념에 찬 한마디에 신하들은 잠시 흉조로 여겼던 일이 일순간에 길조로 바뀌어 일제히 환호성을 질렀다. 모든 것은 마음먹기에 달린 것이다.

우리 민족은 옛날부터 까마귀의 울음소리를 불길한 징조로 받아들여 왔지만, 까마귀는 단지 자기가 원래부터 지닌 울음소리를 냈을 뿐이다. 까마귀의 울음소리는 우리에게 아무것도 예고하지 않는다.

까마귀의 울음소리는 불길한 것이 아니다. 문제는 까마귀가 울면 불길하다고 믿는 사람이다. 불길한 일이 일어날 거라고 믿으니 기분이 우울해질 수밖에 없다. "까마귀의 울음소리는 불길하다"는 속설에 스스로를 옭아매서는 안 된다.

마음이 천국을 만들고, 지옥을 만든다

《실락원》의 저자 밀튼은 마음이 천국을 만들고 또 지옥을 만든다고 했다. 그는 천국이나 지옥은 따로 있는 것이 아니라 인간의 마음속에 있다고 지적했다. 내가 어떻게 생각하고 어떻게 마음먹느냐에 따라서 인생이 천국이 될 수 있고, 지옥이 될 수도 있다. 내가 어떻게 마음먹느냐에 따라서 까마귀가 길조가 될 수도 있고, 흉조가 될 수도 있다. 인생의 희로애락이 다 마음의 산물이다. 내가 내 마음을 어떻게 갖느냐에 따라서 이 세상을 천국으로 만들기도 하고, 지옥으로 만들기도 한다. 나의 마음속에 사랑과 평화와 기쁨이 차 있으면 천국이요, 불평과 불화가 차 있으면 지옥인 것이다.

마음은 인생의 뿌리요, 나의 주인이다. 이 마음을 어떻게 갖느냐, 어떻게 쓰느냐, 어떻게 닦느냐, 어떻게 다스리느냐 하는 문제는 전적으로 자기의 마음먹기에 달려 있다.

우리는 끊임없는 수양을 통해 자기 마음을 다스릴 수 있는 참 주인이 되도록 힘써야 한다. 마음을 다스리기 위해서는 마음을 바르게 닦는 것뿐만이 아니라 바르게 쓸 줄 아는 지혜도 갖추어야 한다.

나라 사랑의 길

자기의 생업에서 정성을 다하여 일하는 것이 곧 애국의 길이다.

이스라엘 유학생보다 자랑스러운 재일학도 의용군

1967년, 이스라엘과 아랍 국가들 사이에 중동전쟁이 일어나자 미국 주요 도시의 공항에서는 이스라엘행 비행기를 타려는 이스라엘의 젊은 이들이 긴 줄을 만들며 기다리는 모습을 볼 수 있었다. 그들은 비록 미국에서 태어난 미국 시민이지만, 조국 이스라엘을 방관할 수 없는 젊은 이들이었다.

그들은 2천 년 만에 다시 찾은 나라를 어떻게 빼앗길 수 있느냐면서 기어코 조국을 수호하겠다는 결의에 차 있었다. 전쟁은 이스라엘의 승리로 끝났다. 그 어떤 이유보다도 유대 민족의 단합된 힘이 있었기에 이길 수 있었던 것이라고 생각된다.

이 같은 보도가 외신을 통해 전 세계에 전해지자 많은 사람들은 유대 민족의 민족적 단합에 대해 놀라기도 하고, 또 한편으로는 그 애국심을 부러워하기도 했다.

그러나 대표적인 나라 사랑의 사례로 주목받는 이스라엘 유학생들의 귀국 참전보다 17년 앞서 우리에게도 비슷한 역사적 사건이 있었다. 바로 재일학도 의용군의 귀국 참전이다. 이들의 존재를 과연 우리가 얼마나 잘 알고 있는지 모르겠다.

1950년 6·25전쟁이 일어나자 많은 재일청년학도들이 조국을 수호하겠다는 결의로 일본 각지에서 모여들었다. 이들 642명은 당시 맥아더 사령부의 승낙을 받고 주일 미군기지에서 군사훈련을 마친 뒤 그해 9월 15일 인천상륙작전을 비롯해 여러 전투에서 혁혁한 전공을 세웠다. 이 과정에서 135명이 전사하고 말았다.

조국 수호를 위해 달려온 그들의 애국정신은 참으로 고귀하고, 후세에 길이 빛날 한민족의 자랑이 아닐 수 없다.

나라가 위기에 처하면 용감하게 싸워온 우리 민족

우리의 선조들은 나라가 위기에 처하면 삽과 쟁기를 놓고 전쟁터로 뛰어나가 싸웠다. 을사보호조약으로 하루아침에 나라를 잃었을 때에도 우리 백성들은 전국 각지에서 의병을 일으켜 일본군과 싸웠다. 이렇듯 우리 민족은 오래전부터 조국의 위기를 외면하지 않고 용감하게 몸을 던져 싸워왔다.

6·25전쟁 당시 재일학도들이 참전한 것도 조국을 수호하기 위해서였다. 당초 1천여 명이 넘는 인원이 지원했으나 심사 끝에 642명만이 어렵사리 참전할 수 있었다. 이들은 인천상륙작전을 시작으로 원산·이원 상륙작전, 혜산진작전, 고량포작전, 김일성고지탈환작전, 백마고지전투, 금화지구전투 등 전국 각지의 전투에서 맹활약했고, 그 와중에

135명은 전장에서 산화했다.

일본에서 살고 있던 그들에게는 병역의무가 없었다. 그런데도 죽음이 예견되는 전쟁터로 달려온 그들의 조국애를 말과 글로 표현하는 것에는 그 어떤 말도 부족하다. 참으로 자랑스러운 재일학도 의용군이 아닐 수 없다.

기억 속에서 잊혀져가는 재일학도 의용군을 다시금 되살리고 그들의 숭고한 희생정신을 본받아야 한다.

우리는 다른 나라는 과대평가하고 우리나라는 과소평가하는 경향이 있다. 이것은 아직도 사대주의적 생각과 의식이 남아 있기 때문이다. 이제 우리는 민족적 자긍심을 가지고 떳떳하게 우수한 민족임을 자랑하며 살아가야 한다. 어느 나라든 자랑스러운 점과 부끄러운 점이 있기 마련이다. 분명한 것은 민족적 긍지를 가진 민족만이 더욱 번창하고 발전할 수 있다는 사실이다.

도산 안창호 선생의 나라 사랑의 길

연일 강연을 하고 다니는 도산에게, 어느 날 한 청년이 물었다.

"우리가 나라를 다시 찾기 위해서 무슨 일을 해야 합니까?"

도산은 망설임 없이 대답하였다.

"나라 일을 하는 데에는 여러 가지 방법이 있습니다. 시장에서 장사하는 사람은 장사로 나라 일을 하고, 저 밭에서 김을 매는 사람은 호미를 가지고 나라 일을 하며, 솔밭에서 땔감을 하는 사람은 낫을 가지고 나라 일을 하는 셈입니다. 그러므로 큰일이든 작은 일이든 각자가 맡은 일에 정성을 다하여 일하는 것이 곧 애국의 길이요, 나라를 찾는 길이

됩니다."

　도산은 나라를 사랑하는 길이 거창하거나 먼 데 있는 것이 아니고, 자신이 하고 있는 작은 일부터 열심히 하는 것이 바로 애국의 길이라는 평범한 진리를 깨우쳐준 것이다. 그 당시 많은 사람들은 해외로 나가 독립군에 가담하여 일본과 직접 싸워야만 한다고 생각했고, 그래야만 애국하는 것으로 여겼다.

　그런 관점을 바꾸기 위해 도산은 온 국민이 가장 손쉽고도 가장 확실하게 실천에 옮길 수 있는 나라 사랑의 길을 말했던 것이다. 모든 사람이 자기가 종사하고 있는 생업에서 정직하게 열심히 힘써 일한다면 이 나라는 금방 부강해질 것이다. 그렇게 생각해본다면 이보다 확실하고 효과적인 애국도 없을 것이다. 그는 가장 쉬운 말로, 가장 쉬운 방법으로 나라 사랑의 길을 명쾌하게 밝혀주었다. 우리 민족이 장차 어떻게 살아 나가야 할 것인가를 가장 확실하게 가르쳐준 것이다.

자기 생업에 최선을 다하는 것이 곧 애국의 길

　지금 우리 사회에서는 애국이라는 말이 너무 많이 쓰이고 있다. 그러나 무엇이 애국인지, 어떻게 하는 것이 애국인지, 또 내 삶과 애국이 어떤 관계가 있는지 실감하며 사는 사람은 그리 많지 않다.

　"애국이 무엇입니까?" 하고 물으면 "나라를 위해 목숨을 바치는 일"이라고 대답하는 사람이 적지 않다. 그렇게 대답하는 사람들은 주권이 없던 일제 치하를 연상하고 독립투사처럼 혹은 6·25전쟁 때 참전한 재일학도 의용군처럼 목숨을 바친 그분들만이 애국자라고 생각한다. 물론 나라를 위해 목숨을 바치는 일은 틀림없이 애국의 본보기가 될 수 있다. 그런 식으로 애국의 개념을 정의한다면 목숨을 바치지 못하고 살아 있는 이 나라의 많은 국민들은 애국과는 거리가 먼 것 같고, 자신의 삶과는 관계가 없다고 생각하기 쉽다.

현대의 애국의 모습은 다양한 모습으로 나타난다. 국가라는 거대한 조직체의 유지에 가장 잘 협력하고 그의 발전에 최대한 기여하는 다양한 모습들이 모두 애국하는 활동으로 평가되는 것이다.

열심히 땀 흘려 일하는 생산 근로자들, 한 톨의 곡식이라도 더 많이 생산해내려고 애쓰는 농부들, 일선에서 나라를 지키는 군인들, 치안 유지에 힘쓰는 경찰관들, 관공서에서 충실히 업무에 임하는 공무원들, 더 많은 상품을 수출하려고 애쓰는 상사원들, 열심히 배우며 가르치는 학생들과 선생님들, 국민의 건강을 위해 애쓰는 의료인들, 국민의 마음을 즐겁게 해주는 연예인들, 그리고 가정에서 알뜰하게 살림을 꾸려가는 가정주부에 이르기까지 나라의 곳곳에서 각자 맡은 바 직무에 묵묵히 책임을 다하고 있는 모든 사람들이 바로 애국자인 것이다.

진정한 애국은 목숨을 바칠 만큼 힘들고 어려운 일에만 있는 것이 아니라 내가 종사하고 있는 생업에 충실히 임하는 것 또한 나라를 부강하게 하는 일이요, 나라 사랑의 길인 것이다.

우리는 도산 안창호 선생이 당시 국민에게 호소한 '나라 사랑의 길'을 되살려 확립해야 한다.

이제 우리는 선조들의 '나라 사랑의 길'을 늘 마음에 간직하고 나라를 부강케 하여 다시는 외적이 넘보지 않도록 나라를 튼튼히 하는 데에 각자가 맡은 임무에 최선을 다하는 애국자가 되어야 한다.

법에는 융통성이 없다

법은 사회의 공동약속이다. 지키기로 약속한 이상 법은 반드시 지켜져야 한다.

그런 규정이 없습니다

영국의 처칠 수상이 하루는 국회에 나가 연설을 하기로 했다. 그런데 다른 일 때문에 제시간에 출석하기가 어렵게 되었다. 처칠은 운전기사에게 신호를 무시해도 좋으니 속력을 내라고 했다. 그러나 속력을 내기 무섭게 교통경찰이 다가와 차를 세웠다. 운전기사는 "수상각하가 타신 차입니다. 국회에 가는 길인데 시간이 늦어서 속력을 낼 수 밖에 없습니다"라며 당연하다는 듯이 말했다.

그 말을 들은 교통경찰은 뒷자리에 앉아 있는 처칠을 힌번 힐끗 보면서 "수상각하를 닮긴 했는데 처칠 경 같은 분이 타신 차가 신호를 위반할 리가 없습니다. 당신은 신호를 위반한 데다 거짓말까지 하는군요. 면허증 내놓고 내일 당장 경찰서로 출두하세요"라고 말하는 것이다. 처칠 수상은 교통경찰의 직무를 수행하는 엄격한 태도에 깊은 감명을 받았다. 그는 경시 총감을 불러 그 교통경찰을 한 계급 특진시켜주라고 지시했다. 그러자 경시총감은 "경찰조직법에 그런 규정이 없어서 특진을 시킬 수 없습니다"라고 딱 잘라서 거절을 하는 것이었다.

처칠 수상은 교통경찰뿐 아니라 경시총감에게도 감명을 받았다. 그는 "오늘은 경찰한테 두 번씩이나 당하는 구먼" 하며 아주 만족스럽게 웃음을 지었다. 그 경찰에 그 수상이라는 생각이 든다.

융통성 없는 관리들

한때 지구의 절반 정도를 식민지로 삼았던 영국. 그 많은 식민지를 다 잃고 난 지금도 영국이 강대국 대접을 받으며 버티고 있는 저력은 바로 이런 데서 나오는 것이 아닐까? 사명감이 투철한 경찰과 그의 공무 행동을 존중하고 당연하게 받아들이는 수상이 있기에 영국은 세계에서 가장 안정된 민주주의를 누리고 있는지도 모른다.

원칙이란 것은 원래 융통성이 없다. 융통성을 발휘하다 보면 예외가 생기고, 예외가 생기면 원칙이 무너진다. 그리고 원칙이 무너지기 시작하면 어느 사회나 걷잡을 수 없는 무질서가 벌어진다. 원칙을 지키는 융통성 없는 경찰관이야말로 국법을 지키는 파수꾼이다.

그런데 우리나라에는 이보다 훨씬 더 융통성이 없는 관리가 있었다. 조선 제21대 왕 영조 때의 일이다.

어느 날 왕을 호위하여 성균관에 행차 중이던 훈련대장의 말이 무엇에 놀랐는지 갑자기 날뛰는 바람에 그만 하마비下馬碑 앞을 그대로 지나쳐버리고 말았다.

하마비는 성현의 신위를 받드는 의미에서 계급의 위아래를 가리지 않고 누구나 그 앞에 다다르면 반드시 말에서 내려 경건하게 걸어가야 하는 비석이다.

당시 성균관의 책임자였던 서유망은 크게 화를 내며 훈련대장을 붙들어다 하인들 방에 가두어버렸다. 왕이 다시 궁으로 돌아가야 하는데 그 행차를 호위할 훈련대장이 갇혀 있으니 난감한 일이 아닐 수 없었다.

왕은 도승지를 서유망에게 보내 훈련대장의 죄는 나중에 묻기로 하고 우선 석방시켜달라고 부탁을 했다. 그러나 서유망은 정색하고 거절했다.

"비록 어명이라 할지라도 죄지은 자를 놓아 보낸다는 것은 법도에 어긋나는 일이니 그리할 수가 없습니다."

다급해진 왕은 서유망의 당숙이며 당시 좌의정이던 서수매를 보내 재차 부탁을 했다. 그러자 서유망은 아랫사람을 시켜 당장 종이와 붓을 가져오게 하더니 사직서를 쓰는 것이었다.

"소신이 법을 어길 수도 없고, 그렇다고 어명을 거역할 수도 없으니 차라리 이 자리에서 관직을 내어놓겠습니다."

이 말을 들은 영조는 크게 깨달은 바가 있어 호위대장 없이 궁으로 돌아갔다. 그러고는 즉시 서유망의 관직을 한 등급 올려주었다. 과연 그 신하에 그 임금이라 할 만한 일이 아닐 수 없다.

원칙만 고집하고 도무지 융통성이 없는 사람 같지만, 이런 사람들의 철저한 준법정신으로 사회는 건전하게 유지되는 것이다.

준법의 당위성

법은 사회의 공동약속이다. 서로의 안녕과 질서를 위해서 꼭 지키자고 약속한 것이다. 그 약속을 지키는 것이 준법이요, 그 약속을 깨뜨리거나 짓밟는 것이 위법, 불법, 무법이다. 약속을 한 이상 반드시 지켜야한다. 혹 법이 자기에게 불리하거나 만족하지 않을 수도 있다. 세상의모든 사람들 모두가 만족스러워하는 법이란 없다.

소크라테스의 말대로 비록 악법이라 해도 그 법이 다시 고쳐질 때까지 지켜야 하는 것이 국민으로서 지켜야 할 의무다.

한 사회가 바람직한 사회, 부강하고 번영된 사회, 안심하고 살아갈수 있는 질서 있는 사회를 이루어 나가려면 국민 모두가 법을 '사회의존엄한 공동약속'이라 인식하고, 그 약속을 꼭 지키겠다는 확고한 마음의 자세가 필요하다. 이러한 확신과 자세가 확립되어 있을 때 우리가지향하는, 살기 좋은 이상적인 민주복지국가를 이룰 수 있는 것이다.

법이란 지키기 위해서 만들어진 것이며, 또 지켜져야 존재 가치가있다. 법이 지켜지지 않는다면 사회 질서는 혼란에 빠지고 공동체의 존립을 위태롭게 한다. 그러므로 준법은 국민의 절대적인 명제다.

법을 지키는 습관은 일상생활에서 지켜야 할 크고 작은 규칙을 제대로 지키는 것부터 시작된다. 개인적인 약속을 비롯하여 경기장에서의규칙, 학교의 규칙 그리고 교통법규 등 사회생활을 지키는 습관을 가지도록 훈련시켜야 한다.

| 성찰 |

성찰은 참되고 바르게 성장하는 길

성찰은 자기의 잘못을 뉘우치고 올바르게 살려고 노력하는 것이다.

링컨의 개과천선

링컨은 변호사로 활동하면서 뜻이 전혀 맞지 않고 사사건건 부딪치는 사람들을 비판하는 글을 신문에 기고했다. 한번은 그 일이 지나쳐 큰 말썽이 생기고 말았다.

1842년 가을, 링컨은 허영심이 많고 싸우기를 좋아하는 제임스 쉴즈라는 정치가를 비판하는 글을 〈스프링필드 저널〉에 익명으로 편지를 보냈다. 예민하고 자존심이 강한 쉴즈는 화가 머리끝까지 났다. 글을 써서 보낸 사람이 링컨으로 밝혀지자마자 그는 말을 타고 그를 찾아가 결투를 신청했다. 링컨은 결투를 하고 싶지 않았으나 피할 수가 없었다. 자신의 명예가 걸려 있는 문제였기 때문이다. 약속한 날, 링컨은 미시시피강의 모래사장에서 쉴즈와 만났다. 목숨을 건 결투를 막 시작할 순간, 현장에 있던 사람들이 나서서 두 사람을 화해시키려는 노력 덕에 결투는 벌어지지 않았다.

그 일은 링컨의 인생에서 가장 몸서리칠 만큼 끔찍한 사건이었다. 그 사건으로 그는 사람을 다루는 방법에서 귀중한 교훈을 배웠다. 그 이후 어떠한 일이 있어도 남을 비난하거나 비판하지 않았다. 오히려 스스로를 성찰했다.

다음의 이야기는 링컨의 변화된 모습을 보여준다.

남북전쟁 당시 게티즈버그 전투에서 남부군의 사령관인 리 장군이 포토맥강에 도착했을 때, 때마침 폭풍우가 몰려와 강물이 넘쳐 강을 건너 후퇴할 수 없는 궁지에 몰렸다. 링컨은 남북전쟁을 끝낼 수 있는, 하늘이 내린 절호의 기회라 생각하고 미드 장군에게 빨리 공격하라고 명령했다. 그러나 미드 장군이 망설이는 바람에 시간은 흘렀고 강물이 줄어들어 리 장군의 부대는 포토맥강을 무사히 건너갈 수 있었다.

링컨 대통령은 독 안에 든 쥐를 놓쳤다며 몹시 화를 냈지만, 미드 장군에게 책임을 묻거나 비난하지 않았다. 그에게도 그럴 만한 사정이 있었을 것이라고 이해했기 때문이다.

자기성찰은 참되고 바르게 성장하는 길

이 이야기에는 사람이 교만에 빠지면 그 무례한 언동으로 어려운 일을 당할 수밖에 없고, 스스로 뉘우치면 이를 만회할 수 있는 또 다른 기회를 가질 수 있다는 교훈이 담겨 있다.

젊은 시절 링컨은 부족한 점이 많았다. 교만과 자만심으로 남을 헐뜯거나 비판하기를 좋아했다. 정도가 지나쳐 목숨을 걸고 결투를 할 뻔하기도 했다. 이러한 충격적인 사건을 겪으며 그는 깨달았다. 그리고 자기 잘못을 뉘우칠 줄 아는 사람이 되었다. 자신이 얼마나 자만심에

차 있고 건방진 행동을 했는지 철저히 깨달았다. 새로운 마음가짐으로 살아가려고 하자 그에게는 또 다른 기회가 주어졌다.

인간의 마음가짐에서 가장 중요한 것은 '자기성찰'이다. 자기의 마음을 반성하여 살피는 것이다. 자기의 행위를 돌아보고 잘못이 있었는지를 살피고, 잘못이 있었다면 겸허한 마음으로 뉘우치는 자세를 갖추어야 한다.

부단한 자기성찰은 각성과 자각을 일깨운다. 다시는 잘못을 저지르지 않겠다는 굳은 결심과, 더욱 노력하려는 분발심을 가져온다. 자기성찰은 곧 참되고 바르게 성장하는 길이자, 자기의 뜻한 바를 바르게 성취해나가는 길잡이이기도 하다.

고대 그리스의 철학자 소크라테스는 성찰이 없는 생활은 살 가치가 없다고 말했지만, 자기 수양에서 성찰만큼 중요한 것은 없다. 성찰은 인생을 올바로 값지게 살아가는 데 방향을 조정해주는 구실을 하기 때문이다.

그렇다면 성찰의 참뜻은 무엇일까?

성찰이란 자기가 한 행위를 스스로 돌이켜 살피는 것으로, 자기의 잘못을 뉘우치고 올바르게 살려고 노력하는 데 그 의미가 있다.

성찰은 어디까지나 자기 수양을 위한 자율적인 노력이다. 그러므로 자기를 돌아보고 자기에게서 문제의 원인을 찾아보는 것으로 시작되어야 한다.

그래서 맹자는 "남을 사랑하는데도 친해지지 않거든 인(仁)함이 모자라는가 반성하고, 남을 다스리는데도 다스려지지 않거든 지혜를 반성하고, 남을 예로서 대하는데도 응답이 없거든 공경심을 반성하며, 행하였는데도 기대하는 바를 얻지 못하거든 다 돌이켜 자신에게서 그 원인을 찾으라"고 했다.

그는 언제나 자기의 허물부터 살폈으며, 잘못이 있으면 자기의 탓으로 돌렸다. 참으로 올바른 성찰의 자세가 아닐 수 없다.

수양과 성찰의 방법

우선 옛 선현들이 어떻게 수양과 성찰의 생활을 해왔는지 살펴보자.

공자의 손자인 증자는 "나는 하루에 세 번 반성한다"고 했다. 그는 하루에 세 번 반성할 때마다 아래와 같이 세 가지 관점에서 생각해보았다고 한다.

① 남을 위해 일하는 데 성실하지 못한 점은 없었던가?

② 벗을 사귀는 데 신의를 저버린 일은 없었던가?

③ 스승께서 주신 교훈을 익히지 않은 바는 없었던가?

이 중 한 가지라도 어긴 일이 있으면 스스로를 탓하고, 자기의 행동을 성찰해보고 그 일이 옳다고 생각되면 끝까지 말과 행동을 지켜나갔다고 한다.

이 같은 증자의 수양과 성찰의 방법은 유학의 도덕적 수양의 본보기가 되었다. 후대의 사람들은 증자를 거울삼아 본받으려고 노력했다.

성찰의 내용은 사람에 따라 또 시대에 따라 다를 수 있지만, 성찰의 기준을 설정해놓고 하루에도 여러 차례 자신의 행위를 반성한다는 것은 우리가 꼭 본받아야 할 바람직한 태도다.

미국의 유명한 사상가이자 정치가인 벤저민 프랭클린은 젊었을 때부터 구체적인 수양과 성찰의 계획을 세워 성실하게 실천함으로써 크게 성공할 수 있었다.

그는 절제, 침묵, 질서, 과감함, 검약, 근면, 성실, 공평, 온건, 청결, 평온, 꿋꿋함, 겸손 등 여러 가지 반성할 내용을 수첩에다 적어놓고 매일 저녁 하나씩 돌이켜보면서 점검했다.

만일 그날 하루 동안의 어떤 행동이 자신이 정해놓은 기준을 지키지 못하고 잘못을 했으면 그 칸에 검은 점을 찍어놓고, 그다음 날부터 고쳐 나가려고 노력했다고 한다.

프랭클린이 위대한 정치가로 크게 성공할 수 있었던 것은 젊은 시절부터 스스로 자신을 수양하기 위한 노력을 게을리하지 않았기 때문이라 할 수 있다.

우리는 선현들의 수양하는 자세를 본받아 매일 하루의 생활을 돌아보고, 자기의 잘잘못을 살펴 후회 없는 삶을 살아야 한다. 그러기 위해서는 하루의 생활을 되돌아보게 하는 반성의 습관을 갖는 것이 무엇보다 중요하다.

성찰하는 방법은 사람마다 다를 수밖에 없다. 종교인이라면 기도나 명상의 시간을 활용하는 것도 좋을 것이다. 청소년들에게는 일기를 쓰면서 하루의 생활을 반성해보는 것이 가장 바람직한 방법이 될 수 있을 것이다.

성찰은 인생을 통해 부단히 계속되어야 한다. 어쩌다가 한두 번 반성하는 것만으로는 자기를 수양할 수 없다.

종교개혁자 마르틴 루터의 말대로 매일 수염을 깎아야 하듯, 그 마음도 매일 다듬지 않으면 안 된다. 끊임없는 반성으로 늘 자기를 살피고 채찍질할 때 나 자신이 온전한 사람으로 만들어진다.

| 용서 |

용서와 화해는 상생하는 길

용서는 미움과 증오와 원한에 찌든 상한 마음을
화해와 애정으로 승화시키는 사랑의 마술사다.

원수에서 동반자가 된 독일과 이스라엘

2015년 5월 12일, 독일과 이스라엘은 화해하고 수교한 지 50주년을 맞이했다. 50년 전 홀로코스트를 문제 삼으며 수교를 반대하는 데 앞장 섰던 이스라엘 청년 리블린은 이제 대통령이 되어 독일 베를린을 찾아 양국이 '50년지기 참벗true friend'임을 공언하는 의미 있는 기념식에 참석했다.

돌이켜보면 이스라엘에게 독일은 이른바 '홀로코스트'를 저지른, 하늘에 사무치도록 한 맺힌 원수였다. 그런 그들이 오늘날 동반자가 되어 함께 기념식을 하고 우의를 다지고 있는 것이다.

'홀로코스트'란 제2차 세계대전 중 나치 독일이 유대인들을 대학살한 사건을 말한다. 나치 독일은 점령지역의 유대인들을 대상으로 사회적 권리를 박탈하고, 재산을 몰수하였으며, 강제수용소에 끌고 가 강제노역에 동원하거나 가스실에 몰아넣어 대학살을 자행했다. 그 대표적인 대량학살 수용소가 폴란드에 있는 아우슈비츠다.

1945년 1월 27일, 연합군이 수용소에 진격하기 전까지 12년(1933~45년) 동안 무려 600만 명에 이르는 유대인이 인종청소라는 이름 아래 나치 독일의 아돌프 히틀러 총통에 의해 끔찍하게 죽어갔다. 인간의 폭력성, 잔인함, 배타성, 광기가 어디까지 갈 수 있는지를 극단적으로 보여주었다는 점에서 20세기 인류 최대의 치욕적인 사건이었다.

이 같은 끔찍하고 잔혹했던 과거사를 극복하고 서로 화해하고 원수에서 동반자가 될 수 있었던 것은 독일의 진솔한 사과와 이스라엘의 포용하는 용서가 있었기 때문이다. 홀로코스트는 용서할 수 없는 잔혹행위지만, 이스라엘은 화해의 가치를 믿었고, 독일은 반성과 용서의 가치를 믿었기에 두 나라는 강한 신뢰를 바탕으로 의좋게 공존과 번영을 함께 누리게 될 것이다.

진정한 화해는 진솔한 사과와 포용이 있어야

우리는 독일과 이스라엘의 수교 50주년 행사를 부러운 눈으로 바라보게 된다. 피해자였던 이스라엘 대통령은 가해자였던 독일을 찾아와 "우리는 50년지기 참벗"이라며 두 나라의 관계 발전을 강조했다. 두 나라는 어두웠던 과거에 대해 진솔한 사과와 용서를 통해 오늘날 함께 번영을 누리고 있는 것이다.

1970년 12월 7일, 독일 총리 빌리 브란트는 폴란드의 수도 바르샤바를 방문하여 나치에 의해 희생된 유대인 희생자 추모비 앞에 무릎을 꿇고 용서를 빌었다. 그 모습을 보고 세계는 홀로코스트를 반성하는 독일인의 진심을 읽었다.

독일은 지난날 자기 민족의 만행을 부끄러워했고 피해를 입은 모든 선한 사람들에게 마음으로부터 진정으로 사죄했다. 이를 본 이스라엘은 유대인 학살의 원흉인 히틀러를 증오했지만, 뉘우치고 있는 그 국민들을 결코 미워할 수가 없었다.

진정한 화해와 새 출발을 위해서는 원인 제공자인 가해자의 진솔한 사과와 이에 따른 피해자의 큰 포용이 있어야 하는 법이다. 독일은 진심으로 사과했고, 이스라엘은 이를 받아들여 용서하고 받아주었다. 그 결과 오늘날 두 나라의 관계가 참된 벗으로까지 발전할 수 있었다.

한국과 일본과의 관계는 어떠한가

우리는 지난 36년의 긴 세월을 일본에게 모든 것을 빼앗긴 채 고통과 치욕의 날들을 보냈다. 이제 그 역사의 책임자가 사죄의 말 한 마디 없이 입을 다문 채 이 세상에서 사라졌다. 그때로부터 근 100년의 세월이 지난 지금도 우리의 분노가 사라지지 않는 이유는 가해자인 일본의 간교하고 뻔뻔스러운 태도 때문이다. 왜 그들은 진정으로 사죄의 말을 하지 못하는가? 과거의 잘못에 대한 인식이 없기 때문인가, 아니면 아직도 우월의식으로 한국을 깔보고 있기 때문인가.

1990년 노태우 대통령이 일본을 방문했을 때, 아키히토 일왕은 과거 일본의 한국 식민지 지배를 사과하는 말로 '통석痛惜의 넘念'이란 표현을 써 논란을 불러 일으켰다. '통석'이란 말은 몹시 애석하게 여기거나 매우 유감으로 여긴다는 뜻이지만, 이 말은 우리나라는 물론 일본에서도 잘 쓰지 않는 말이다. 왜 알아듣기 쉬운 말로 솔직하게 사죄하지 못하고 기이한 말을 써가며 말장난을 하고 있는지 모르겠다.

독일과 이스라엘은 달랐다. 독일은 이스라엘에게 진솔한 반성과 사과를 했으며 총리는 유대인 추모비 앞에서 무릎을 꿇고 눈물로 사죄했다.

우리는 지금 일본의 진심 어린 사과의 말과 행동을 인내심을 가지고 기다리고 있다. 사과를 안 받아도 그만이지만, 이웃나라끼리 언제까지나 서로를 미워하며 살기를 원치 않기 때문이다. 그들과 더불어 사이좋게 살고 싶기 때문이다.

이제 우리는 일본을 용서해주자. 용서는 다른 사람을 위하는 것이기도 하지만, 사실은 내 안에 내재되어 있는 분노와 원망으로부터 나를 자유롭게 해주는 것이다. 우리가 마음 편하게 살아가기 위해서라도 우리가 먼저 상대방을 용서해주어야 한다.

남이 저지른 죄악을 용서하는 것은, 피해자로서는 하기 어려운 일이지만 적어도 사람을 미워한다는 괴로움에서 벗어날 수는 있다. 그래서 용서하자는 것이다.

용서를 하지 않으면 안 되는 이유

나에게 해를 끼친 사람을 용서하는 일은 굉장히 어렵다. 그 사람으로 인해 받은 고통이 크면 클수록 용서하기가 더욱 어렵다. 그렇다고 하더라도 상대방을 영원히 증오하며 원한을 품고 살아가는 일은 나 자신에게도 아무런 이익이 되지 않는다.

상대방을 용서하지 않는 것은 스스로를 불쾌한 감정에 계속 묶어두는 것이며, 스스로를 그 사람에게 계속 묶어두는 것이 된다. 즉 상처를 몇 번이고 되풀이해서 받는 꼴이 되는 것이다. 그 사람을 떠올릴 때마다 스스로 상처를 받게 된다. 실제로는 단 한 번 당했던 일 때문에 천

번의 아픔을 되풀이해서 겪게 될 수도 있다.

그 사람을 용서하고 자유롭게 해주면 나 또한 그 상처와 아픔에서 벗어날 수 있다. 믿기는 하지만 용서를 해야 할 이유가 바로 여기에 있는 것이다.

진정한 용서는 지워버리는 것

우리는 "용서할 수 있지만 결코 잊을 수는 없다"는 말을 종종 듣는다. 얼마나 한이 맺혔으면 그럴까 싶지만 이것은 결국 용서할 수 없다는 말과 같다.

그럼 진정한 용서란 무엇인가? 용서한다는 것은 완전한 소멸이다. 어떤 일을 완전히 기억에서 지워버리고 없었던 것으로 하는 것이다.

해변가를 거닐다 보면 모래 위에 찍힌 발자국을 본다. 얼마 후 파도가 밀려오면 모든 발자국은 흔적도 없이 씻긴다. 이와 마찬가지로 우리도 용서할 때에는 모든 것을 지워버리듯 깨끗이 잊어버려야 한다.

용서는 아픈 상처를 근원적으로 치유케 하는 이 세상 최고의 명약이다. 용서는 미움과 증오와 원한에 찌든 상한 마음을 선의와 화해와 애정의 밝은 마음으로 승화시키는 사랑의 마술사다.

서로 사랑하고, 이해하고, 용서하자. 이 세상에 허물이 없는 사람은 아무도 없다. 모두 용서를 받아야 할 사람들이다. 용서 받기를 원하거든 먼저 용서하라. 많이 용서하는 자가 많은 용서를 받는다. 이것만이 우리가 마음 편하게 살 수 있는 길이다.

책임을 다하면 사회는 밝아진다

책임질 줄 모르는 자는 사람으로서의 존재 가치, 존재 이유가 없다.

목숨을 내놓을지언정

카메라 상점 점원인 이스트먼은 성실하고 부지런했다. 그래서 주인으로부터도 두터운 신임을 얻고 있었다.

어느 날, 주인이 갑자기 큰 병을 얻어 병원에 입원하게 되었다. 주인은 상점의 모든 일을 이스트먼에게 맡겼다.

그러던 어느 날이었다. 청년 세 사람이 상점 안으로 들어왔다. 물건을 고르는 척하던 그들은 갑자기 권총을 꺼내 이스트먼의 가슴을 겨누며 금고의 열쇠를 내놓으라며 윽박질렀다. 나머지 점원들은 모두 두 팔을 치켜든 채 두려움에 벌벌 떨며 이스트먼의 눈치만 살폈다. 그러나 이스트먼은 얼굴빛 하나 변하지 않은 모습으로 청년들을 노려보았다.

"절대로 금고 열쇠를 줄 수 없다. 쏠 테면 쏴. 내 돈이라면 다 내줄 수도 있다. 하지만 저 돈은 내 돈이 아니야."

뜻밖의 말에 크게 놀란 이들은 상점의 점원들이었다.

"이, 이스트먼 씨, 어서 열쇠를 내주십시오. 목숨보다 돈이 더 소중하진 않잖아요."

그러나 이스트먼은 세차게 고개를 흔들었다.

"아니! 돈이 소중한 게 아니라 책임이 소중한 거야. 나는 사장님으로부터 이 상점의 재물을 지켜달라는 책임을 맡았다. 한 번 책임을 진 이상 나는 내 목숨을 내놓을지언정 금고 열쇠를 내줄 수는 없어. 열쇠를 빼앗으려면 먼저 내 목숨부터 빼앗아라."

청년들은 너무나도 당당하고 사내다운 이스트먼의 태도에 감동을 받아 이내 권총을 거두었다.

"좋다! 네 책임감에 우리가 졌다. 대단한 녀석인데!"

청년들은 물건 하나 손대지 않고 그대로 횅하니 떠나버렸다.

책임을 다하면 사회는 밝아진다

자신의 책임을 알고 지켜나가기 위해 최선을 다하는 모습처럼 아름다운 모습도 없다. 그래서 사람의 일생을 통틀어 가장 명예스러운 일은 자기 책임을 다한 뒤에 오는 성공이라고 했다.

자기의 책임을 다하기 위해 단 하나뿐인 목숨마저도 내놓으려 했던 이스트먼의 굳은 의지와 용기는 모든 사람에게 귀감이 되고도 남는다. 이 화제의 주인공은 바로 세계 최대의 사진기와 사진용품 제조회사인 '이스트먼 코닥'를 설립한 조지 이스트먼Gorge Eeatman, 1854~1932이다. 그의 성실한 책임감이 마침내 오늘날 세계적인 대기업인 코닥 회사로 성장시킨 힘의 원동력이 되었음을 두말할 필요가 없을 것이다.

인간은 자유의지로 행동하고 그 결과에 대해 스스로 책임질 줄 아는 도덕적 존재다. 자기가 맡은 책임을 어떻게 감당해나가느냐에 따라 그 사람의 능력과 인물을 평가하게 된다. 즉 책임감은 인격의 중요한 기준이 된다. 책임감이 높을수록 훌륭한 인격자이고, 책임감이 낮을수록 부족한 인격자다.

책임을 지겠다는 각오가 없는 사람은 무사안일주의자다. 윗사람의 눈치나 보고 비위나 맞추려는 사람이 자기의 소임을 제대로 수행할 리 없다. 그러나 책임을 지겠다는 것은 자기가 맡은 일을 훌륭하게 수행하겠다는 보증서와도 같은 것이다.

독일의 대문호 괴테는 "각자가 자기의 문 앞을 쓸어라. 그러면 거리의 모든 구석이 깨끗해진다. 각자가 자기의 책임을 다하여라. 그러면 사회는 밝아진다"고 했다. 이것은 각자가 마땅히 해야 할 작은 일부터 책임을 수행하라는 것이다.

사람은 어느 사회에 속해 있든 자기가 맡아서 해야 할 역할이 있다. 우리는 모두 그 역할을 해낼 책임이 있다. 강한 책임감을 가지고 그 사회적 책임을 완수할 때 자신은 물론 사회와 국가가 발전할 수 있다.

맡은 자의 지켜야 할 도리

책임은 내가 맡아서 해야 할 일이자, 내가 맡은 임무다. 산다는 것은 일하는 것이다. 산다는 것은 나에게 맡겨진 임무를 수행하는 것이다. 아무 할 일도 없는 사람은 사람이라고 할 수 없다. 그런 사람은 사람으로서의 존재 가치, 존재 이유가 없다. 세상에서 자기가 맡은 일처럼 중요한 것이 없다. 자기가 맡은 책임을 성실하게 수행하는 것처럼 훌륭한 일도 없다.

인간은 누구나 세 가지 중요한 책임을 갖는다. 첫째는 가정에 대한 책임, 둘째는 직장에 대한 책임, 셋째는 국가에 대한 책임이다. 가정과 직장과 국가는 인간의 가장 중요한 생활 무대이자, 존재의 기반이다. 우리는 저마다 가정인으로서의 책임, 직장인으로서의 책임, 국민으로서의 책임을 다해야 한다. 우리는 이 세 가지 책임의 체제 속에서 살아간다.

인생은 무거운 짐을 지고 먼 길을 가는 것과 같다. 책임은 무겁고, 길은 멀다. 우리는 씩씩한 정신과 기쁜 마음으로 자기의 길을 열심히 가야 한다. 이것이 맡은 자가 지켜야 할 도리다.